中島岳志　杉田俊介　責任編集

橋川文三

社会の矛盾を撃つ思想　いま日本を考える

河出書房新社

橋川文三ベストコレクション

中島岳志　杉田俊介 責任編集

橋川文三

社会の矛盾を撃つ思想
いま日本を考える

慶應義塾福澤研究センター所蔵／
宮嶋繁明著『橋川文三　野戦攻城の思想』（弦書房刊）から

❖巻頭対談

中島岳志×杉田俊介

現在の息苦しさの向かう先を、橋川文三の「戦後」から問う

社会の矛盾を撃つ思想と、歴史意識の不在

杉田　橋川の代表作の一つ『昭和維新試論』（一九八四年）は、よく知られた朝日平吾という、事業家の安田善次郎を殺傷した青年についての話から始まります。橋川は朝日の存在を、大正デモクラシーの陰画だったと言います。ある屈辱的な状況に置かれていて、なんで自分がこんなつらいのか、平等に人間として扱ってほしい、という欲望から大正的なテロリズムが行われた、と。

朝日の暴力は少なくとも「上」に向かうものでした。これに対し、たとえば二〇二一年に相次いで起こった小田急線や京王線での刺傷事件、あるいは二〇一六年の相模原での障害者施設殺傷事件などは、暴力が社会的な「下」へと向かいました。つまり自分よりも社会的に弱いとされる障害者や女性に暴力が向かった。

中島さんは『秋葉原事件』(二〇一一年)で、二〇〇八年の加藤智大の無差別殺傷を、朝日平吾的なものに重ね合わせるように論じていました。それ以前には『朝日平吾の鬱屈』(二〇〇九年)も書かれていました。逆に言えば、まだ秋葉原事件には、社会の矛盾そのものを問い直そうとする側面があったように思うんです。しかしその後、鬱屈や暴力が「下」へと向けられ、むしろ、すでに存在する差別や権力を補完してしまう。歪んだ社会防衛の先兵のような暴力です。相模原の事件の犯人は、安倍晋三やトランプの意思を自分が代理した、という言い方をしたわけです。

それに対し『昭和維新試論』によれば、朝日のような当時の「底辺」の存在と、北一輝のような当時のある意味では「頂点」の思想性とは、どこか共鳴するような側面があった。つまり、朝日の暴力には社会が強いる矛盾それ自体を撃つための「思想」として潜勢力が秘められていた。現代社会にはそのような「思想」がなく、暴発だけがある。「昭和維新」を反復するという意味での「令和維新」の予兆すらなく、「維新の会」的な意味でのポピュリズムに回収されてしまう。

それはきっと橋川の根本的な問い——すなわち日本近代においてはなぜ「下」からの市民革命が生じず、政治的な一般意思が形成されえなかったのか、という問いと関連しているし、それは現代社会の根本問題とも連続している。現代社会の息苦しさを考える上で、橋川の思想は依然として重要ではないか。そういう問題意識が、まず一つあります。

もう一つは、歴史意識の不在についてです。拙著『橋川文三とその浪曼』(河出書房新社)もそのあたりの話から始まります。たとえば僕と批評家の藤田直哉さんで『百田尚樹をぜんぶ読む』(集英社新書)という本を出しましたが、そこでも橋川の『日本浪曼派批判序説』(講談社文芸文庫)を念頭に置いていました。現代日本では、薄っぺらな歴史意識に基づく排外主義がどうしてこんなにも繁茂し、増殖していくのか。それは右でも左でも、保守でもリベラルでもない。日本浪曼派と比べても、はるかにずっと薄っぺらなものが亡霊のように回帰してしまう。その根本には、歴史意識の不在があるのではないか。

橋川は、日本人は歴史小説や歴史ものが好きだけれども、じつは歴史意識が不在なんだ、という言い方をしています。百田尚樹の『日本国記』（幻冬舎）なども、ウィキペディアが書き換えられていくようにどんどん修正されていきました。歴史意識が希薄だからこそ、伝統や歴史の蓄積への畏怖がなく、かえって歴史の真理を声高に語ってしまう。橋川は、実証主義的な歴史だけでもダメで、その手前で、基本的な歴史意識をつくり出さなければならないと言っています。そのためには何が必要なのか。こうした愚直な問いも、依然として大切だと思っています。

ロスジェネ世代は、いつ橋川に出会ったか

中島　そこの問題は非常に大きいので、入れ代わり立ち代わり、触れながら話を進めていきたいですね。

その前に最初に、一九七五年生まれの僕たちロスジェネ世代が、いつ橋川に出会ったのか、そしてどういう状況で橋川を読んだのかということを、まず明らかにしておくというのも重要かなと思っています。

僕が橋川を読んだのは二〇歳ぐらいの時で、背景には一九九五年という問題が明らかにありました。一九九五年は、一月に阪神・淡路大震災、三月にオウムの地下鉄サリン事件があって、八月に村山談話が出た。この時、自社さ連立政権においてトップだった社会党の村山富市さんが先の戦争についての反省と謝罪を明確に述べたことについて、同じ与党内の自民党議員から反発が出てきました。この頃、一回生議員だった安倍晋三氏は中川昭一氏らと一緒に、歴史認識の問題に取り組む「日本の前途と歴史教育を考える若手議員の会」をつくるなど、非常に大きな反発を見せ、そしてその流れの中で、藤岡信勝氏が主宰した自由主義史観研究会ができ、この会が発展的に大きくなる形で、一九九七年に「新しい歴史教科書をつくる会」というのができました。九八年には小林よしのり氏の『戦争論』がものすごく売れる。……これが僕たちの二〇代前半でした。

僕自身は九五年に、一つはオウム、もう一つは戦後五〇年という点から、宗教とナショナリズムという問題にぶつかりました。僕たちの世代は、親は団塊の世代。僕が生まれた頃に親が買った大阪の中心にあるマンションで育ったので、完全核家族で、家に仏壇もなく、柳田國男的な世界

から完全に切り離された戦後の風景の中で育ったんですよね。さらにあまりポリティカルなことを考えて生きていなかった僕にとっては、宗教やナショナリズムという問題は、未知のものというか、どう処理していいかがわからないものでした。だからオウムの問題が起きても、あるいは戦後五〇年で歴史認識の問題が噴出しても、自分はどう意見を持ったらいいのかが、正直言うとさっぱりわからなかったんです。

けれども、ここから先、この問題が大きくなっていく予感はあって、それに対して、自分はどういうスタンスを取るべきなのかが問われるというのは感じていました。バブルが崩壊して、戦後の物語が完全に崩れて、いい大学出たら、いい会社に入れてみたいな流れがなくなってしまったという感覚。俺たちどうしたらいいんだっていう時に、アイデンティティの問題は相当大きな問題だし、自分の問題でもあるなという直感はありましたね。

その時、この問題を考えるには、戦前の日本の問題を考えないといけないと思ったんですね。宗教とナショナリズムが一体化して肥大化したのが、戦前の国体ナショナリズムとか天皇主義イデオロギーとかだとするならば、あの時代って一体何なのかを、手づかみでやっていかないといけない、と。

そこで僕が最初に読んだのは、松本健一さんの『大川周明』(一九八六年)でした。僕は大阪外国語大学のヒンディー語専攻にいて、インドのことをやらなくてはいけませんでした。戦前日本のナショナリズムはアジア主義を通じてインドと関わり、「中村屋のボース」と言われたラース・ビハーリー・ボースなどの革命家をサポートしたわけですが、その中核に大川周明という人物がいたわけです。この大川周明への関心から、僕は竹内好、橋川文三を読むようになったんですね。その頃には、もはや橋川も、そして竹内も亡くなっていて。丸山眞男が翌年には亡くなるというような時期です。

これにもう一つ輪をかけたのが、「エヴァンゲリオン」だったんですよね。九五年一〇月に放映が始まっています。僕は九七年の劇場版をたまたま見て、大きな衝撃を受けたんですね。このストーリーは、石原莞爾とか北一輝とか大川周明そのものではないかと思ったんですよ。

私とあなたというものの苦悩や煩

悶という問題が、宇宙、世界全体の救済などの問題と直結しているというのが、いわゆるセカイ系と言われるアニメですが、「エヴァンゲリオン」では人類補完計画が登場し、液状化して他者と私の区別がなくなる。それによって疎外の問題が解消される。他者の恐怖から逃れられる。こういうストーリー展開が迫ってきた時に、僕にとっては既視感がありました。それこそが、橋川が追いかけた戦前・戦中期の若者像とものすごく近いもので、究極的な革命が人類補完計画としてなされる幻想を、橋川は戦後にも引きずった人であり、その疼きを戦後に持ち込んだ人なんですよね。

このあたりから橋川文三という人は、僕にとって非常にアクチュアルな人になりました。「エヴァンゲリオン」がこんなに受けるんだったら、まだ橋川も朝日平吾も生きているぞという感じを持っていたのですが、しかしその帰結として、先ほど杉田さんが問題提起された、無差別殺傷に向かったり、歴史認識の陳腐化という問題にいったりしている現代の状況に対して、どういうことが言えるのか。これが、今回の大きなテーマなのかなと思います。

九〇年代における「大きな物語」の中での橋川との出会い

杉田 中島さんが今おっしゃったような感覚は僕にもありましたね。阪神・淡路大震災の日が二〇歳の誕生日だったんですよ。一九九五年にはオウム真理教の事件、村山談話、さらに沖縄の米兵による少女暴行事件があって、沖縄の民衆の蜂起があった。それらの経験が自分の社会意識の根幹をつくっている。しかし他方で、僕は政治意識も希薄で、万事にデタッチメントで、引きこもりに近い生活をしていた。漠然とした社会的な気分は共有しているけれど、それが政治的な価値観や歴史意識につながらない。そういう不全感があった。虚しさというか空虚感がどんどん溜まっていきましたね。

そういう点でも自分は保田與重郎的なもの、ロマン主義的なものに根本的に惹かれるタイプの人間だったと思います。世界の物事が断片化され、相対化され、空虚になって、大きな物語も信じられない。そんな中で、断片的な要素をブリコラージュ的に寄せ集めて、無理やりフェイクな物語を捏造する。そうした欲望というか、政治的享楽性に吸引されるような感じがありました。

たとえば当時は雑誌『批評空間』がまだ力を持っていましたが、柄谷行人や浅田彰が試みていたのは、ポスト冷戦的な、マルクス主義のようなグランドセオリーが砕け散って瓦礫化した状況の中で、あえて、大文字の革命の思想を再構築しようとする、という運動だったと思います。

一九九七年には村上春樹の『アンダーグラウンド』（講談社文庫）が刊行されました。村上春樹は、自分が必死に書いた『ねじまき鳥クロニクル』（新潮文庫）などの物語が、サブカル的なジャンクさを組み合わせて物語を再構築するという意味で、オウム真理教のそれとそっくりだったという事実に直面し、驚いて、関係者に取材を重ねて『アンダーグラウンド』というノンフィクションを書いた。物語作家として自分は麻原彰晃に負けたんだ、という言い方もしています。断片化されたポストモダンな空虚さが、反転して、一気に政治神学的な暴力性へと取り込まれていくわけですね。

一九九〇年代後半は、中島さんが言うように「新しい歴史教科書をつくる会」に象徴される歴史捏造主義が力を持った時代でもあった。すなわち、社会運動としての『批評空間』やNAMと、宗教思想としてのオウム真理教と、国家論としての歴史修正主義――それらが共鳴し合っていた時代だったと思うんです。社会的な不安は感じつつ、政治感覚も歴史意識もなく、空虚さを感じていた僕のような人間にとって、そうした欲望は魅力的に感じられた。僕の場合はたまたま批評運動に関心が向いたけれど、根っこにあるものは同じだった気がします。二〇歳前後のそうした危機意識をもう一回根本から問い直すときに、橋川文三の存在があらためて重要に感じられた、という面はあります。

中島　今、杉田さんがおっしゃった九〇年代における物語という問題は、やはり橋川の問題とダイレクトにつながっている感覚があります。九三年に鶴見済『完全自殺マニュアル』（太田出版）という本が出ましたよね。あの本は、自殺の仕方が書いてあるので、ＰＴＡの人たちがこれを図書館に置くのはやめろとか、ビニールをかけろ、立ち読みできないようにしろとか、いろんな批判が起きました。でも実は、あの本はまえがきとあとがきが重要なんです。「みんな死のうぜ」と言っているのではなくて、鶴見さんは、「生きるために」ポケットの中に自殺という選択肢を入れよう、「いつでも死ねる」と思うことでかろうじて生きられるのではないのかと言っているんですよね。一九九五年に、宮台真司さんが「終わりなき日常」と言ったように、のっぺりとした毎日が続いていくと。その中でいじめられる奴は、ずっといじめられ続ける。そういうものに対して、いつでも死ねるというカードをポケットに入れることによって、ようやく僕たちは、生きているということを引き受けられるのではないかという、そういう問いかけだと思います。

ほとんど同時期の、九四年に出たのが岡崎京子の『リバーズエッジ』(宝島社)でした。あの物語で一番重要なのは、死体の問題です。物語の最初から「平坦な戦場で僕たちが生き延びること」という言葉が、有名なフレーズとして出てきます。とにかく現実味がない現実という問題が、描かれているんですよね。世の中ではオゾン層の破壊が大変で、地球はもうもたないのではないかと言っているのに対して、「だからなんなんだ」と言う。それよりも、私が今ここに存在しているというリアリティが欠如している。

「生のリアリティの無さというリアリティ」に、リアリティを与えてくれるものが死体だったんですね。「これは死んでいる」のに対して、「私は生きてる」ということをようやく感じられるような生の実存の希薄さが描かれているのを読んで、自殺という死をポケットに入れることと、死体をそばに置いておくことは共通していると僕は思ったんですね。これによってかろうじて生きているということが確認できるような生というのが九五年を前にして出てきた問題だった。

これに一つの物語を与えてしまったのが、小林よしのり氏だと、僕は思うんです。『戦争論』というのは、大東亜戦争を肯定する歴史観を示した本ですが、ポイントはそれだけではなくって、「君たち、生きているという実感がないだろう」っていう問いかけが、繰り返し行われる本なんですよね。そして、「戦死」という問題がクローズアップされる。いつ爆弾が飛んできて死ぬかもしれないという現実に直面した時、当時の若者の生は強烈なリアリティの中にあった。戦死には国家が「英霊」という物語を付与したというわけです。

そのころは、その時々の楽しみによって生きていく、後期近代に適応した若者達のあり方として、宮台さんには「まったり世代」として評価されていた僕たち世代の生き方が、だんだんうまくいかなくなっていった時期とも重なります。援交をやっている子たちも実存を求めているし、宮台さんが示す生き方に影響を受けた若い男の子が、「真実の愛っていうのを求めるやつは、死刑である」という宮台さんの言葉を受けて自殺するということも起きました。その頃から宮台さんも、適切な物語が必要だって言い始めるんですね。

そうして、「実存のリソース、承認のリソースが無い今、適切な物語が必要だ」として、天皇制やアジア主義の問題を宮台さんが書き始めるのが、九〇年代末からゼロ年代初めぐらいにありました。一気に、承認のリソースの提示という方向へと向かっていく。

この中で、極めて陳腐な「右傾化」が進行していきます。それが杉田さんが言われるような百田尚樹現象という結末になるんだとするならば、その着地点は、あまりにも空虚なものでしょう。

ここをもう一回、橋川から問い直せないかというのが、僕自身がずっと橋川を読んできた感覚の中にあったものなんですね。そのあたりは、共通した世代感覚としてあるのかなと思っています。

杉田　正直に言うと、未だに「サリンを撒かないオウム」のようなものに魅力を感じる自分がいます。今中島さんがおっしゃったように、宮台さんも、「超越的なものへの憧れを断念して、日常を生きよう」という断念にはとどまれず、天皇制やアジア主義のリソースを使って、もう一回超越的なものを日本社会に再導入しようとしました。小林よしのりの『戦争論』も、個人の生命よりも大文字の〈国家〉を優先すると言うんだけど、小林さんは同時に、戦場的な場での死を分かちあう対等な友愛を大事にすべきだ、という主張もしている。ウェーバー的な戦士共同体ですね。戦争や災害によっていつ死ぬかわからない者同士の友愛的な共同性こそを取り返すべきなんだ、という共通感覚があったのかもしれない。しかしそれは本当に、一九九五年的な体験を「思想化」することなのか。

橋川は初期の『歴史と体験』（一

九六四年）では、戦争体験を「世代論」で片づけるのではなく、「思想化」しなければならない、と言っています。日本では政治的な問題が美的な問題に解消され、自然の観念の中に押し流されてしまう。そこから歴史を立ち上げていくには、ある種の「絶対者」が必要なんだと。

ただしそれは一神教的な神でも、国体や天皇でもない。重要なのは、国家よりも前に死者（戦死者）がある、という感覚なんだと橋川は強調しました。いわば死者こそが「超国家的」なんだと。死者の存在は、国家主義を強化するという意味での「ウルトラ」にもなりうるし、国家を超えていくという意味での「スーパー」にもなりうる。そうした超国家的な死者たちに根差さないかぎり、市民革命を経験しえなかった近代日本人は政治感覚や歴史意識を持ちえないんだと。

そうした橋川の問題意識は、中島さんが言うような一九九五年前後の問題、つまり歴史感覚が不在なまま強烈な死に憧れてしまう、という感覚について考えるときにも、重要なのかもしれない。つまり、九五年的な経験を「世代論」にとどめず、政治化し歴史化することによって、そこから普遍的な「思想」を取り出すとは、どういうことなのか、と。

中島　僕と杉田さんだと、たぶん杉田さんのほうが、「橋川的」だと思うんですよ。どういうことかというと、僕自身は、九五年のそういう問題を受けながら、決定的に影響を受けたのは「保守」で、西部邁《すすむ》という人だった。僕は保守思想の中に着地点というのを見出そうとし、そこと親鸞の思想とか、リベラルの問題とかを軸にしながら、依拠すべき思想的枠組みを形成していった。しかし人間の過剰さが、こういった橋川的なものを呼び覚ましていくものを、どう捉えたらいいんだろうかという、一種の距離のおき方があったんですよね。

保守のネガとして、昭和維新みたいなものを見ていたわけです。なぜああなってしまったのだろうというのを、橋川が内在的に理解していると思ったので、彼の文章を熟読していった。しかし、橋川という人のロマン主義からは、距離がありました。

だから杉田さんが、「サリンを撒かないオウムに惹かれる」という部分が、非常に僕は面白い。僕は、その部分は無いんですよ。橋川と、自分自身の中で対峙しているところでもあります。杉田さんがお書きのように、橋川は保守の議論を「失敗」しているんですよね。柳田國男に無理やり軟着陸しようとして、成功しなかった人なんですね。これも重要な点だと思っています。

一方で、けれどもわかるところもあります。僕自身の中にも超越を求めるところが明らかにあるからです。九五年前後の感覚で言うと、先ほどの鶴見済『完全自殺マニュアル』とか、あるいは岡崎京子『リバーズエッジ』とかいうような、リアリティの無さというリアリティみたいな問題が蔓延する中で、僕が惹かれたのは、スピッツの「青い車」なんです。あの中で唐突に「輪廻の果てへ飛びおりよう」という歌詞が出てくるんですよね。ポンと草野マサムネが投げてきたというか。大ヒット曲で、スーパーマーケットとかでもポップな感じで流れているのに、「輪廻の果て」とか歌っていて、心をつかまれました。その後にオウムの地下鉄サリン事件が起きるのです。「ポストモダンはもう終わった」として次の価値を求めていこうとするような、その兆しみたいなものを、スピッツのあの歌詞で投げられた感じがしたんですね。

そんな中で宮台さんが「終わりなき日常の中で、まったり生きていこうよ」って言われたことに反発をして、一方で、小林よしのりさんの言うような『戦争論』でもないとなった時、どこに着地点があるのかを暗中模索している中で、僕は西部邁さんの書いたものにのめりこんで、そうだ、保守という着地点というものをまずは見出そうとなった。

同時に橋川を読んでいくと、橋川はうまく着地できないんですよね。橋川は繰り返し超国家主義の問題、あるいは日本浪曼派の問題へと回帰していく。これは一体何なのかというのが、ちょっと距離をおきながら、橋川にすごい関心を持ってきたという僕の感覚でした。

橋川の「体験」

中島　橋川の人生を少したどってみようと思います。

橋川が生まれたのは、一九二二年の一月一日、元日生まれなんですよね。いわゆる戦中派と言われる世代です。戦争時に、一〇代後半から二〇代の非常に多感な時期を送ったという人を戦中派世代と見なしますが、同世代としては吉本隆明とか、鶴見俊輔という人たちがいます。彼らもまた戦後に、自分があの戦争時代にどうその戦争と向き合ったのかということ自体が、思想の根本にあった人たちですね。その列に橋川という人はいる。

彼は対馬で生まれて、四歳の時に広島に移り住み、広島高等師範学校の附属中学校にいた頃から、短歌とか詩とか随想とかを発表して文学青年の道を歩み始めました。その後、一九三九年に一高に入学したところから東京時代が始まる。

しかし東京に来て、東京に絶望します。渋谷に降り立った時に、なんだこれが「日本近代」が求めてきたものなのか、という大変な絶望をして、近代日本に対する幻滅のようなものを覚える。そこから日本浪曼派へと接近していくのが彼の一〇代だったと思います。

この後、一高の文芸部に入って、保田與重郎に講演会の依頼に行きます。その後、戦中に東京大学の法学部に入学をして、学徒出陣のために徴兵の検査を受けに帰郷したところ、検査で結核が見つかって、徴兵がされないということになる。その時に死を一回懐に入れながらも、戦場に行くことはありませんでした。同級生たちは、どんどん命を散らしていくのに、自分はこの日本に病弱な体として残されたという感覚を持つ。広島に行った帰りに奈良に寄って、古代に対して強い幻影を抱く。保田へのシンパシーと、死というものに対するパセティックな感覚が入り交じった中で陰鬱とするとでもいうのでしょうか。そんな戦中を送っていた。張り合いのない毎日の中で、惨めさとか屈辱とか焦燥感を感じていたようです。そして敗戦を迎える。こういう原初体験が、橋川にとって、『日本浪曼派批判序説』にもつながる、強烈に大きな意味を持っていると思います。

杉田　丸山眞男は敗戦に「解放」を感じたと言っていますね。それに対し竹内好は、遠い戦地で敗戦を知った時に、「抵抗」の不在を感じたと言っている。彼ら年長世代は敗戦の経験に各々のやり方で対峙しているんだけど、橋川はそれを意味づけることもうまく対峙することもできず、ひたすら戸惑っている、という感じがします。

友人たちは戦場に行って死んでいったのに、なぜ自分は、今ここで生き残っているのか。罪悪感というより、ぽかんとした不思議さというか。

そうした戸惑いについて十数年考え続けて、それが『日本浪曼派批判序説』としてようやく結晶化する。その辺りが橋川らしい。割り切れないもの、解きえない問いを執拗に考え続ける姿勢の人だと思うんです。もちろん貧困や家族離散、結核のような、何重もの生活苦の問題もあったと思いますが……。

　保田與重郎に対する向き合い方も割り切れなさを抱えていた。外在的な批判ではダメだけれど、かといって、内在的批評なら保田を批評し切れる、というわかりやすい感じでもない。内側と外側が決定不能になるような場所から、保田の魅惑をぎりぎりのところで突き放そうとするんだけれど、それ自体が最大の肯定にも見えるような……。

中島　そうですね。彼は一九五七年に同人誌に『日本浪曼派批判序説』のもととなる連載をし始めています。出版されたのが六〇年でした。その間に、明治大学に職を得て、生活が安定し、この五〇年代の終わりぐらいから、執筆活動が盛んになっていきます。

　『日本浪曼派批判序説』って、僕は何度読んでも消化しきれない本なんですよ。杉田さんに改めて『日本浪曼派批判序説』をどう読まれるのか伺ってもいいですか。

杉田　保田は、無限に判断留保して現実を相対化するというロマン的なイロニーの人であると同時に、悪魔的に無邪気なほどにユートピア主義を語り続けた人でもあったと思うんですね。しかしこれは橋川の側もそうで、『日本浪曼派批判序説』を丹念に熟読していくと、橋川自身もまた保田に対抗しうるような代替的なユートピア思想を――否定に否定を重ねながら――何とかして提示しようとしていた、という形跡があるのです。二人の対決を、保田のロマン的イロニーvs橋川の内在的批評、という単純な図式では割り切れません。

　そもそも保田的なニヒリズムは、戦前戦中に一過的に出てきたものではなく、柳田國男や国学者たちが迫ろうとした日本の「民俗」に深く根ざしたものであるので、放っておけば何度もそれは回帰してくる。橋川はそう考えていたと思う。敗戦によって保田的なものが一掃されたとは、全く考えていない。むしろ今、目の前に保田的な精神が再び繁茂しつつある。そうした生々しい怖れがある。それを根本から断ち切って新しい未来を切り開くには、何らかの積極的なユートピア性が必要だという。その意味では橋川は何らかのロマンを語ることをたぶん避けていない。

「革命」という言葉に複雑な思いを込めつつ、ただし自己相対化の精神が非常に強い人なので、それを何度も否定し、自己限定し続けていく。あらためて虚心に熟読すると、そういう行きつ戻りつ、ジグザグな悪戦苦闘の傷跡が見えてきて、それは今もアクチュアルだと思ったんですね。ああ、橋川を読めてなかったな、と。

中島　そうなんですよね。二律相反している文章です。だから日本浪漫派を「批判」して葬ろうと彼はしていない感じがするんですよね。

杉田　読めば読むほど、橋川が保田を批判しているのか、褒めているのかわからなくなって、混乱してくるんですよね。磯田光一が、当時は保田を論じるだけで世間から叩かれるような状況だから、連載にあたって「批判」という言葉を入れざるをえなかったのではないか、と証言しています。タイトルに引っ張られて、橋川のこのテクストは外在的批判ではないけれど内在的批評なんだ、とどうしても思い込んでしまうんだけど、そうした構図では『序説』は読みえません。かといって、批判を通して高次元で肯定しているんだ、という話でもないのですが……。

戦後の「新しい世代」への批判

中島　一九五〇年代の後半から六〇年代に、『日本浪曼派批判序説』があれだけ意味を持ったのは、正確に読んだ人がいたからだと思います。つまり、ここで書かれているのは、批判ではなく、日本浪曼派が戦後になお疼いているということであり、普遍的な問題だと思わせるものがあったということです。

橋川は、丸山眞男から、「政治感覚がない」と言われていて、その通りだと思うんです。けれど、政治感覚から疎外された人間のほうが、革命を行う主体になっていくという反転ですね。

六〇年安保の華々しいデモから取り残されてアパートで膝を抱えているような青年には、むしろ橋川の書くもののほうが革命的であるという感覚を持たせたんだと思うんですよ。だから橋川には、強烈なファンがいる。

一方で、戦中の問題に橋川文三が非常に強い意思を持って執筆を重ねていることについて、石原慎太郎や江藤淳とかは、「今になってまだ戦争ばかり書いて、どうなるんですか」と言っていて、橋川はそれに憤るなどという対立もありました。（座談会：石原慎太郎、江藤淳、浅利慶太、村上兵衛、大江健三郎「怒れる若者たち」『文學界』一九五九年一〇月）

杉田さんは、これを世代論の対立ではなく、歴史意識の問題としてとらえるべきだとお書きでしたが、この五〇年代の終わりに次の世代が出てきた時の動きをどう思われますか。

杉田　橋川は、戦争という過去をせっかちに葬り去ろうとする人々に対して――それは現代の僕らもそうかもしれません――、強い違和感を持ったと思うんですね。ところがそういう違和感を口にすると、戦中世代と戦後世代の対立という構図で理解されてしまう。そうした構図に絶対に回収されたくない、という強い意志を感じます。

橋川はじつはある面では、江藤淳や大江健三郎の理知的な人々よりも、石原慎太郎の個人的な肉体に根ざした情念のほうに見るべきものがある、というような言い方もしています。

世代論の立場をとると、先行世代の旧い感覚を後発世代の新しい感性によって批判する、という話になってしまう。でもそれは不毛なんですよね。後発世代の感覚もどんどん古びていくわけだから。その意味では世代論とは、循環する自然の再生産過程に屈服することです。橋川はそれを根本的に断ち切るところにしか、政治意識は獲得できない、と考えていた。

そのためにこそ戦争体験を「超越化」しなくてはいけないんだと。政治的なものと宗教的なものが交差するような超越性が戦争体験の中にはあった。ある種の政治神学的なものですね。それを自分たちの「体験」として言葉にし、普遍的な思想として結晶化できないならば、何もかもが美的な自然に押し流されてしまう。

中島　そうですね。僕は、石原慎太郎にも関心があります。石原は、橋川に対して、「もう戦争は終わったよ。いつまで言ってんの」というような軽口を叩きながら、橋川の言論が深く刺さり、もがいています。石原慎太郎は、その後六〇年安保のとき、周りが安保に関わる中で距離をとり、『挑戦』という小説を書きます。これは出光興産の創業者、出光佐三っていう人をモデルにしているんですけれども、戦中派の人が、戦後の世界で虚脱感を抱く中、イギリスとイランが対立をして、石油が入ってこないとなった時に、彼がその石油を獲得しに日の丸を背負って乗り込むというような物語なんですね。つまり戦中世代の虚脱感が、戦後、国家と関わる中で生きる意味をつかみ直すという物語を書くんですね。

杉田　ああ、百田尚樹の『海賊とよばれた男』（講談社）もまさに出光佐三の話でしたね。石原の小説の影響もあるのかな。『海賊とよばれた男』って、敗北した大東亜戦争を戦後においてもう一回やり直す話なんですよね。

中島　そうなんですよ。だから橋川の提起が最も刺さっているのが石原慎太郎であったとも言える一方で、『挑戦』を厳しく批判したのが橋川だったんです。橋川は「奇妙な魂の再生の物語――石原慎太郎『挑戦』論」（『新日本文学』一九六〇年一二月号）を書き、石原が描く戦中派は、「なにやら見よう見まねの当世風ニヒリズムの薄められた姿として描かれているにすぎ」ないと酷評します。さらに、石原には作家としての人物に対する洞察力が決定的に欠如しており、「深く精神の問題として造型的に追及されている気配は認められない」と言います。その結果、挫折を経験し、虚無を抱いた主人公は、突然、国家に飛びつく一方で、なぜ国家や民族に賭けようとしたのか、その内面的なつながりが全く描かれていないと批判します。この批判は決定的ですね。石原の空虚な国家主義の核心を、その発端のところから射抜いています。これは橋川だったからこそできた批判ですね。

この六〇年の前後に石原慎太郎のような展開をしていく次の世代に対しても、橋川は非常にシニカルに見ていました。最初に杉田さんがおっしゃった現代の陳腐な右派的歴史認識の起源は、戦争を経験していない「新しい世代」ですよね。石原慎太郎は、空襲は経験しているんですけれど、湘南地方ってそれほど空襲が激しくなかったので、戦争体験がほぼ無い。その世代が真の意味での歴史認識を持たず、安易に国家主義に流れていく危険性を、橋川は見抜いていました。

杉田　それで言うと、橋川の「大衆」に対する向き合い方については、僕もまだうまく結論が出ていません。たとえば吉本隆明は、大衆の絶対性――それは超越的（往相）であると同時に内在的（還相）でもあるような絶対性ですが――をどこまでも抱えていった。他方で丸山眞男は、基本的には、やはり大衆嫌悪から抜け出せなかった人だと思う。

それに対して橋川はどうだったか。橋川によれば、大正デモクラシー的な大衆性の中から朝日平吾のような過剰な平等主義者も出てきた。さらに朝日の精神は、米騒動の無名の人々の反乱にもつながっていた、と橋川は見なしています。けれども他方では、大正デモクラシー的な大衆性は、北一輝が典型的なように、帝国主義や植民地主義の問題とも深く結びついていた。それらの魅惑と危うさが混ざり合うような場所に、橋川は大衆性というものを捉えようとしていた気がします。だから戦後的な消費主義とか、若者の新しい感性とかを全肯定もできなかったのでしょう。

中島　そんな彼が着地しようとしたのは、柳田國男のいう「常民」でしょう。丸山眞男が市民であり、吉本が大衆であるとするならば、自分はどこに依拠するべきなのかという問いが間違いなく橋川の問題意識の中にあり、それが常民という、柳田が設定するところへと向かっていく。それが保守に着地しようとした志向性だったと思うんです。ですが、橋川はこの着地に失敗したと思います。橋川の保守論は、正直なところ精彩を欠いている。柳田論も、先駆的な研究であるとはいえ、橋川本来の鋭さが見えません。

一方、保守論がうまく展開できない中、「昭和維新」や「超国家主義」の議論が輝きを見せます。朝日平吾や渥美勝といった「忘れられた人」の本質をつかむ文学的感覚は特異なもので、他の追随を許さないものでした。橋川にとっては、戦後になっても超国家主義の課題はアクチュアルだったんだと思います。そこに潜む煩悶や求道精神、そして国家を超えていくヴィジョンは、そう簡単に捨てて済むものではなかった。

現実の政治問題に対してうまく何かを言ってみせるよりも、もう一つの日本がありえた可能性へと開いていく。敗北の歴史のほうへと遡行していく。それによって現実をひっくり返していくような力というのが得られないのか。それが橋川の思いであり、彼が唯一無二の存在だった根拠だと思います。

ナショナリズムと超国家主義

中島　戦後世界のあり方の探求と超

国家主義へのまなざしは、橋川の中でつながっていると思うんです。一九六四年に彼は筑摩書房の『現代日本思想大系』というシリーズの「超国家主義」という巻で、いわゆる超国家主義を支えた人達の文章のアンソロジーを編み、解説を書いています。それが「昭和超国家主義の諸相」という非常に有名な論文です。私もこれを最初に読んだとき、非常に大きな衝撃を受けました。超国家主義を分析する上で、決定的な影響を受けている論文です。

ここで橋川は、丸山眞男を批判しています。丸山眞男は、明治に生まれた健全なナショナリズムが、どんどんウルトラナショナリズム化していく構造を論じました。これが「超国家主義の論理と心理」という論文ですよね。丸山にとって「超国家主義」は「超・国家主義」です。国家主義の極端形態が「超国家主義」で、「真善美」のような国民の内的価値までも国家が規定した構造を批判的に分析しました。つまり、丸山にとって明治のナショナリズムが極端化したのが、超国家主義です。両者は連続している。そこに天皇という問題があるというのが、丸山の見立てでした。

しかし、橋川はこれに異を唱えました。明治のナショナリズムと昭和の超国家主義の間には、決定的な断絶がある。超国家主義は、単なる国家主義の極端形態ではなく、「超国家・主義」である。つまり、国家を超えるという普遍的な探求がそこには含まれていたのではないかと、橋川は指摘しました。そして、その根底には、若者たちの普遍的な存在論的問いと求道精神があり、これが超国家主義へとつながっていったという仮説を提示しました。

僕は、司馬遼太郎の『坂の上の雲』という小説のタイトルで、この問題の説明をよくします。あの小説は日露戦争までの、秋山兄弟という明治期の青年を描いたものですが、司馬さんが描いたのは、みんなで坂を昇っている明治前期ですよね。「坂」というのは、日本国家にとっての「坂」です。日本は幕末期に不平等条約を結ばされ、西洋列強から半人前の国家という扱いを受けた。だから、幕末から明治前期の青年たちは、みんなで「坂」を上ったわけです。それは「富国強兵」であり「殖産興業」だった。何とかして日本を一等国に押し上げて、西洋列強と対等に渡り合える立場を獲得したい。あの「雲」をつかみたい。その思いが、人生の探求と同一化できたのが明治前期の若者たちです。国家の物語と、個人のアイデンティティが一致していた。

しかし、ポイントは「雲」です。確かに「坂」を上っているときには、はるか先にある「雲」は実体があるもののように見えます。しかし、「雲」にたどり着くと、それはまさに雲散霧消し、霧の中に包まれる。つかみどころがなく、先行きが不透明。この「雲」に到達したのが、日露戦争だった。そう司馬遼太郎は論じているのだと思います。

橋川が注目したのは、「坂」を上ったあとの日本でした。そして、「雲」の中に入ってしまった若者たちの苦悩こそ、橋川にとって強い関心の対象となったものでした。

たとえば一九〇三年に華厳の滝に飛び込んで自殺した藤村操という一高生がいましたが、彼などは国家の物語に自己をアイデンティファイしようとする感覚を、そもそも持っていなかった。それよりもなぜ自分は自然から切り離され、疎外されて生きているのかという根本的な人生の問題に右往左往していました。そして、彼が自殺すると、それに誘引されるように自殺する若者が次々に出てきました。明治国家の大きな目標が、日露戦争の勝利によって達成されようとしている最中に、エリートの若者たちは、国家の動向など目もくれず、存在論的問いにとりつかれている。「煩悶」にとりつかれている。そんな新しい人間が出現していました。

ここに、のちの超国家主義の担い手たちがいるというのが、橋川の議論です。北一輝、大川周明、井上日召など、一八八〇年代生まれの彼らは、日露戦争のころ、ちょうど青年期を迎えていました。そして、人生の問題に悩み、煩悶していました。このような煩悶青年が、のちに反転して昭和維新運動の担い手になっていきます。彼らは一君万民という国体に、自らの疎外感や苦悩の解消を求め、政治化していった。求道的精神が、自己の救済と同時に世界の救済を希求し、テロやクーデターを通じて、世界との一体化を追求していった。まさにセカイ系ですよね。そして、この感性と隣り合わせのところに、若き橋川がいたわけです。橋川は、この問題を置き去りにしませんでした。戦後になっても、超国家主義の本質を凝視し、そこにあった可能性の原石をつかみ取ろうとした。この作業は、大変危険でありながらも、超国家主義の悪魔的な魅力を明示していったわけです。ここに橋川の凄みがあり、私は若い時にものすごく大きな影響を受けました。

杉田さんは、この超国家主義の問題というのは、どう考えていますか。

杉田　そうですね。丸山の図式だと、国家主義と超国家主義の違いを実は区別できていないんだと。超国家主義は、むしろ反国家主義的なところを含む。アナーキズムにすら近づいていく。超国家主義的な欲望は両義的であり、国家主義をウルトラ化してしまう面と、社会批判や社会変革に開かれていくスーパーな側面とがある。超国家主義は丸山の理解ではたんにイレギュラーでアウトローなものになってしまうんだけれども、橋川にとってはそうではなかった。彼らの存在は、近代日本が置かれた捩れた条件の中から必然的に出てくる。むしろそこから普遍的な「人間」が出てくるんだと。

『日本浪曼派批判序説』の時点では、橋川の丸山に対する批判はまだ遠慮がちなものでした。これに対し「諸相」論文では、丸山と自分の思想的な違いをはっきり突きつけた。それは勇気のいる批判だったと思います。赤ロスジェネの話に結び付ければ、赤木智弘さんの「『丸山眞男』をひっぱたきたい」を、実際にやってみせた人は、橋川だったのかもしれません。

そしてこの「諸相」論文の丸山批判が、さらに『昭和維新試論』によって再展開されていきます。それは「諸相」論文ではまだ十分に展開できなかった問題系を、六年後にもう一回、『昭和維新試論』という形で反復して変奏することだった。それも橋川らしい執拗さです。基本的に反復して変奏して、蛇行を重ねていく人だったと思います。自分の中の社会変革や浪曼の可能性を追求しながら、何度もそれを自己相対化して、自分で自分を挫折させていく。そういう動的な思考の運動自体がおもしろいと思います。

「日本論」と格闘し続ける

杉田　「諸相」論文では、北一輝が超国家主義の「神髄」だと言っています。しかしこの論文では、北一輝は擬似カリスマ的な存在だった、という心理主義的な解釈で話が終わってしまう。思想の話にはならないんですね。それに対し、『昭和維新試論』では、大衆社会と帝国主義の到来を「大亀裂」（シズム）と呼んでいる。大衆的な欲望の沸騰と帝国主義的な暴力性の中からこそ出てくるラディカルな「人間」主義の射程を、もう一度、超国家主義ではなく「昭和維新」の思想的な問題として問い直していこうとしている。

たとえ「国民」や「市民」にはなれずとも、非人間的なゾンビのような存在であっても生きていいいし、幸福になっていい。そうしたラディカルな平等主義に突き動かされた朝日の行動そのものが一つの思想なんだと。

丸山眞男にとっては「市民」が一つの理想であり、吉本隆明にとっては「大衆」が一つの究極であるとすると、橋川にとっては「人間」なんですよね。人間という言葉がよく出てくる。ただしそれは市民社会的なヒューマニズムとは微妙に異なる。もっとラディカルな平等主義に根ざした人間性ですね。確かに超国家主義者たちの中には、一君万民型のナショナリズム（天皇の絶対性のもとの、それ以外の民たちの平等）に転落してしまう面があった。北一輝ですらそうです。しかしそういう危うさを超えていく可能性を橋川は彼らの中に見つめようとしていた。人間のラディカルな平等を支えるような――非排外的で脱国境的な――これは語義矛盾すれすれですが――ナショナリズムの可能性は本当にありえないのか、と。ここは微妙ですね。そのカギはたぶんルソーの読解にあって、橋川はまとまったルソー論を書き残せなかったけれど、橋川にとってルソーの存在はとても大きかった。

中島　橋川は、『昭和維新試論』で安田財閥トップの安田善次郎を暗殺した朝日平吾に注目しています。安田は当時の日本を代表する富豪でした。東大の本郷キャンパスに安田講堂がありますが、これは安田の寄付によって建てられたのでこの名がついています。一九二一年九月二八日に、朝日はこの安田を殺害し、その場で自刃しました。

橋川は、朝日の「不幸感」に注目しています。彼は一三歳のときに母親を亡くし、新たに迎えた継母との関係がうまくいかず、強い疎外感を抱いていました。大学に進学するも、適応できず、大陸を放浪しました。そんな中、挫折を繰り返し、世の中に対する恨みをためていきました。朝日は傲慢な人間で、強い懐疑・怨恨・挫折の感情を抱いていたのですが、そこにこそ「近代日本人にとって、ある意味では未知というべき感受性が形成されたのではないか」と橋川は言います。そして、そこで探求されているのが、明治維新期の志士たちが身を捨てて実現しようとした仁義ではなく、「たんに人間らしい生き方というにすぎなかった」と言います。橋川がここでいう「人間」という表現が重要ですよね。

一君万民という国体が現前しているのであれば、天皇のもと、すべての万民は一般化され、平等化されるべきである。なのに自分はこんなに不幸で、苦しい。これはおかしい。なんで自分は平等に扱われず、苦々しい思いばかり抱え込まなければならないのか。なんで差別が存在するのか。そんな「一種不幸な悲哀感」に基づく「ナイーヴな思想」こそ、昭和維新の根底にある感性だと橋川は言います。だから、橋川は昭和維新を、「人間的幸福の探求上にあらわれた思想上の一変種であったというように考える」と言っています。そして、ここに社会主義者やアナーキストの活動とつながる普遍的な水源を見出しています。ここがポイントですね。

なので橋川は、朝日が「日本人」という表現を使うことにこだわりました。朝日が普遍的な人間の平等や幸福を追求したならば、「日本人」ではなく「人間」という表現を用いるべきではなかったのかというのです。なぜ「人間」ではなく、「日本人」という表現を使い続けたのか、「私は未だにこの表現が気にかかってならないのである」と書いています。ここがナショナリズムと平等という問題ですよね。この問題に橋川は、結論を付けることができず、『昭和維新試論』は完結しないまま投げ出されました。

『昭和維新試論』のクライマックスは、渥美勝という人を取り上げたところだと思うんですね。渥美はエリートの煩悶青年で、近代的で功利的な人間観に絶望します。そして、さかしらな計らいを捨て、徹底した無能者になることで、一君万民の国体の中に溶け込んでいくという世界観を説きました。彼がよく知られていたのは「桃太郎」と書いた旗を立てて、旧万世橋駅前に立ち続けたことです。無欲を貫き、自意識や我欲を超克したところにある天皇ユートピアを探求しました。

そんな渥美が書いた小説に「阿呆

吉」というものがあり、橋川はこれに注目しています。ここで描かれる青年は、知的障害を持っています。村社会の中ではからかいの対象になっているのですが、彼は道に落ちている小石を下駄で蹴って、溝に落とし続けます。どうしてそんなことをするのかと問うと、「人が躓くと悪いからなあ」と短く答えます。

渥美は、この青年こそが「神の子」だと言います。純真な心を持ち、周囲から嘲笑されても、小石を溝に落とすことをやめない。みんな「阿呆吉」になればいいんだというのが渥美の思いなんですよね。ここに橋川は超国家主義の根っこを見出します。

杉田　なるほど。中島さんは、保守主義の視点から、現代社会にも形を変えて姿を現す超国家主義的なものの危うさを一貫して相対化してきたと思うんです。その時、「リベラル保守」という場合、リベラルと保守の結びつきはよくわかります。急進的な社会変革ではなく、積み上げてきた伝統や制度を大事にし、漸近的に社会を改良していくと。しかし中島さんの超国家主義的なものへの関心の背後には、何があるのでしょうか。おそらくそこには、急進的でラディカルな方向ではなく、「保守的であるからこそ出てくる超越性」のような感覚があるのではないか。親鸞や吉本隆明の中に出てくる超越性というか。親鸞は「超越」ではなく「横越」という言い方をしますよね。

橋川も、柳田國男論や西郷隆盛論を中心に、保守的なものや反動的なものへの関心を持ち続けていました。そういう視点から橋川の全体像を読み直すとどうなるのか、それも気になります。渥美勝の存在への注目も含めて、保守思想家の系譜から見た橋川文三、という切り口にはまだ十分に汲み尽くされていない可能性がある気がします。

中島　そうですね。橋川は「阿呆吉」という青年に注目しているというよりは、「阿呆吉」を描く渥美に注目しているんだと思うんですよね。保守にとっての超越は、自己の限界や無能を突きつける存在であり、不完全性を突きつける存在です。であるがゆえに、超越がどうしても必要なんです。

私は超越者ではない。常に超越から照らされている不完全な人間であると。そのため、私の考えていることも、私がやろうとしていることも、全て不完全であり、究極のクライマックスやユートピアは、人間にはもうどうやってもつくることができない。そうした時に、私たちは何に依拠すべきかというと、特定のイデオロギーや革命理論ではなく、歴史の風雪に耐えてきた伝統や慣習、経験値、良識などです。それは特定の人間によって唱えられたものではなく、無名の庶民が蓄積してきた集団的叡知です。この知に信頼をおきながら、徐々に変えていく。永遠の微調整を続けていく。
　橋川は、この保守の世界には着地しませんでした。やはり、橋川は革命を追い続けていたと思います。自己を煩悶や疎外から救済してくれるロマン主義的＝超国家的＝アナーキーな革命の可能性を追求し続けたのではないでしょうか。

杉田　そう言えば、一九七〇年代の橋川は、あらためて、日本浪曼派という運動を新しいアスペクトのもとに捉え直したい、読み直したいとも言っていました。たとえば竹内好と中野重治と武田泰淳と保田與重郎と、あるいは太宰治や伊東静雄などもふくめて、彼らの仕事を「日本浪曼派」とは別の意味での日本的なロマン主義の星座として描き直して、さらにそれをアジア的な、魯迅的な暗黒星雲にも根ざすような「運動」として読み直していく。そういう可能性ですね。日本的なロマン主義からアジア的なものへと突き抜けて、政治神学的なものの根拠を歴史的に捉え直す可能性を、橋川はずっと手放していなかった、という気もするのです。

中島　橋川が着地しようとしたところは、奄美大島にいた西郷隆盛だと思います。島尾敏雄との対談（「西郷隆盛と南の島々」）は、非常に象徴的ですね。そこにもう一つありえたはずの日本の姿を幻視しようとして、着地させようとしたのが、『西郷隆盛紀行』ですね。それゆえに、三島に厳しくなるんだと思うんですよ。そうでなければ、三島をそっくり肯定したような気がするんですよね。

三島由紀夫との論争

中島　橋川の「美の論理と政治の論理――三島由紀夫『文化防衛論』に触れて」は、一見すると三島を批判しているように見えるのですが、実は最大の賛辞だと僕は思っています。つまり、そんなことを言ったって、天皇の大御心が国民の一般意思と一致することなんてありえないし、結局のところ政治の論理に飲み込まれていき、大失敗を犯してしまう。現実性がない。そう言っているんだけれども、彼にとって現実性がないという言葉ほどの賛辞はないですよね。

一方で、賛辞でありながら、橋川は、腹を切らない。もう一個、ありうべき着地点っていうものを、どこかで幻視している橋川がいる。

杉田 決定的な橋川評伝を書いた宮嶋繁明さんが、橋川が三島に与えた影響はかなり大きなものだったのではないか、と論じています。橋川は、三島との間に共鳴性を感じていたからこそ、あえて三島から冷静な距離を取ろうとした。時に冷淡なほどに。そのようにも見えます。でも、一冊の『三島由紀夫論集成』が後年編まれるほどには三島について書いてもいた。

他方で、三島の側が橋川へと与えた影響の大きさも考え直す必要があります。特に一九七〇年前後の橋川は、かなり危険な領域に入っていった。美と政治の問題、あるいは国学の問題を、六〇年代初期の右翼テロリズム論を再考するようにして、七〇年前後の時期の橋川は問い直している。それは三島の自決の影響というより、三島の晩年に至るまでの苦闘の意味を敏感に感じ取って、そこから何らかの影響を受けていた、という感じではなかったか。

たとえば三島の『文化防衛論』についての容赦ない批判を橋川が書いて、それに対して三島が公開状を返していますね。あの三島の返信は、結構核心を突いていたのではないか。つまり論理的には、橋川の批判は正しい。悪魔的なまでに正しい。三島はそれを率直に認めている。けれども、橋川の言葉によっては、自分の中の道義的な責任は動かされない、と三島は言うんですね。橋川には二重スパイ的な面があり、他人の秘密を暴露する時が一番輝いていて、でもそれは政治的な行動や責任の次元には食い込んでいない。橋川はこうした三島の必死の問いかけから、結構深く打撃を受けていたのではないか。

橋川は、あの三島の公開状に応答するつもりでした。けれども結局、それを死ぬまで書けなかった。晩年の対談の中でも、いつか応答したい、と書いています。それくらい、三島の自決よりもあの公開状のほうが決定的な意味があったんじゃないかなと思うんです。

中島 そうですよね。根源のところで、この二人は、二人にしかわかり得なかったような感覚を六〇年代後半に持っていた。

　三島の死から距離を取った橋川は、どこに着地しようとしたのかですよね。彼は片づかないまま死んでいったんだと思いますけれども。

今、日本人にとって革命とは

杉田　現代の話をすると、中島さんが以前から論じていた一君万民型ナショナリズムの恐ろしさを、最近さらに強く感じるようになりました。リベラル左派ですら天皇制ナショナリズムに陥っていく。ああ、これが日本近代の病理を象徴するものなんだ、と実感しました。「下」からの市民革命を実現できず、天皇と国体に公的なものを託す以外なかった、という呪縛が延々と現在に続いている。その点では西南の役も二・二六事件も生々しいですよ。

　それは橋川が『ナショナリズム』の最後に記した悲しみの問題に関わります。近代日本は政治的な一般意思を持てず、国体と天皇の名のもとの美的一般意思しか持ちえなかった。三島由紀夫や北一輝はその歴史的なアポリアをよくわかっていたから、天皇の存在を傀儡として、あるいはシンボルとして掲げるしかない、と考えた。しかし多くの人々は、そのような歴史的アポリアを自覚すらしていない。捩れを感じ取ることができない。そういう悲しみ。橋川はそういう悲しみを三島や北と共有していると思います。

　では近現代の日本人にとって革命とは何でありえたのか。なんでありうるのか。そういう問いですね。北は国家社会主義を、三島は道義的革命を唱えた。じゃあ自分はどうか。橋川はそこから、近代天皇制や国体論のさらに手前にある、日本の民俗性の領域へと迫っていきました。柳田國男の民俗学、あるいは右翼思想や国学者たちの方が、そうした領域に迫りえていたのではないか、と。本居宣長や平田篤胤、それから吉田松陰などですね。

　日本の民俗的な死生観においては、右翼テロリズムによって世直しが可能であるとされます。殺人と救済が一如になってしまう。利己と利他、能動と受動が一如になってしまう。そういう不気味に楽天的なニヒリズムがあったんだと。人間が主体的に行動することと、神々の操り人形（傀儡）になることが自ずと一致するような政治体制を理想とする――そうした政治神学的な感性が民俗的な土壌としてこの国にはあって、国学者たちの系譜こそがそれを的確につかんでいた。もちろん橋川はそれを手放しで評価していません。しかし、明らかに篤胤や宣長に惹かれている。保田與重郎的なロマン的イロニーを超えるもの、近代日本の美的一般意思を超えるものの端緒をそこに見ようとしている。そのことをどう受け止めるべきか。ここはとても難しいと思います。

こうした危うさは、最晩年の橋川の西郷隆盛論にも関わります。西郷の中には、東洋的な徳治政治に基づくラディカルなデモクラシーがあった。近代的な政教分離型の国家ではなく、あるいは神道国家論的なものでもなく、しかし何らかの神権政治が必要なのではないか、と橋川はおそらく依然として考えていた。この辺りはやはり非常に危うく怪しいものをはらんでいるのですが、それが橋川のテクストの奇妙な魅力にもなっています。

この辺りの橋川の議論も、つねに自己相対化の力にさらされていて、自分で築いた足場をたえまなく自ら掘り崩していくような感じです。たとえば橋川は、保田や宣長の中に、国学的アナーキズムと呼ぶべき不思議な政治神学を見出す。しかしそれをもさらに超えていくためのカギとして、「産土神のパトリオティズム」について述べる。柳田の保守主義的なカウンター・ユートピアとの対決を経て、三島の美的な道義的革命との対決を経て、西郷の反動的革命との対決を経て……というふうに、延々と自らの思想を「テスト」し続けていく。

本当は北一輝との対決が最後にもう一度あるはずだった気もするんですね。それは『昭和維新試論』が終盤に尻すぼみになって完成しなかった、という挫折とも関わるかもしれない。北一輝論が回避されて、最後に西郷隆盛へと向かっていったのかもしれない。

竹内好の思想的遺言のような「日本のアジア主義」の最後に、割と唐突に、西郷隆盛のことがわからなければ日本のアジア主義はわからない、と書いてあります。橋川はおそらく竹内のこうした問いかけを受け止めて、西郷の評伝を書こうとした。しかしそれも完成せず、『西郷隆盛紀行』という、個人ジャーナルのようなノート――論文、講演録、対談、書評など、雑多なものが入り込んだ奇妙な本です――が刊行されたにとどまった。

さらに付け加えると、橋川は、西郷論のあとに岡倉天心についての本を書きたかったんじゃないかな。そういう完結し切らないところ、延々と歩みを続けざるをえないところも何というかじつに橋川らしい、という気もするのですが……。

中島　そうですね。まさに「竹内好と日本ロマン派のこと」という文章を書いているように、竹内のアジア主義論文を強く意識していますよね。

竹内のアジア主義論文というのは、西郷隆盛を革命のシンボルと見るとか、反革命のシンボルと見るのか、これによってアジア主義の本質が規定されるという結論になっています。しかし、竹内は明確な答えを出しません。彼も、未来の世代に投げちゃう人なんですね。僕はこれをどうキャッチするのか、アジア主義のほうから考えてきました。

竹内における革命と反革命という二分法はすごく重要です。アジア主義が、革命的な論理でありながら、反革命の論理へと回収されていくという構造を、彼はずっと問題視していたと思うんです。つまり反革命の論理が明治国家の論理であり、アジアを「資源獲得の対象」として見ていくような帝国主義に連なります。藩閥政治の延長上にあるものですね。それに対して、革命のアジア主義は何かというと、明治国家の権威主義やアジア諸国の封建政治に対して、それをひっくり返そうとするような革命者たちの思想です。孫文や金玉均や、あるいはラース・ビハーリー・ボースといったような、それぞれの国の植民地支配や封建的な旧体制をひっくり返していく運動を展開する人たち。この運動と連帯するのが革命のアジア主義です。

西郷隆盛はどちらなのか。つまり革命のアジア主義として見るならば、これはアジアの様々な封建制を打破していこうとする運動と連帯する。そしてそれは同時に西南戦争につながり、藩閥政治に陥った明治政府を解体する方向に向かう。第二の維新という動きですね。

一方で西郷隆盛は、反革命とも見られるわけです。征韓論者であると言われる面もあり、かつ明治国家の中枢にいる人なので、反革命の人物とも見える。結局、どっちの面から見るのかが、日本近代そのものであるという問いかけがあります。

橋川文三がそれに応答しているのは、『西郷隆盛紀行』の「西郷隆盛の謎」という文章で、毛利敏彦さんの『明治六年政変』という本の書評なんですよね。毛利さんは、西郷隆盛は征韓論者ではありえないっていう説を、この当時、説いていた人です。それよりも王道外交というか、協調的なアジアとの連帯思想であると読み解き、左派の研究者からバッシングを浴びた。この毛利説を肯定的に取り上げた文章が、『西郷隆盛紀行』の最後に置かれていることが、一種の応答になっています。

革命家としてのロマンを、ここで西郷隆盛に見ようとしている。じゃあその革命とは一体何なのか。もう一つのありうべき日本というのは何だったのかといった時に、島尾敏雄との対談が、効いている気がするんですよね。日本という国民国家を漏れ出て行くような、南洋的な、南島的なイマジネーション。ほぼ同時期に吉本隆明も、この南島の問題に取り組んでいます。吉本にとっても、天皇という問題を超えた地層を、どう掘っていくのかという問題が、六〇年代の終わりから七〇年代の前半には共有されていた。それを「ヤポネシア論」としてかなり早い段階でつかもうとしたのが島尾敏雄です。

ここにアクセスすることによって、もう一つの緩やかな革命、落ち着き、なんか激しい革命ではないようなものを探る。ただ、これがうまくいっているかどうかというのは、また別の問題だと僕も思います。

杉田　そうですね。西郷論の副題が「反動性と革命性」なのがポイントかもしれません。保守ではなく、反動。くだらない国家をつくるぐらいなら、何回でも国をつぶせ、みたいな不吉な言葉も引かれていました。

橋川は「西南」という地勢学的な感覚にこだわった。九州や琉球や対馬、朝鮮半島や中国へとつながっていく「西南」という感覚です。橋川は「海」と「島」の側から西郷を読み直そうとするわけですけれど、橋川におけるアジア的なものって、宗主国的なアジア主義とも、あるいは南島イデオロギー的なものとも少し違っていて、それらからも微妙にズレていく。そこが面白い。おそらくそのことは、竹内好との最後の対談(「革命と文学」)で、日中戦争史をライフワークのようにして書きたい、と述べていた事実などとも関わってきます。

そもそも橋川には、日本という国

家を「島」の集合体、「しま」が雑然と寄り集まった「くにぐに」としてとらえ直そうとする感覚があった。橋川は『ナショナリズム』の中でも隠岐島コミューンに注目していますね。つまり、近代的な中央集権型の主権国家とは異なる「くに」のイメージが明らかにある。ハンナ・アレントは、フランス革命型の国民国家と、アメリカ独立革命が開いたような小さな多様な共同性、非主権国家的な共同性の連合体を区別しました。後者のような形での非主権的な共同性の連合体として、「もう一つの」「別の」日本という「くに」を構想できないか。そうした問いではないかと思います。『ナショナリズム』の中でそういう展望を書きつけています。実際に、現在の沖縄、台湾、香港などの置かれた政治状況を思えば、境界的で辺境的な、非主権国家的な「くにぐに」の連合体というイメージは、新冷戦体制下のアジアの未来を考えていく上でも重要ではないでしょうか。宗主国型でも主権国家型でもない、辺境的で境界的なアジア主義というか。

『ナショナリズム』では一九六八年五月革命とも共鳴するようなロマン的、ユートピア的なものを語りすぎてしまったためか、橋川自身は『ナショナリズム』を失敗作と呼んでいますけれど、そうした問題は最晩年の西郷論の中でも再展開されます。「西南」から見つめ返すならば、日本列島全体とはそのまま多様な群島（しまぐに）であって、境界的で辺境的なトポス、パトリたちの連合体なんだと。橋川は、対馬という朝鮮半島と日本列島の中間こそが故郷のイデアなんだ、と述べています。海洋的な交通関係の側からナショナリズムの問題をとらえ直し、かつそれを日本近代史の全体に関わる歴史的問題として展開していく、という目論見があったのではないか。

中島　そうですね。なのでパトリオティズムによって、ナショナリズムを超えていくというビジョンは、ずっと橋川が持っていたものです。このパトリオティズムこそが超国家になり、アナーキーになっていく。そういう次元を追究したのが、最後の西南論だったのだろうと、私も思いますね。

だからこのビジョンがどこかにあるので、三島の敗北からは距離をとった。そう思います。

杉田　パトリという概念はもとより両義的ですし、橋川の中でも特に両義的な、厄介な言葉ですね。そしてパトリにはつねにナショナリズムとの緊張関係がある。思えば「国」という言葉も、国家や祖国というマクロな意味のみならず、「おくに」というふるさと、郷土などのミクロな意味を持っている。橋川はそうしたパトリ（くに）という言葉の両義的な可能性を限界まで引き出そうとしていた。パトリオティズムというと、国家主義や愛国心の側が強調されがちだけれど、それを「小ささ」の側から脱構築しようとしている。マクロとミクロ、どちらも手放さないのが橋川だった。

中島　だから『ナショナリズム』の冒頭が、パトリオティズムとナショナリズムのぶつかり合いという問題から始まるんですよね。たとえば三里塚闘争とかが念頭にあり、そこでは三里塚の農民たちと連帯をするという世界観が、国家と対峙することになるわけですね。パトリオティズムは、どうしてもナショナリズムとぶつかってしまう。もちろん国家主義ともぶつかる。この対立を彼は三里塚のほうから見ている人だったんだと思うんですね。それを常民的な世界観とつなげようとした。そして、国民国家を漏れ出て行く西南的な連帯につなげようとする。そういうイマジネーションを持っている。

橋川が見ていたはずの「アジア主義」とその現在

杉田　たとえば石牟礼道子さんや森崎和江さんにとっての「九州」は、朝鮮や琉球との交通関係の中にあったものですよね。その辺りの感覚と橋川の共鳴も面白い。『日本浪曼派批判序説』で「産土神のパトリオティズム」という表現を用いたときには、橋川の中でもまだそこまで議論が十分に練られていなかったけど、保田との対決の果てに得られた政治神学的な感覚を、その後も最後まで探求し続けたのだと思います。

先ほども言いましたが、時間の猶予があれば、橋川は西郷論のあとに天心論を書いていたかもしれないですね。もともと「諭吉と天心」という重要な論考の中で、福沢諭吉（その背後には丸山も想定されていたでしょう）の脱亜論的な思考と、岡倉天心的な「アジアは一つ」の思考をぶつけ合わせていった。その二つの焦点が日本近代史の楕円的な構造を成してきたんだと。しかし、橋川は後者の「アジアは一つ」の原理を、宗主国的アジア主義を正当化する方向へは行かない。天心のイデオロギー的な文章よりも、日本美術史のほうが重要だ、と言っている。

天心は中国がそもそも単一の国家ではなく、複数的な空間から成り立っているという議論を展開していた。中国的なものは複数の力のせめぎあいの中にあるんだと。天心は、中国はある面では日本よりも西洋のほうに近い、という言い方すらしている。つまり複数の文明や諸国家の交通関係において、中国という「くに」も歴史的に存在してきた。天心の「アジアは一つ」も、そういう含みを持っているはずなんだと。ひょっとしたら、西郷的な「西南」という地理的な感覚のさらに先に、そういう多元性や複数性を持った中国論が展開されていったのかもしれませんね。

中島　そうですね。おそらく、岡倉天心『東洋の理想』をどう位置づけるのかに、橋川は取り組もうとしたのだろうと僕は思っています。『東洋の理想』って変な本で、九割がた日本美術史なのですが、冒頭の部分だけインドのカルカッタで書いていて、「不二一元」という存在論・認識論が最も現れているのが日本美術であるという展開をするんですよね。

つまり日本の美術の中には、中国やインドが含まれていると彼は見ているんですよね。日本の美というものに遡行していくことによって、国家から開かれていくというイマジネーションというものをたぶん最後持っていたんだろうなと思うんです。

杉田　日本民族の単一性や「もののあはれ」的な美意識を強化するのではなく、何というか、多元的な「雑」ですよね。雑としての美というか。丸山眞男はたんなる雑居と混血的な雑種を区別しましたけれど、雑種的な美の中には、複数の力が走っていて、天心はそれを捉えようとしたと思うんです。あるいは、アジアの美術館としての日本、という地政学的な議論とも少し違う可能性を、橋川は天心の中から取り出そうとしていた。

橋川の『黄禍物語』というちょっと変わった本も、今読むととてもアクチュアルです。福沢諭吉の『脱亜論』を含めて、黄色差別（アジア差別）という視点から人類の歴史を見つめ直そうとしている。日本人もまた歴史的な被差別と差別の捻じれから無縁ではいられないのに、そのことが主体的に実感されていない、という視点を与えてくれます。つまり日本人は西洋人ではないけどアジア人でもない、ゆえにアジア差別の対象に入らない、というような無意識の回避があって、それが裏返されると脱亜論や宗主国型のアジア主義になってしまうんだけど、黄禍論という観点は、そういう思い込みを破壊する。『黄禍物語』の終盤では、橋川は珍しく白人文化に対してかなり強く怒っています。アメリカが原爆を落としたことの根幹にも黄色差別があり、東洋人差別があるんだと。

近代日本の中では欧米を「上」に仰ぎ見るという関係と、アジア諸国を「下」に見るという関係が分離して、切り離されつつ共存してしまった。しかし黄禍論という視点を入れたとき、それらは簡単には分離できなくなる。日本は差別する側でもあり、差別される側でもあり続けていた。その歴史的事実を忘れてはいけないわけです。中島さんは「脱亜入欧」ではなく「脱米入亜」が必要だと提言していましたが、そのアジアとは「一つ」の中心を持つのではなく、楕円的で複数的な中心を持つものですよね。天心論を含め、橋川が生前に展開しきれなかった埋もれた可能性が様々にあると思います。

今回の『橋川文三とその浪曼』では、橋川と竹内好、西郷隆盛、岡倉天心、北一輝との対決までは論じられなかったので、橋川文三論のいわば「後編」として、今後、そうした橋川におけるアジア論的、あるいは中国論的な問題を考えてみたいと思います。

中島　そうですね。それが橋川の中で全体としてつながっていると思います。ロシアがユーラシア主義を説き、中国が一帯一路を説く中、日本が日米安保一辺倒で安全保障を考えていく時期は、そろそろ終わりです。アメリカとの関係を一定程度保持しながら、中国・インド・ロシアと連携し、近代の超克を模索していく。その中で、日本のアジア主義を再定義し、重要なエッセンスを引き継いでいく。そんな時代に突入する中、橋川文三を読み解くことは、ますますアクチュアルになっていくと思います。

（二〇二一年一二月二一日収録）
（なかじま・たけし＝政治思想）
（すぎた・しゅんすけ＝批評家）

橋川文三入門――その略歴と全体像

宮嶋繁明

一　今、なぜ、橋川文三か？

橋川文三（ぶんぞう）は、二〇二二（令和四）年に生誕一〇〇周年、没後三九年を迎える。

今では「橋川文三なんて知らないよ」という人が多いだろう。渡辺京二によると、橋川の名は、知る人ぞ知る状態に近づいているのかもしれない。が、しかし、橋川の仕事の独自さと深さは一時の流行とは関係ないから、常に少数者によってであれ、記憶され愛読され続けるだろう、と述べている。ここに、「今、なぜ、橋川なのか」の答えのヒントが隠されている。

なぜなら、近年、流行とはほど遠いとはいえ、「記憶し、愛読」する少数の書き手が現れ始めているからである。田中純は、『過去に触れる』（二〇一六年）「I歴史の経験・第三章・半存在という種族――橋川文三と「歴史」」で、橋川の歴史意識に言及している。また、先崎彰容は、『未完の西郷隆盛』（二〇一七年）で橋川の『西郷隆盛紀行』における業績を検証し、『永続敗戦論』で注目された白井聡は『国体論』（二〇一八年）で、『橋川文三セレクション』（二〇一一年）から引用するなど、後生の若い世代へと引き継がれている。

さらに、徹底的に愛読した若き論客が登場した。橋川文三没後、四〇年近くなって、ロスジェネ世代の杉田俊介（一九七五年生）によって初めて本格的な橋川文三論（月刊「すばる」二〇一九年六月号〜二一年三月号、二一回連載）が誕生した（『橋川文三とその浪曼』二〇二二年四月刊）。

この登場には、それなりの因由《いんゆ》があったと思われる。なぜなら、杉田は、宇多田ヒカル論、宮崎駿論などのサブカルチャー論から、高橋和巳論、吉本隆明論などの文芸評論、思想家論まで、柔軟に様々な対象を論じているからである。このように広汎に様々なジャンルをこなせる気鋭で巧みな批評家・文芸評論家の登場を待たなくては、「橋川と日本ロマン派論・丸山眞男論・柳田国男論」などの個別論ではなく、総論として橋川文三の全業績・全領域にわたって橋川総体を論じることは、難しかったということであろう。杉田の著書は前篇であり、今後、橋川vs竹内好、岡倉天心、西郷隆盛、北一輝などに挑む後篇にも大いに期待したい。

橋川文三は戦中派（太平洋戦争中に、青年時代を送った人々を指す）に属し、同世代には、鶴見俊輔（一九二二年生）、吉本隆明（一九二四年生）、三島由紀夫（一九二五年生）、井上光晴（一九二六年生）などがいる。戦中に、少年から青年になる精神形成期を過ごしたこと、それが彼らの思想と行動に大きな影響を及ぼしたことは、すでに多くの人が指摘するところである。

橋川文三の名を、何処《どこ》で知ったかを聞くと、戦後思想界の巨人と呼ばれる吉本隆明の数少ない友人のひとりとして記憶に留めた人が少なからずいた。吉本は橋川の葬儀に際し、友人代表として次のような感銘深い弔辞を読んだ。

「われわれがどこで出会い、なぜ親しみを加えていったかははっきりしていました。それはわれわれが共通にもっていた「思想と文学」のあいだの空間でした。（略）橋川さん／われわれの世代が、別かれ、それぞれの道を遠去かってゆく理由もまた、出会い、親愛の情を抱き、ひとつの根拠地に集った理由とまったくおなじものでありました。それはおおく国家・民族という断崖と階級・大衆という断崖とをどう処理し、どう超えてゆくかの方途によって、それぞれの道をたどったのでした。わたしたちの世代に立ち塞がっているものは、いずれもこの世紀に最大の正義であり、宗教であり、また謎でもあり、迷蒙でもありますから、どの方途を択んでも困難が軽くなるということは、かん

がえられそうもなかったのでした。」（「ちくま」一九八四年二月号）

さらに、『橋川文三著作集』の刊行に際し、編集委員（他に鶴見俊輔と神島二郎）として、内容紹介パンフレットに、「かれの戦いの跡はすべての心ある人たちによって、検討せらるべきだとおもう」と推薦文を寄せている。

もう一人、橋川文三を知ったきっかけとして、三島由紀夫との「文化防衛論」を巡る論争を挙げた人も少なくない。月刊「中央公論」（一九六八年七、九、一〇月号）を舞台にした橋川と三島の論争を読み、三島を論破した橋川に教えを請いたいと、学外から橋川の門に入った大学院生もいた。

そもそもの両者の関係は、一九五九年、三島が渾身の力をこめて発表した書き下ろし長篇『鏡子の家』が、失敗作と言われ不評を託《かこ》っていたときに、橋川が「東京新聞」に執筆した「若い世代と戦後精神」で、同著を採りあげ共感を示したことに始まる。

この小文に感動した三島は、一九六四年刊行の『三島由紀夫自選集』の解説を橋川に依頼。そうして書かれたのが「夭折者の禁欲」で、三島の依頼にそって彼の精神史的背景から特異な戦争体験に触れ、その骨子を「死の共同体」「秘宴としての戦争」と概括、三島の自刃を予感していたともいわれている。

この解説にも深く感銘した三島は、さらに二年後、「現代日本文学館」シリーズの『三島由紀夫』に、当時四一歳に過ぎない自らの伝記の執筆を依頼した。それに応えたのが「三島由紀夫伝」で、三島の伝記としては初めてで、その後の三島由紀夫論や評伝が、課題として採りあげる多くを網羅していた。

この伝記執筆に対して三島は、橋川に丁重な礼状をしたため、「此度は見事な伝記をお書きいただき、心から感謝いたしてをります」「真の知己の言を得たうれしさで一杯です。／御高著「日本浪曼派批判序説」及び「歴史と体験」は再読、三読、いろ〳〵影響を受けました。（略）いつかそんなあれこれのことについて、御教示をいただきたいと思つてをります」と書いている。しかしながら、この二人は、生涯に一度も会うことはなく、橋川が直接に教示するような場面はなかった。

けれども、一九六六年に三島が執筆した『英霊の聲』

は、三島が書簡で「影響を受けました」としたためたように、橋川著『歴史と体験』（一九六四年）所収の「テロリズム信仰の精神史」の強い示唆を受けたものであった。一九六八年、前述のように、三島が、大きな反響を呼んだ「文化防衛論」を「中央公論」に発表すると、橋川は、編集部から反論を依頼され、同誌に「美の論理と政治の論理――三島由紀夫「文化防衛論」に触れて――」を執筆して論破した。三島は、これに応えて、「橋川文三氏への公開状」で、「ギャフンと参つた」としながらも反論し、応酬した。が、それに対する橋川の反論が書かれることはなかった。橋川文三が書いた三島論は、『三島由紀夫論集成』（一九九八年）に収録、三島由紀夫と橋川の関係については、拙著『三島由紀夫と橋川文三』（弦書房・二〇〇五年、新装版・二〇一一年）を参照されたい。

ところで橋川は人生における師として、丸山眞男と、竹内好の二人を挙げている（「朝鮮と私の悔悟」参照）。また、同文で、吉本隆明と鶴見俊輔の二人を畏友と呼んでいる。

二　橋川文三の略歴

橋川文三は、一九二二（大正一一）年、孤島の対馬に生まれたが、このことは彼の精神形成において少なからず影響していると思われる。四歳の時に広島へ移り、以後、一七歳で第一高等学校に入学し上京するまでの時代を過ごした。この旧制中学生時代に文学に目覚め、短歌、詩、随想など、早熟な文章を校友会誌に発表し始めている。さらに文章家として目覚ましい活躍をするのは、一高時代のことで、白井健三郎、福永武彦、中村真一郎、小島信夫、加藤周一など匆々《そうそう》たるメンバーが在籍した文芸部に入り、詩やエッセイを発表、その完成度の高さに同級生等は畏怖の念を覚えている。

一高の二年生（一八歳）頃から日本ロマン派の泰斗《たいと》・保田與重郎に傾倒する。一高三年生（一九歳）の時に太平洋戦争に入り、軍国少年として、宗左近の応召送別会で、白井健三郎等とこの戦争を美しいとみるかどうかで論争をしている。大学時代の一九四三年、学徒出陣の徴兵検査を受けるが、胸部疾患のため丙種合格となり徴兵されず、屈辱感を味わう。そのため、学徒の勤労動員にまわされ、貴族院事務局や農林省食糧管理局などで働く。農林省広島食糧事務所に長期出張していた際、原爆投下の三日前に、農林省の採用試験に呼び出され広島から上京、被爆を免れている。敗戦時は、東京の目黒のアパートにいて隣りの組長さんの家で玉音放送を聞き、いわれのない涙を流した。

戦後の混乱期に、ほとんど授業のなかった大学を卒業するものの、就職先が見つからず極貧生活を送る。知人の山本新（後に神奈川大学教授）の紹介でようやく編集者となり、「文化新聞」「文化タイムズ」の編集、さらに、出版社・潮流社に入り、雑誌「潮流」「未来」を担当する。

その潮流社時代には、丸山眞男の担当編集者として、丸山の傑作の一つである「軍国支配者の精神形態」（「潮流」一九四九年五月号）の原稿を受け取っている。同時に編集者の立場でありながら丸山に師事し、単に編集者としての立場を超えて親密な師弟関係を築き、社会人でありながら東大の丸山ゼミへの入室を許されている。丸山には個人的な借金をしたり、「潮流」廃刊後には、出版社・弘文堂への就職を斡旋して貰い、そこで丸山と一緒に『社会科学講座』全六巻を企画、編集を担当し出版にかかわっている。

その弘文堂時代に結核が発症、一家離散の憂き目に遭い、足かけ四年に及ぶ療養生活を余儀なくされる。この療養時代に、最初の著である『日本浪曼派批判序説』（以下『序説』と略）を構想・準備、丸山から借りたカール・シュミット『政治的ロマン主義』の原書から大きな示唆を受け、そのイロニイ概念を援用することで日本ロマン派を解明。退院後の一九五七年から同人誌「同時代」に「序説」を書き継ぎ、一九六〇年、丸山眞男夫妻の媒酌による結婚式の席上で、書き下ろし部分を加えて完成させた著書を、未來社社長で弘文堂時代の上司・西谷能雄から受け取ることになった。

この『序説』は、「戦時の思想の潮流を忘れさっていた当時の論壇に衝撃を与えた」（鶴見俊輔）というように大きな反響を呼び、この本を橋川の代表作として推す人も少なくない。

一九六二年、明治大学の専任講師（一九五八年から非専任の講師）となり、ようやく安定した収入を得ることができるようになった。

橋川は、著作活動のなかで、「歴史意識」の問題を何度か論じ、「歴史」に拘泥したが、そのきっかけになったのは、座談会「怒れる若者たち」（「文學界」一九五九年一〇月号）である。出席者の石原慎太郎、大江健三郎、江藤淳、浅利慶太の四人に、橋川と村上兵衛が対立。なかでも、「戦争体験から歴史意識の形成を」と訴える橋川に対し、石原慎太郎から、「それは、戦中派の懐古趣味に過ぎない」との批判を受け、両者により激論が交わされた。石原に対し必ずしも有効な反撃ができず、憤懣やるかたない思いを抱いて戻ってきた橋川は、直後に、「歴史意識の問題」「「戦争体験」論の意味」などの論考で反論を執筆、戦争体験から受け継ぐべき歴史意識として「超越者としての戦争」という独自の概念を披露している。これらの論考は後に、佳品「乃木伝説の思想――明治国家におけるロヤルティの問題」等とともに評論集『歴史と体験』（一九六四年）に収録された。

『序説』を書き終えてから、取り組んだのは、戦中の学生時代から読み始めていた柳田国男であった。一九六四年、「20世紀を動かした人々」シリーズの第一巻『世界の知識人』（講談社、鶴見俊輔・久野収編）に共著の一人として、柳田の小伝「柳田国男――その人間と思想」を草した。後に「講談社学術文庫」に収録されるに際し、紙数の関係から当初は削除せざるを得なかった注などを加えて刊行された。

吉本隆明は、この『柳田国男』を橋川の代表作と見なしている。橋川の同著は、「もっとも早く出て、もっともまとまっていて、そしてもっとも洞察力にすぐれた作品」（鶴見和子）として、柳田国男を論じる者は「この作品を避けて通ることはできない」（同）もので、柳田国男の先駆的な研究となる評伝であった。

その一方で取り組んだのは、学問上、専攻する近代日本政治思想史において、「現代日本思想大系」シリーズの『超国家主義』（筑摩書房・一九六四年）で編集と解説を担当。同著の解説「昭和超国家主義の諸相」（『近代日本政治思想の諸相』〈一九六八年〉に収録）は、丸山眞男の著名な「超国家主義の論理と心理」を批判、丸山眞男を凌駕する作品として大きな反響を呼んだ。その後も政治学の専門分野において、没後に刊行された『昭和ナショナリズムの諸相』（一九九四年）に収録された論考等で、その力量を遺憾なく発揮した。

この近代日本政治思想史のカテゴリーにおいて、健筆を振るったのは、初めての書き下ろし作品『ナショナリズム』（紀伊國屋新書・一九六八年）と、親友の井上光晴の個人編集による季刊雑誌「辺境」に連載した『昭和維新試論』（一九八四年）である。しかしながら、前者は、新書版という量的な制約もあり、必ずしも本人が納得いく十全な完結作には至らなかった。また、後者は、パーキンソン病に悩ませられ未完のままだったが、橋川没後に、担当編集者により、雑誌掲載時のものへの書き込みの修正を加えて刊行された。

とはいえ、前著は、当時、ナショナリズムに関する書籍は皆無という状況下で、それを論じること自体が、前人未踏の領域に果敢に挑戦するという、いってみれば、問題提起者としての大きな役割を果たしたと言っても過言ではない。また、『昭和維新試論』でも、ほとんど無名に近い朝日平吾や渥美勝を採りあげるなど、昭和維新の思想と関連づけてオリジナリティをもって、日本におけるナショナリズム、昭和維新とは何かを論じている。

この『昭和維新試論』は、中島岳志が、NHKの『100分de名著』で、「ナショナリズム」をテーマにした番組（他に大澤真幸、島田雅彦、ヤマザキマリ）において、同著を採りあげて、ナショナリズムとの関連から講話をしている。後にNHK出版から刊行された（二〇二〇年）。

ところで、橋川が、丸山眞男と共に師として挙げる竹内好との交流は、一九六三年、竹内好を編集長として刊行される月刊「中国」の母体となった「中国の会」の創立から本格的に始まった。橋川は、「中国」の編集にも携わり、一九七二年の廃刊まで続いた。その間、「中国」へ毎号のごとく連載を執筆、それらは、『順逆の思想――脱亜論以後』（一九七三年）、『黄禍《こうか》物語』（一九七六年）などにまとめられている。同時に、竹内好から、中国語の講義を鶴見和子、市井三郎、石田雄等と一緒に受け、その成果は、一部の論考に発表され始めたが、橋川の急逝により、中国語を活かした日本と中国をめぐる歴史の解明という壮大な構想は中途で頓挫した。

その一方で、晩年まで、その完成を目指して取り組んだのは、朝日評伝選『西郷隆盛』の執筆であった。すでにパーキンソン病に悩まされ始めており、八年越しで挑んだものの、完成には至らず、結局、かつて執筆した唯一の論考「西郷隆盛の反動性と革命性」と、奄美大島へ取材に訪れた際の島尾敏雄との対談、その他の対談・講演等をまとめて、『西郷隆盛紀行』（一九八一年）が刊行されている。

さて、橋川の著作の大きな特徴は、極めて先駆的な仕事をしていること、すなわち前人未踏のアポリアに果敢に挑み、鋭い問題提起をしていることが挙げられる。『序説』は、当時はタブーとされていた日本ロマン派に挑み、初めて本格的な日本ロマン派論を提唱した。二つの評伝『柳田国男』「三島由紀夫伝」も、当時、確固とした年譜も存在しない状況下での執筆で、両者とも初めての評伝であった。『ナショナリズム』も、日本で初めてのナショナリズムを扱った著書であり、その後、三十数年もの間、ナショナリズムについての著書が書かれることはなかった。『黄禍物語』もまた、黄禍（黄色人種の勃興により白色人種に加えられるという禍害）を扱っており、日本では未開拓の分野の仕事として評価が高く、その後の研究者の先駆けとなっている。『西郷隆盛紀行』では、傑出した論考「西郷隆盛の反動性と革命性」を収載、反動の巨頭と目されていた当時の西郷に、革命性が見出せるとコペルニクス的転回をしたドラスティックな観点が高く評価されている。

これらのことが象徴的に示すように、当時においては大きなアポリアで、多くの人が難題のため敬遠し避けてきた未開拓の分野に決然と挑んでいたのである。

三　橋川文三とは何者か？

「橋川文三とは何者か？」という問いがある。なぜなら、単純明快な答えが見つかりにくいからである。処女作『序説』は、社会科学的な手法によって書かれてはいるが、扱った対象が日本ロマン派だから、極めて文学的、文芸評論的でもある。『柳田国男』は、民俗学者として著名な柳田の評伝でありながら、民俗学のみでなく、若い頃の感受性豊かな文学青年時代にスポットを当て、農政官僚時代、さらに、民俗学の世界史的な意義を問う論考までを網羅している。

『近代日本政治思想の諸相』『ナショナリズム』『昭和ナショナリズムの諸相』等は、主に専攻した近代日本政治思想史のジャンルの研究成果で、大学の政治学科の教授すなわち政治学者としての専門分野の学問研究が活かされた作品といえよう。『順逆の思想』『黄禍物語』は、中国思想・中国文学、あるいはアジア思想のカテゴリーに属すると思われる作品群である。『西郷隆盛紀行』は、未完の『西郷隆盛』の代打として刊行されたが、これは、歴史家あるいは歴史研究家の作品の範疇に入ると言えるかもしれない。

　こうしてみると、橋川は、中学・一高時代における詩人、若き日の編集者、ジャーナリスト、その後の思想家、評論家、文芸評論家、評伝作家、政治学者、歴史家・歴史研究者、中国（アジア）思想研究者ともいえる側面も垣間見え、極めて多面な相貌を持っていたことになる。

　橋川本人は、お前は何者であるか？　という問いに対し、G・ソレルを引用して「私は、私自身の教育のために役立ったノートを、若干の人々に提示する一人のautodidacte（独学者―引用者）である。」と簡潔に答えている。

　これは橋川らしい説得力のある返答ではあると思う。しかしながら、直截な答えといえるだろうか。沢木耕太郎は「何者か」の答えとして、「一個の詩的な精神が、文学そのものに向かわない時、あるいはなにかの事情によって向かえない時、どのような表現が可能かというひとつの悪戦の軌跡であった」と述べている。粕谷一希は、橋川は、明治以降の歴史ジャーナリストの伝統にもっとも近い風貌をもち、「その鋭い感受性とユニークな着想は余人をもって代えがたい」と評価している。

　また、橋川の業績の類似性を探った人として、坪内祐三と田中純の二人は、いずれもドイツの思想家・批評家のヴァルター・ベンヤミンを挙げているし、好村冨士彦は、ドイツの哲学者テオドール・アドルノに類似を求めている。

　かくのごとく幾つもの相貌を保持していた橋川であったが、生涯を通して一貫して追い求めたものはいったい何か。それを探すヒントとしては、自らの五冊の著書のタイトルに「歴史と〜」と付けたことが挙げられる。また、生前最後の著『歴史と人間』の「あとがき」で、歴史とは「知識人最後の信仰」（サルトル）、「学問は歴史に極まり候ことに候」（荻生徂徠）を引用している。こうしたことから、橋川が生涯にわたって拘泥したのは「歴史」であったといえよう。

　さらに、橋川文三の作品の大きな特徴の一つとして、格調高い文体を挙げることができるだろう。たとえば、鶴見俊輔は、「日本の社会科学者の間にあってめずらしい文章家」といい、三島由紀夫は「社会科学の領域で現下おそらくみごとな「文体」の保持者として唯一の人」と述べている。畏友吉本隆明も、橋川が選択した思想の方法が、「鋭利で透徹した明晰なあなたの文体を実現した」「内部にある冷静な白熱があふれるような言葉を実現するのを、われわれは見ることができました」と語っている。

橋川文三の著作活動の概略を、現在、読むことが可能な著作を参考までに案内するとおよそ以下の通り。

主要な著作には、『増補版橋川文三著作集』全一〇巻（筑摩書房・二〇〇一年）がある。増補された『著作集』第一〇巻の巻末に「著作目録」（赤藤了勇作成）が付されているので参照されたい。

単行本は、対談・講演集『時代と予見』（伝統と現代社）、対談集『歴史と精神』（勁草書房）、翻訳書・カール・シュミット『政治的ロマン主義』（未來社）、『昭和ナショナリズムの諸相』（名古屋大学出版会）など、前掲のものに増補版・新版を含めると合計約二〇冊に及ぶ。

比較的手に入りやすい文庫本は、『柳田国男』（講談社学術文庫、解説・神島二郎）、『日本浪曼派批判序説』（講談社文芸文庫、解説・井口時男）、『黄禍物語』（岩波現代文庫、解説・山内昌之）、『昭和維新試論』（ちくま学芸文庫、解説・中島岳志、及び、講談社学術文庫、解説・鶴見俊輔）、『日本の百年4、7、8』（ちくま学芸文庫、解説・橋川文三）、『橋川文三セレクション』（岩波現代文庫、解説・中島岳志）、『西郷隆盛紀行』（文春学藝ライブラリー、解説・中野剛志）、『ナショナリズム』（ちくま学芸文庫、解説・渡辺京二）、『幕末明治人物誌』（中公文庫、解説・渡辺京二）がある。

橋川の研究書は、没後の翌一九八四年六月に「思想の科学」「六月臨時増刊号・橋川文三研究」が、単独の特集を組んだ唯一の雑誌である。これは、橋川の畏友で良き理解者であった鶴見俊輔が、橋川の業績を高く評価していたことから、橋川の仕事を広く検証し、後世に残すべく検討しておくことの必要性を強く感じ、自ら中心となって企画した。鶴見本人が運営に強く係わっていた「思想の科学」でなくては実現しにくかった臨時増刊号での特集で、畏友鶴見の尽力に寄るところが大きく、鶴見の橋川に対する厚い思いが伝わってくる。

なお、橋川の評伝（前篇）としては、生誕から幼少年期、一高時代、大学時代、編集者時代、病気療養期の一家離散から、退院して回生し大学の講師に就任するまでの苦難の前半生を丹念に追った拙著『橋川文三　日本浪曼派の精神』（弦書房・二〇一四年）がある。

その続篇（後篇）として、後半生の著述家、学者・研究者時代にスポットを当て、橋川の学問・思想の全体像を明らかにしたのが、拙著『橋川文三　野戦攻城の思想』（弦書房・二〇二〇年）だ。構成は、▽処女作『日本浪曼派批判序説』を上梓▽あたたかい思想としての柳田国男▽超国家主義を論じ丸山眞男と思想的訣別▽竹内好らと「中国」を創刊▽総論・野戦攻城の思想、の五章。橋川思想の本質を「あたたかい思想」に求め、幅広い思想分野に独立独歩で果敢に取り組んだ歩みを「野戦攻城の思想」と呼び、タイトルとしている。

この二著は、初めての評伝で、多少難解とも思える著書もある橋川文三の研究に際しての入門書あるいは参考書としても参照されたい。

（みやじま・しげあき＝編集者）

エッセイ

橋川文三さんのこと

渡辺京二

1　悲哀と放棄

橋川文三さんが亡くなられたあと、追悼文を書くようにいくつか求められたが、結局書けなかった。

私が橋川さんの文章を読むようになったのは、昭和三十二、三年頃だったかと思う。ちょうど吉本隆明さんや谷川雁さんの文章に接し始めたのとおなじ頃であった。この三人はいわば私が末弟だとすると長兄にあたる世代の人びとで、日本が戦いに敗れたとき、すでにいっぱしの大人としての判断がもてた人たちだった。敗戦の時中学三年生で、皇国イデオロギーと明治の新体詩しか頭になかった私などとは、戦後の出発点が違った人たちで、むろんいろいろと教えてもらったのはたしかだが、一方ずうっと頭をおさえられっぱなしだった感じが抜けないのは致しかたない。

だが、何と遥かなところまで来てしまったことだろう。吉本、谷川、橋川と名前が並べばなつかしくも浮び上ってくるような、ある時代的な問題設定、竹内好、花田清輝、平野謙といった彼らよりひとつ上の世代の設定に挑戦しながらなおかつ土俵を共有していたような問題の枠組は、いったいどこへ消え去ったのだろうか。思えば彼らの思想的ないとなみは、大正末年から昭和三十年代まで続いたわが国近代のある思想的局面の最後の輝きにほかならなかった。

むろんその局面とは、マルクス主義と近代的自我の観念によって領導された特殊な史的プロセスであり、その終焉をもたらしたのは個人を超えた時代の力とせねばならない。だが、吉本さんについて言えば、少なくともこの人はこの終焉をもたらした人為的要因の第一号だった。局面の転換自体を餌とする氏の最近の力業については、ここで取り立てて言うまでもあるまい。

だが橋川さんは、晩年にいたるまでこの転換に対して超然としておられたようだ。自分の仕事の歴史的な根拠について防衛するわけでもなく、さりとて新しい局面についていて行こうとするのでもなかった。晩年はことに体調が思わしくなかったようだが、そのせいというよりも、なにか魂を深く悲哀と放棄にむしばまれておいでのように見えた。

私は橋川さんの近くにいたものではない。私と氏の関係は、昭和三十七年、ちょうど『日本の百年』（筑摩書房刊）の担当巻の進行に悩んでおられた氏が、私を口述筆記者として一週間傭われたのに端を発している。むろん初対面であった。その後、蓮田善明について『思想の科学』に書いた折、文献をお借りし、原稿の批評を乞うた。何も批評は口にされず、もっと伝記風に書けばよかったですねと言われたのには、しんからまいった。あとは私が『日本読書新聞』に入ってからの、編集者としての接触があっただけである。その『読書新聞』入りも、実は橋川さんが推薦者であったのだそうで、私は去年、当時の同僚の吉田公彦さんから聞いて初めてそのことを知った。私はそういう迂闊者であったのである。

昭和五十年代には熊本で二度お会いしている。一度は当地の書店主催の講演に来られ、次は西郷伝のための南九州行の帰りであった。橋川さんは私が酒をくらってヨタをとばすのにずいぶん驚かれたらしく、「東京にいた頃の君は笈を負うて出郷した少年の風があったのに」と、不思議なものを見るような眼つきだった。

そういう弟子でもなく、とくに親炙したともいえぬ私に、発言の資格の欠けることは重々承知ながら、私は五十年代に接した橋川さんに、再び言うなら悲哀と放棄を感じた。先生は（橋川さんは私の「先生」ではない。しかし今やそう呼んでいいのだ）、南九州行の途中、宮崎で西郷の遺跡を訪われた際に、故老たちの話を聞こうともせず、同行の編集者赤藤了勇氏に「君、聞いといてよ」と言い捨てて、その家の仔犬と遊んでおられたそうである。亡くなられたあと、先生について論がかけなかったのは、この私が悲哀と放棄と解したものに言葉を失う思いだったからである。

そもそも言うなら、先生の文章を一貫する抑制と慎しみは、私の解すべからざるものだった。あれは本質的に、育ちがよく品がよい人のやることとである。先生が育ちよく品よき人であったことは疑うことができない。だが、テキストの蔭に身を隠したいと言わんばかりのあの特徴ある筆法には、たしかに何か過激なもの、吾に何者ぞと問うや、然らば答えん、余は独学者なり、と書かれた時にかすかに露表したような、或るビターなものが隠されていた。先生の野戦攻城の気分というものも私には不可解であって、この人はつきまとって世話を焼かねば旅行も出来ぬ人だったのではないか。野戦攻城とは、私なんぞのガラッパチの言うことである。そこには育ち、資質と、経験と課題との間に架けねばならなかった橋のたわみときしみが聞えてこずにはいない。この人は一流の文芸批評家にだって、アカデミックな大学者にだって、その気さえあればたやすくなれた人である。その人がほかならぬ橋川文三としての仕事にわが身を限ったについては、私などには窺い知れぬ深い悲哀と放棄があったのだろう。私が書きたいのは、ただそのひとことである。

2 抑制と暗い炎

橋川文三(一九二二—一九八三)は竹内好、鶴見俊輔、吉本隆明らと並んで、わが国の戦後思想中、重要な一潮流を代表する文筆家である。もっとも竹内・鶴見・吉本が一世をリードする論客とみなされたのに対して、橋川はよりアカデミックな日本近代思想史家と受けとられる面が強かったかも知れない。しかしそれは、橋川の独特な自己抑制がしからしめたところで、満州事変から日米戦争に到るあの十五年戦争の経験を受けとめて、戦後の現実と対峙しつつ思索する作業において、彼はまぎれもなく一個の思想家であり、思想史研究という形式に埋めこんだのではなく、ただその思索を直接に表明するのではなく、思想史研究という形式に埋めこんだのである。

彼の思想史研究的な業績は、いま私が「解説」の任を与えられている本書『ナショナリズム』がそうであるように、近代日本のナショナリスティックな、一般には右翼とされる思想的形象を対象とするものであった。彼の処女作は『日本浪曼派批判序説』で、すでに同人誌連載中に評判になっていて、一九六〇年未來社から刊行されると、私は待ち兼ねたように購入してむさぼり読んだ。

それは決定的な出会いで、以来この人の著作が出ると、すべて購入して読むことになったが、私は何よりも彼の叙述スタイルに身の震えるような親縁を覚えた。学者のような顔つきで語っていた人は、実は詩人だったからである。著者はカール・シュミットに依拠して保田與重郎を「批判」していたが、シュミットのみならず、彼がヨーロッパ近代の思想と文学に通暁していることは一読明らかだった。ヨーロッパ近代の精髄を極めて日本右翼を論じる。なんとスリリングなことをやる人か。文章は一流の詩人のごとく精妙で含蓄があった。

社会科学者で唯一の文体の保持者と三島由紀夫が評した、その文章の味わいに私が魅せられたのに間違いはない。しかし、文体とはその人の生きる姿勢そのものである。橋川の文体は端正・温和で、論述のしかたも、扱う問題について客観的に広く展望・紹介するといった風でありながら、その底には苛烈で、時とすればほとんど魔的と形容したい断定が匿されていた。彼の抑制された外面の蔭には、歴史つまり人びとの生きて来た事実の亀裂にのぞく深淵を見てしまった者の、暗い炎が激しく燃えさかっていたのである。

私の知る限りのこの人の温和で静かな風貌には、ある悲しみと断念がはっきりと感じられた（酒のはいった彼の絡み癖は伝説になっているが、私は二度ほど酒席を共にして、乱れた姿を一度も見たことはない）。彼が戦時中「日本ロマン派」、特に保田與重郎の心酔者だったことは、もとより著作から承知していたが、彼が日米開戦ののち死を覚悟、というより憧れていたことを、私は宮嶋繁明著『橋川文三　日本浪曼派の精神』（弦書房、二〇一四年）で初めて知った。

同書は橋川の前半生の伝記で、今後橋川について書く者が必ず参看すべき貴重な労作である。私はそうだったのかと、深くうなずくところが多かった。橋川は旧制中学上級生の頃から、ランボー、ヴァレリーの心酔者で、一高に進んでからは文芸部の雑誌に詩や散文を発表し、「橋川の前に橋川なく、橋川の後に橋川なし」といわれるほどの才能を示したという。私は初めから、文学者として一流になるべきなのに何かの拍子で学者になってしまった人と、彼のことを思っていた。やはり、そうだったのである。

彼が東大法学部に進んだ時、友人たちは意外の感にうたれたという。彼は著述家としてデビューして以来、丸山学派の一人に数えられていたから、私はてっきり東大政治学科で丸山眞男の弟子だったものと思いこんでいた。宮嶋によると、彼は大学で丸山の講義を聴いたことは一度もない。日米開戦は彼の一高三年生の時で、東大では学徒動員でほとんど授業らしきものを受けていない。丸山との縁は戦後の編集者時代に生じたのだ。彼は自分のことを「独学者」と述べたことがあるが、それはなおざりの言葉ではなかった。

彼は太平洋のどこかの島で美しく死ぬことしか考えていなかった。だが病弱のために徴兵されず、そのことに絶望して敗戦の日を迎えた。心空しく生き残ったのである。敗戦は当時の大方の日本人にとってショックだったが、戦って死ぬことに至上の価値を見ていた彼のような青年にとって、ショックなどという生易しいものではなかったろう。彼はそこから立ち上って、歴史というものの認識を第一歩からやり直さねばならなかった。その成果が『日本浪曼派批判序説』以下の一連の日本近代思想史に関わる著述であり、本書『ナショナリズム』はその一里程標なのである。

この本が標題に対して異様な構成になっていることは否めない。序章「ナショナリズムの理念」で、近代ナショナリズムの本質が、その語義・淵源を含めて全面的に考察されているのに対して、本文ともいうべき第一章・第二章は日本ナショナリズムの成立のみを扱っており、それも時代的には明治十年代の自由民権運動で終っている。つまり標題は本来『日本のナショナリズム』とあるべきで、しかもそれとしても、その後昭和期の「超国家主義」となって展開する、いわば日本ナショナリズムの完全発現態はまったく言及されぬまま、叙述は打ち切られているのだ。

その事情は著者自身の「あとがき」に明らかで、「どこかで計画と目測を間違ったために、御覧のような均斉のとれない、中途半端な記述におわった」と述懐されている。著者は「少なくとも明治二十年代までを含め」、その後の超国家主義への見通しもつけるつもりだったのだ。

そもそも「日本ナショナリズムの山頂をきわめる」という当初の意図が「新書」という形式には過大だったのである。「新書」とは普通二〇〇ページ程度の小冊子で、所蔵する「紀伊國屋新書」の原本を調べてみると、「あとがき」を含めて一九〇ページしかない。

もちろんそのスペースで、昭和期の超国家主義までたどることは、叙述を概略化すれば不可能ではない。だがそんな略述はこの著者には出来ることでもなく、また欲するところでもなかった。歴史は著者にとって、無数の憧れや恨みを埋めこんで褶曲する複雑巨大な地形にほかならなかった。スケールの大きい地図に写せば、いとおしい襞も肝心のニュアンスも消え去る。

予兆はすでに序章に現われていた。パトリオティズムの自然さに対するナショナリズムの人工性を明らかにしつつ、著者はルソーに言及し、特にその「一般意志」の含む危うさを論じ始める。しかし、それを論じると問題はナショナリズムにとどまらず、ナチズムやスターリニズム、さらには民主主義にさえ拡がりかねない。著者は辛うじて踏み止まる。

著者は第一章で、開国前後の日本人の国家意識のありかたを、封建諸侯、武士、豪農、庶民の各層について検討する。その広い目配り、犀利な分析には、この問題に関する著者の蘊蓄が十分に発揮されており、特に国学が果した役割についての叙述は圧巻といってよい。ところが著者にはいいたいことが多すぎるのである。想念が湧いてとどまらぬのだ。それは吉田松陰についての均衡を失した長い叙述を見ればわかる。私はこのことを欠点とするのではない。こうしたのめりこみこそ、著者特有の魅力をなしているといいたい。だが、第一章までですでに紙数は三分の二に達した。

第二章は「維新」によって成立した明治国家が国民を創り出さねばならなかった事情を説いて生彩を放つ。国民のナショナルな目醒めを経て国民国家が成立したのではない。列強に伍すべき「国民国家」が少数の専制的指導者によって設計され、それに必要な国民は教育によって創り出された、明治民法の規定する「家」が、一般庶民の伝統である「家」と異質だったことの指摘も重要である。この章は、自由民権運動が玄洋社などの右翼を生むに至った逆説を述べて締めくくられるが、この逆説は著者の抱えこんだ大きなテーマとして、その後の仕事で追求されることになる。

途中で突然打ち切られた未完成の感はあっても、本書が日本ナショナリズムに関する基本文献として今日でも生命を保つことはいうまでもない。ただ、いくつかの点を私がいい添えるのは許されるだろう。開国時、日本民衆がまったく国家意識を欠いていた点について、著者は福沢などの暗愚視を、批判的保留は施しつつも一応肯定しているようにみえる。しかし今日になってみれば、その暗愚とは、民衆が国家から自立した生活世界を確保していたことの証しだったというべきである。また庶民の藩兵への採用についても、長谷川昇の『博徒と自由民権』（中公新書）は、奇兵隊の場合とは違った様相を提示していると思う。

それにしてもナショナリズムは、今日に至ってますます怪奇の相を呈している。著者は序章の副題を「一つの謎」としているが、その感は今日一層深い。著者が「隠岐コンミューン」に託した夢は、やはり一九六八年というこの本の著作年代に限界づけられていたというべきか。


中国ナショナリズムにせよ、当時著者の眼にはその本質は、無理もないことだが見えていなかったのかも知れない。ナショナリズムは依然として、近代が生んだ怪物であり続けている。グローバリズムによって国民国家の時代は終ったという今日はやりの言説が、とんでもない近視眼であるのは、やがて歴史が証明するだろう。

実は橋川文三さんは私がひと方ならずお世話になったお人で、私がしがない物書きになったのも橋川さんと吉本隆明さんに学んでのことなのである。仕方のないことだが、本文中「橋川」と呼び棄てにして私の心は痛んだ。橋川さんは六一歳で亡くなられた。今にすると若死である。私自身老残の身ながら、死ぬまでにいつかはちゃんとこの人のことを書いておきたい。

（初出　1『橋川文三著作集2』月報、一九八五年、筑摩書房／2『ナショナリズム』解説、二〇一五年、ちくま学芸文庫／いずれも『父母の記』平凡社、二〇一六年所収）

（わたなべ・きょうじ＝評論家）

エッセイ

橋川文三先生の思い出

猪瀬直樹

桜の季節だった。

一九八三年三月。都心の仕事場から赤いスクーターに乗り、神田の駿河台《するがだい》を目指した。

前輪の上に載せた籠《かご》には、朝日新聞社から出版したばかりの『天皇の影法師』(現、中公文庫)が入っていた。一刻も早く、橋川文三先生にお見せしたかった。八年ぶりの再会である。

久しぶりにお会いした橋川先生は、手が震え、足どりが覚束《おぼつか》ない。味覚を失うという奇病に取り憑かれ、体力が衰えたとの噂は聞いていたが、目の当たりにしてただ驚くばかりだった。一九二二(大正十一)年元旦生まれだから、まだ還暦を過ぎて、いくばくもないはずなのに、老衰の症状が出ているように見受けられた。

にもかかわらず頭脳はまったく明晰《めいせき》で、僕が「最近釣りに凝っているんですよ」と述べると、話にのってくる。しばし同好の士のごとく、獲物と道具と場所についての会話が弾んだが、「ところで橋川さんは、かなり昔から凝っておいでなんですね」と感心すると、実際の体験がないと言う。一瞬、耳をうたがった。「ああ、井伏鱒二の本を読んでいたから」と、こともなげに洩らすのだった。あらためてこの人はホンモノだな、と思いました。

それから、「これ、乗りたいなあ」と赤いスクーターのハンドルを撫でた。「乗ってみますか」と勧めると、「いや、女房に禁じられていてね」とはにかむ。「じゃ、腰かけてみるだけならどうでしょう」と僕。生まれてから一度も触れたことのない乗り物に腰をかけハンドルを握って、病んだ先生は子供のように嬉しそうだった。

後日、本の感想を訊《たず》ねるために電話した。多くを語らず、ただ、

「文章はいい」

とだけ言われた。橋川先生と僕の合い言葉が出たので、胸を撫で下ろした。

橋川先生は、論文も評論も小説も、いっしょのレヴェルで考える人だった。論文が硬質な言葉で書かれ、小説がやわらかい言葉で書かれるというのは間違った固定観念でしかないのだ。

八年ぶりの出会いから九ヵ月後の一九八三年十二月十七日、橋川先生の訃報《ふほう》を耳にし、通夜にかけつけた。哀しかったけれど、怠け者の僕も、ご存命中に作品をお目にかけることができたと、わずかに安堵した。

橋川先生に初めてお会いしたのは、二十五歳のときだった。一九七二年三月である。

その当時の自分自身について、いまだに充分に気持ちを整理できないでいる。でも橋川先生に出会わなかったら、たぶん僕は『ミカドの肖像』を書こうとはしなかっただろう。

そのころ、僕は活字を、というより言葉を毛嫌いしていた。大学を出てから二年間、いっさい〝建設的〟な会話をしないでいた。本も読まないし議論もしない。そういう暮らしを求めていた。

理由は、僕が地方国立大学の全共闘議長だったことと大いに関係があった。学生運動の後遺症《トラウマ》と、ひとことで片づけてしまうわけにはいかないが、学生独特の空疎な議論が嫌になっていたのは事実である。学生という実体のない世界と早く縁を切りたいと念じ、そう思いはじめたら、いてもたってもいられなくなって、上京したのだった。

新聞広告で仕事を探した。紆余曲折があり、半年ごとに仕事が替わっていた。ある友人の斡旋で建設関係の小さな会社をつくった。元請け建築現場の片付けの仕事を請け負い、学生を集めて作業するのだ。学園ストライキの季節は終わっていたが、学校に行かない学生や元学生があふれていた時期で労働力には事欠かない。なかには三菱重工爆破事件の主犯の一人で、逮捕されたとき青酸

カリ自殺をした斎藤和《さいとうのどか》もいた。仕事の合間に墨田川《すみだ》の土手で、三島由紀夫や日本浪曼派の保田與重郎について話し合ったことを憶《おも》い出す。突然に行方がわからなくなって、三年あまり後に事件が起きたのだが……。

一九七二年の正月。肉体を酷使するうちに余分な感情に汚された言葉が濾過《ろか》され、もう一度、本を読んで自分の歩んで来た思考の道筋を整理する気になった。全共闘での混屯のなかで考えた問題を解決できるのは、自分自身でしかないのだ、と。

僕は橋川先生の著作のいくつかを読み返しはじめていた。天皇制についての左翼の議論に飽きたらなくなっていたからである。一九六八年に三島由紀夫との間で交わされた「中央公論」誌上での論争で、橋川文三の名前は心に刻まれていた。三島由紀夫にシンパシイを抱きながら、でも論破するという政治思想史家なら、僕の抱えている混乱を整理してくれるのではないか。

求道者のように、一途に考え込んでいた。直接お伺いしてみようか、でもそれでは失礼だ、授業料を払って大学院に入れば質問する権利がある。そう思って、明治大学に問い合わせた。

いまから考えてみるとおかしいのだが、それまで橋川先生は文芸評論家と信じていたから、てっきり文学部教授だと勘違いしていた。政経学部だということがわかった。試験の日取りを訊ねると、二カ月あまりしかない。英語もすっかり忘れていた。あわてて書店で参考書を買った。『英文解釈速成七週間』というタイトル。

試験というものを久しぶりに受けた。論文三題のうち二題選択。そのうちのひとつがナショナリズムの理論について論ぜよ、とあった。橋川先生の出題だとすぐにわかった。

面接で、

「いい文章だ」

と声をかけてくれた。そのひとことで、学生運動後の辛《つら》い気持ちが癒《いや》された。

大学院の学生であっても、僕はいわゆる社会人でもあった。学部から進級した学生のようにキャンパスにたむろする暇《ひま》はなかった。わずかな時間を見つけて、駿河台に通った。小学校以来、学校ぎらいだったのに、進んで学問を求めている姿は、自分でも奇異な感じがした。

橋川先生はベタベタした関係は嫌いな気がして、僕はいつも距離を置いていた。ときどき、一線を越えて生意気な発言をしてしまう。「この不良少年め」と、口にしながら目を細めているのがわかった。

修士課程に籍を置いたのは三年間だが、通ったのは実質、一年間のみだった。三年目に修士論文を提出した。書き上げたとき、「これは間に合わせにすぎない。まだ描きされていない」と悟った。ではどうすれば書けるか。漫然《まんぜん》と博士課程に進級するクラスメイトと袂を分かち、自分自身をもう一度つかみ直そうと決意して、大学を離れることにしたのだ。

その答えが見出せないうちは、顔を合わす資格がないと決めた。冒頭の八年ぶりの再会は、宿題がある程度できたことを報告するためのものだった。

（一九八七年三月／『僕の青春放浪』文春文庫所収）

（いのせ・なおき＝作家）

エッセイ

コウモリだけが分かること

片山杜秀

白雲靡く駿河台

橋川文三が亡くなったのは一九八三年の暮れですね。私は慶大法学部の二年生で、老荘思想で西洋近代を超克するとか言って、三年生から政治思想のゼミに入ろうと準備しているときでした。愛読していたのは橋川と松本健一とアドルノとフーコー。あと大川周明。何だか滅茶苦茶ですが、当時の私の頭の中では繋がっていたのです。それから、大学院進学を考えるのですが、私の学部での恩師は蔭山宏先生で、ワイマール期のドイツの思想史の優れた研究者であり、その理詰めの文章術にも教えられるところ大でした。けれども、先輩の院生が、やはり蔭山先生はドイツが専門だから、私が日本政治思想史にこだわるなら、よその大学に行ったらどうかと、奨めるのですね。今、思うと、ミス・リードなのですが(笑)。東大か早大を考えたらどうかと言う。いやいや、それなら僕は橋川の教えていた明治に行きたいと。神保町・駿河台のエリアは、中学からの私の趣味上の基本棲息域でして。明治のその頃の大学院校舎もよく知っておりました。それで、古本漁りの帰り道に願書をとって、いきなり受けたら入れてくれまして。もちろん、明治の院には、橋川の遺した日本政治思想史の講座があって、そこに期待したのですが、橋川亡きあとは、日本政治史の講座と実質一緒にされていて、思想史に徹する先生が居られない時期でした。リサーチしていなかった（笑）。橋川門下でまだ院に残っておられたよき先輩方との出会いはあったし、櫻井陽二門下の外池力先輩に神保町の醍醐味は古書店街歩きよりも週末の古書会館の古書市通いにこそありと教えてもらったのもこの頃ですが、期待したのと少し様子が違うかもと、修士号を頂戴して、博士課程はまた蔭山先生を頼って慶應に帰ることになりました。

その頃は、原理日本社と安岡正篤を研究しているつもりで。北一輝や大川は容易に扱えそうもないので後回しにしようと。そうそう、保田與重郎の『後鳥羽院』が凄いから「後鳥羽院論」を書くとか言って、いまだに書いていない。それにしても、振り返ると、やはり橋川の手を付けていることのほんの一部の拙劣な後追いにもなっていないというのが、自分の仕事で。水戸学もそうですし。理屈では、丸山眞男と藤田省三にいつも畏服しているのですが、何を言っているのか謎の残る橋川が、やはり人生のアイドルなんですね。橋川に何かロマンを感じてやめられないのでしょうね。

わだかまる思想家

今回の編者の中島さんと杉田さんは七五年生まれでしょう。橋川が彼らの中で生き直していることに深い感銘を受けます。世代的な離れ方がちょうどいいので、歴史の中で受け止められて、改めて今日的情況の中に召喚することができているのではないですか。私の世代にはまだ中途半端に時代経験としてリアルなんですね。戦争を引き摺っているというか、世の中がまだそうだった。戦中派世代が世の中の核心的世代で、映画もテレビも漫画も戦争物ばかりなのが、私どもの幼少年時代でして。三島事件もテレビの実況を観ていたような具合で。橋川みたいな人は、そりゃ、ああいうふうに屈託の多い、何だかわだかまった戦中派はたくさん居るわなあと。たとえば、私の伯父に海軍の将校だった者が居ったのですが、やはりいつも割り切れないという顔をしていた。いろいろ引き摺っている。それが渋みになって常に面貌に湛えられている。右とか左とかで決着がつけられないし、戦後の現実に浸って忘却できるわけでもない。海軍兵学校なので、生粋の軍人で、しかし世代的には橋川世代でしたけれども。決着がつかないということは、いろいろな可能性を担保して漂っている状態で、留保と不決断ですね。ロマン主義的態度です。あの時代のリアルを引き摺って、後の時代の理屈付けではどうしても割り切れない。

そのような存在様態といいますか、それを私どもの世代が受け取ってどうこうしようというときにも、似た構図になると思うのです。だいたい、橋川を読むとか、戦中派世代のわだかまりが気になるとかいうのは、こちらも一九四五年までの歴史をどう清算するか、思いきるかについて、しっくりいかないからで。しっくりいっていたら、藤田も読まずに、松下圭一とか読んでいたのではないですか。そこが引っかかるから、橋川が魅力的になる。橋川の戦略は、切り捨てられないものの可能性の留保でしょうか。肯定もできないけれど、否定もできず、かといって発展のさせようもないような。それでも、あの思想は悪いばかりじゃなかったろう、みたいなね。あるいは、良い悪いではなくて、時代の中の役割を細かく見れば、そう簡単に割り切れないだろうとね。そういう言説がいちおう政治思想史研究の範疇に居る顔をしながら紡がれるので、私なんかもそこから歴史を組み替え、アクチュアリティを引き出して、現在にフィードバックさせられないかと悩んだりしておりました。が、やはり過去の歴史の中でありえた可能性を救う、あるいは歴史の中での役割を微細に見つめるのと、それを現在に取り戻しておき直して展開させて意味を活性化させるのとが、こちらが馬鹿なせいでしょうが、大抵うまくつながらない。

橋川の考えていることを中途半端にリアルに思い、割り切れないところに共感して、今に生かすそれらしい解釈に振り替えようとして、ちっともリアルにさせられず、ロマンに入る。歴史主義とロマン主義のあまりうまくない組み合わせに誘い込まれて、ぬけられなくなって、非生産的な迷路に入る。橋川の怖さでしょうね。でも、そういう思考ならではの、近代的割り切りに抗する、カウンター思想史みたいなところはあって、そこに橋川派の居場所もあると思うのですが……。そういう人たちのロマンが何やらリアルに息づいてもしかして何とかなりそうかと、少しは思えた戦後が、ゴルバチョフのペレストロイカが始まって冷戦構造が崩れてくる八〇年代半ばまではあったでしょう。それで、フランシス・フクヤマ流の歴史終焉論、思想の終わり論みたいなのが説得力を世に一時的にも持ってしまった瞬間に、橋川流の、あり得たかもしれない歴史の可能性の虚妄に懸けて、廃墟から再生可能にもみえる廃物を拾い集める作業も、ついにいったんリアルでなくなった。やはり〝主流〟の傍らで何だかなあとつぶやいているところがありましたので、〝主流〟がこけると言うか、思想の順逆の闘争が無くなると、親亀こけたら子亀もこけたみたいになってしまう。

そのとき、誤解を恐れずに申せば、「幸いにも」という言い方もできるけれど、橋川本人は既に亡く、歴史の中のひとになっていて、そのあと、松本健一さんの言説の比重なんかも、歴史の屈託の代弁から屈託なき日本の将来構想へと転換する。その頃、いったん橋川的なものが棚上げされたのではないでしょうか。繰り返せば、リアルもロマンもひっくるめて、歴史に編入された。

そんな橋川が、また現代史が新たな悲惨と言うべき様相を呈し始め、混乱してくると、再帰するわけですが。

「全部忘れてしまっていいというものでもない」

そういう下手な俯瞰はさておいて、橋川の同時代的なインパクトに戻って考えますと、戦後に少なくとも進歩的知識人が改めて触らないで済むと思っていたものに積極的に触ってゆくのですから、これは強烈なのですね。右翼的な人たちのノスタルジーに任せておけばじきに勝手に死滅すると思っていたもの、丸山眞男や藤田省三が熟知したうえで鮮やかに全否定したもの、たとえば「上からのファシズム」と「下からのファシズム」というような言い方で、そのベクトルの偏差は大勢に影響なしというかたちで十把一からげに処理したもの（それは戦略的にそうするわけですが。いちいち細かく腑分けして部分的に救い出しても戦後的有意性がないという判断でしょう）を、橋川は「全部忘れてしまっていいというものでもない」という言い方で、みんな蘇らせようとする。「全部忘れてしまっていいというものでもない」とは「日本浪曼派を批判するる」ときの台詞と記憶しますが、この橋川の批判とは、もちろん否定的な批判ではなくて、やはり「再評価」なんですよね。その後も、西郷隆盛から何から、みんなが触ってはいけないと思っているものを全部触る。

その触り方がまた不器用に見えて、うまいんですよ。危険と思われている代物を器用に鮮やかに切り捨てるとカッコいいのですが、同じく器用に鮮やかに、でも仕向ける方向は逆にして助け舟を出しますと、助け船を出す人も危険な思想家、危険な学者としてつるし上げられる。そこを橋川は迂回できる。演技というよりも、素直にわだかまっているから、危険ではなくて、ちょっと聞いておかないとなあ、とね。そういうポジションにうまくはまる。一種の「不器用の器用」みたいな振る舞い方なのでしょうねえ。言い方をひとつ間違えるとアウトなのだけれども、そこを「不器用の器用」できりぬける。なんだか分かりにくい言い方をしながら、野球のグラウンドにたとえられれば、いつも微妙にフェア地域に居るんですね。橋川は、遠山茂樹や今井清一とも一緒に仕事ができるわけですよ。でもむろん合致しない。マルクス主義歴史家なら十割否定して終わる話を、橋川だと、八割否定しても、二割はすくえるものがあるくらいね、そういう言い方になる。ところが、その文章や発言を味読していると、実は五割も六割も、いや、もしかして十割救おうとしているのかとも思えてくる。そのよく分からなさがいい。戦後しばらくのその種の割り切れない情念を引き受けてくれた、わだかまるアイドルなんですね、橋川文三は。

イロニーと三分の理

もちろん、橋川はよく分かることも言っているのですよ。朝日平吾の話だと、橋川は「昭和超国家主義の諸相」において、朝日平吾の事件で大きく時代を割った。影響力絶大の橋川史観ですね。しかし説明は曖昧と言えば曖昧で。北一輝や大川周明を考えるときも、明治維新から、あるいはもっと世界史的に大きくとらえた方が、やはり分かりやすいと、年を取ると思います。でも魅力的な図式はやはり橋川説なのです。明治以来のナショナリズムと昭和のファシズムと言われているものを連続的にとらえる丸山説には無理があると、橋川は師匠に異を唱えて、そこで日露戦争後の歴史の断絶に目を向け、それが関東大震災前の朝日平吾の事件、つまり一介の青年の朝日が大富豪の安田善次郎を刺殺する事件で、はっきり顕在化するという。つまり日露戦争後、そして第一次世界大戦後の都市化、工業化の加速が、家や村から切り離された孤独な個人を増大させ、彼らは無力感に苛まれ、〝父〟に救いを求める。近代主義の説く立派な個なら、そこで自立して孤独に耐えて理性的に思考して自我を守るわけだけれども、そうは問屋が卸すまい。天皇か共産主義か、あるいは新宗教か。〝父〟を慕って分岐するわけで、天皇といっても、明治国家の教育勅語的な天皇ではなくて、〝父〟として直にリンクするのでしょう。直に愛されたいのですね。あくまで朝日平吾の想念の問題としては。それで天皇と一体になる。国家主義の極端な形態としての丸山流の超国家主義ではなくて、国家の規矩をぶち壊して自己と天皇の一心同体化を夢見て法悦する、その意味で国家を飛び越えた主義としての、橋川流の超国家主義ですね。でも、丸山も橋川も、天皇との距離をうまくとれないがゆえにアプローチの落ち着きどころがなく結局、個々人が壊れていってしまうものとして、超国家主義の成り行きを考えているところでは一緒のようにも思われるのですが。

もちろん、同じ〝父〟を求めるのなら、マルクスでもいいし、実際、そういう人はたくさん居たし、橋川もそっちをもっと研究してもよかったのでしょうが、やはり天皇寄りに振れてくる。それはなぜかというと、自分がそうだったからですよね。橋川自身の戦争中の経験です。時代に対する批判的な目を持ちながら、時代を総体で理路整然と捕まえる視点は最早持ちえない。そういう視点を提供していたのはマルクス主義だけでしたが、橋川の学生時代には機能しなくなっているし、またそもそもマルクス主義が機能していたとしても一九三〇年代から四〇年代にかけての危機と戦争を見切る力があったかというと難しい。ファシズムの定義からしてうまく行っていなかった。つまり見きれない、訳が分からない、巨大な歴史のかたち定かならぬ歯車に巻き込まれ、無力感に苛まれながら、なすがままにされている。丸山眞男の世代みたいに（といっても丸山は橋川の八つ年上なだけですが、この違いは戦時期にはあまりに大きい）、近代主義やマルクス主義の目で冷やかに軍や戦争の状況を見てましたというのではない。橋川は若者だったので命がかかっている。死ぬ率が高い。でも状況が見きれない。この極限の彷徨ですよ。そこに日本浪曼派の言説が何なりか機能した。死の地獄の機械が回って誰にも止められない世界の中で、なおもせめてイロニーとしては働いた言葉があった。イロニーとしての言葉はむろん目前の現実と調和しません。ずれている。仮面を被って角度を付けて差を作って現実を嗤える言葉ですよ。戦争末期になおそういう言葉があった。この橋川世代の特殊な経験を、丸山だったら、そこに何の可能性も見ず、切り捨ててしまう。そこに橋川世代の屈託やわだかまりが残って、戦後にも何やら響き続けるわけです。

　もともと日本浪曼派の保田與重郎の物言いは奇矯の極みだったわけですね。近代的な戦争をしなくてはというときに、近代を否定しまくるのだから。大工場が要るときに大和の国の盆地の小さな田圃が良くてそれが日本で、他の日本はみんなインチキで滅びてしまえという調子なのだから。この過激な荒唐無稽さが戦争肯定の俗流言説と同水準で考えられよう筈はない。日本主義の仮面によって時代とは絶対調和するような語彙と文体をもつのだけれど、仮面を外せば、滅びてよし、と言うことはさっさと負けてしまえという思想なんですからね。ところが大日本帝国そのものが戦争末期にかなり荒唐無稽化して、機構としてかなり壊れて、滅びてよしのノリになってゆくと、荒唐無稽な日本浪曼派と平仄が合ってしまう。そうするとイロニーがイロニーにならなくなる。大日本帝国そのものが近代国家のイロニーになる。ここまで来ると凄絶の極みで、その中で日本浪曼派を読みながら死んでもいいというのが橋川でしょう。

　ところが、一億玉砕は無かった。あの戦争が終わって、死なないで生き残った後に、ああいう経験が全部無意味で、それに騙された青年層はかわいそうでしたね、というような話になったとき、それで近代主義やマルクス主義に立ち返って割り切りさえすれば、要らないものはみんな要らない、あらためて触るなよとなったとき、そんな割り切りは無理だといって、橋川が出現する。それは十把一絡げにしないでいちいち襞を見ていき、ほら、要らないとは言いきれないでしょう、と囁く思想史になって、そうやって救い出されたネタの絵巻物が橋川の世界になりますが、その絵巻物は決して軽んじてはいけないものたちのパノラマには、確かに違いない。私なんかは何十年経っても相変わらず全面共感してしまうライン・

アップだ。けれども、やはりそこから大きく展開して、未来の希望の基軸となる思想は、あんまりない。極端な言い方をすれば、盗人にも三分の理みたいなのがたくさんあるばかりだ。でも、真の暗黒の時代には盗人にも三分の理みたいな思想しか機能もしないし、生き残れもしないし、その暗黒の時代に作用することもできない。そこを暗黒が去った後に論じるに値しないみたいなことを言うのは何様なのかとね。その思想で活かされ、あるいは死んだ者たちの経験を語れない思想史に意味なし。こういう想念ある限り橋川は死なずということですね。しかも光明というのは繰り返し死ぬのですよ。だから橋川は忘れられても必ず蘇ることになっているのです。特に時代が悪くなると、そこでなおも生きている思想や、その棲息の仕方に遠回しに手を突っ込んでみるとなったら、橋川のやり方が相変わらず最良のお手本ではないですか。丸山は、鶴見俊輔が『思想の科学』で日本の思想家何十人とか百人とかで特集すると聞いて、日本に思想家がそんなに大勢いるわけがないと言ったそうですが、橋川の場合は何人でもいるし、どんな時代にもいるのです。

コウモリは政治と文学の辺境を飛ぶ

明治の院に居りましたときは、先生方に「橋川文三先生ってどんな人だったのですか」と機会があれば訊ねておりました。そうしたらある先生がこういうふうに仰いましてね。とても印象に残っております。一九八六年の夏でした。「橋川さんはコウモリみたいな人だったな」と言うのですよ。橋川は文学の人たちの場に居ると、「政治思想をやっている」という顔をしている。ところが、社会科学の人たちの場に居ると、「文学をやっている」という顔をしている。どっちに行っても逆になって、仲間ではないことになる。常に外れていたというわけです。しかもどんどん扱う対象が手広くなって、最後の頃は何を話しているのかもよく分からないことが多かったという。それを聞いたときは、ちょっとびっくりしたけれど、やはり合点の行く話です。橋川は文学に思想を探し、思想に文学を探していた人でしょう。しかも繰り返しになりますが、王道でないどころか触らぬ方が良いと思われてきたような文学や思想を好んで扱って、分野をずらすかのように解釈し、それで対象が安全なものに生まれ変わるわけではない。外れていて危険なものであることに変わりないのだが、もう少し視界に入れていないといけないのではないかと気づかせてくれる。その意味で、橋川の評論集に『政治と文学の辺境』という題名の本があるのは象徴的ですね。辺境の政治思想を文学というか美学的に、あるいは情念として歴史の中に生かして解釈し、辺境の文学を政治思想というか政治社会を動かす理の内在したものとして、やはり時代の中での機能に注意を払って解釈する。そうやって政治と文学の辺境を往還しながら、その解釈や表現も曖昧さを湛えている。確かに、ある先生の言われた通り、コウモリっぽいですよね。突き詰め過ぎないというのか、論理の徹底性を敢えて追わない。雰囲気、示唆、喚起に頼るところを残す。何と言うんでしょう、学者とか評論家とかいうよりも、詩人的というか宗教者的というか。そういう橋川的身振りを「こう言っいてるんだから、こうだ」と明晰に翻訳しようとすると、橋川の魅力はほとんど逃げてしまうでしょう。

ミネルヴァのフクロウは、丸山や藤田のように切れよく、世界に光明を齎そうとする明察を求めて飛び立つのでしょうが、橋川文三というコウモリは、明察を信用できなくなって、あるいは明察により切り捨てられるものにわだかまりを持って、文学のところで政治だといい、政治のところで文学だといい、哲学のところで歴史だといい、曖昧を好み、繰り延べられた滅亡のときに慄きながら、今日も飛んでいるのでしょう。そして、明察を嘘くさいと思うとき、このコウモリの群れは膨らむものでしょう。また、そういうときなのかもしれません。（談）

（かたやま・もりひで＝政治思想史、音楽評論）

論考

橋川文三の「探しもの」——歴史と想起

田中 純

一九七七年（昭和五十二）に弓立社から刊行された橋川文三の著書『標的周辺』の巻頭エッセイは「さがしもの」と題されている（初出は一九七五年（昭和五十）一月の毎日新聞）。橋川はそこで語句の出典調べについてあれこれと語ったのち、そうした探しものの範疇には入らない探しものこそがこの文章の主題であると告げる——

「今までに述べた出典しらべなどは、あらかじめ実在することがわかっているものの探しものではあるが、私が年のせいか、心せく探しものというのは、簡単にいえば自分の本来の姿とでもいうべきもので、いわば心の内部の探しものである。禅僧がよく使う言葉でいえば「父母未生以前」の、自己本来の面目を探すという探しものにほかならない。あるかないかわからないものの捜索といってもよい。こんなことをしてはおれないという心急ぎはあるが、なすべきことが何であったかを思い出せないという、夢の中でのような焦燥感である」[1]。

いわゆる「玩物喪志」の挙げ句、自分がこの世に生まれてきた意味が想起できない——それゆえ、この探しものは多少なりとも狂気めいた、危機感を帯びたものになる、と橋川は言う。そして、「自分の連続性の根拠」を追求した果てに自決した三島由紀夫のうちに、そんな探しものの意味するところを見出している。つまり、三島の自決とは先の引用にあった夢中の「焦燥感」に駆られたものということであろう。橋川はこのエッセイを次の一文で結んでいる——「知らず、昭和五十年にわたる玩物の果てに、我が日本の象徴天皇と、一億国民の夢の中を徘徊する思いはなんであるのか？」[2]

ここには昭和という時代の五十年間を「玩物」に費やされた時間、すなわち、物を玩ぶうちに過ぎ去った時間と見なし、そこで本来なすべきだったこと（「喪志」）された「志《こころざし》」を——そんなものがそもそもあるかないかもわからぬまま——心急くなかで思い出そうとする衝動がある。この場で注目したいのは、橋川のテクストに繰り返し現われる、こうした定かならぬ何ものかの想起という、「探しもの」をめぐる心の動きである。[3]

たとえば、一九六一年（昭和三十六）に発表された「歌の捜索」という文章がある。それは戦争中に脳裡に刻み込まれた或る歌の典拠が思い出せないという小さな気がかりに始まる。その記憶を橋川は「われわれの記憶の中にあまりにも原初的に組みこまれているために、かえってそのオリジナルな姿が曖昧になっているような記憶」[4]と表現する。歌詞の記憶自体ははっきりと存在している。しかし、その母胎となるような現実の典拠が見出せない——「そのような時、あたかも、自己の存在の明証性そのものが根本的に溶解するような、一種不安な思いにとらえられざるをえない」[5]。

その歌とは「いのちよくもて／いつくしめ／はなと匂って／ちる日には／さっときれいで／あるように」という中世あるいは近世の歌謡だった。橋川はその典拠を催《さい》馬楽《ばら》や『梁塵秘抄』に求めて得られない。過去の戦乱の世に歌われたのであろう、感傷と頽廃が入り交じる思いのするこの歌に、特攻世代の一員として感じた諦念・感動・自慰の記憶だけが鮮明なのである。

橋川はその事実のうちにこそ、「日本の古典があたかも祖先返りのように、もしくは学問的方法を媒介としない直接の実感的状況として、人間をとらえるということの異常な意味」[6]を認めている。そして、カール・シュミットが『政治的ロマン主義』でロマン的気分主義の一例として紹介しているものに通じる、歌詞や詩句を一方的な思い込みで受容する「主情的自己陶酔」を、戦時下における「おどろおどろしい古典流行」のうちに見ている。

では、記憶に刻まれた「いのち」の歌はたんに自分の主観的な気分を刺激する素材としてあっただけか、そもそも存在すらしていなかったのではないか、と橋川は自問し、こう反問する――

「しかし、また、もしわたしの「いのち」が典拠のみならず、存在そのものもまた怪しいものであったとすれば、あの戦争もまた、少くとも精神世界とは全くかかわりない物質の次元での激動にしかすぎなかったことになる。そして、それはそうではなかったということを、わたしは信じないわけにはいかないのである」[7]。

「わたしの「いのち」」という語句が、「いのち」の歌の意であると同時に、橋川という人間の生命《いのち》をも指す、二重の意味で使われていることは明らかだろう。それゆえに彼は、典拠喪失によって自分が覚えている焦燥感は、「あの戦争の中の自分の姿をそのすべての輪郭とともにとらええていない」という事態に由来する、と自覚するに至る。「いのち」の典拠ばかりではなく、もっと多くの「典拠」を自分は見失ってしまった、と橋川は書く――「俺はいつ存在したのか――いわばそういう存在論的関心がここでもわたしをみちびいているようだ」[8]。

この「いのち」の歌はじつは、織田信長の家臣・松野平介が本能寺の変にあたって討ち死にした寺の土塀に書かれた今様として、吉川英治『新書太閤記』[9]のなかに登場するものである[10]。つまり、この歌は中世や近世の古典ではなく、現代の作家の創作であり、橋川はおそらくそれを戦時中に読んだのだろう。歌の典拠など、おのれの生命《いのち》自体の「典拠喪失」をめぐる焦燥感の「象徴的な機縁」[11]に過ぎないことを悟っていた橋川は、主情的なロマン主義的誤解の実例にほかならないこの事実に、さほど幻滅しなかったのではないだろうか。「それはそうではなかったということを、わたしは信じないわけにはいかないのである」――幾重にも否定が重ねられたこの屈折した言い回しのなかに、幻滅を招くような自己陶酔からはほど遠い、橋川の焦燥と諦念がおのずと表われている。それは、生命《いのち》の「典拠」をめぐる記憶の根源的な不確かさが、「俺はいつ存在したのか」という、存在そのものの不安に根ざしているがゆえにほかならない。

橋川の文章を久しぶりに読み返してみて、わたしにとってのその魅力が、超国家主義やナショナリズムをめぐる政治思想史の論述それ自体にではなく、彼自身の時代経験と深く関わる、こうした文体の奇妙な不透明さにこそあったことに気づく。深い屈託を感じさせる不安がそこにはある。そして、「いのち」の歌がそうであるように、典拠不明の詩句や物語は橋川のテクストのなかで、伝説や神話めいた雰囲気をまとうことになる。

そのひとつが、石原慎太郎と大江健三郎を論じた「若い世代と戦後精神」（一九五九）の冒頭で、水戸の故老から聞いた水戸党争にまつわるエピソードとして橋川が伝えている、十六歳でいわゆる天狗党に加わり、はじめてひとを斬ったというひとりの少年をめぐる物語である。維新を二十歳になるかならずで迎えたその少年は、神官の職を継ぎ、いっさいの世俗の生活から離れた――「そして、八十幾歳で死ぬまで、全くの無為の日々を送り、酒を飲み、子供と遊ぶ以外に、ほとんどあらゆる世事にかかわらなかったという」[12]。

この人物については以前調べたことがあるものの、それが誰であったのかを同定することはついにかなわなかった[13]。「容貌魁偉、軀幹雄大、一見巨人族的風ぼうの、しかも美丈夫であったそうだ」といった橋川の描写は、いかにも神話的じみている。ここで橋川が描き出そうとしているのは、「ある全身的な革命＝戦争行動とその挫折をくぐったのち、その生涯をかけて体制の疎外者たることに専心した」[14]或る世代の人物像なのだが、拙著で明らかにしたように[15]、それは西郷隆盛をプロトタイプとするような「原明治人」の姿であると同時に、橋川をその一員とするいわゆる「戦中派」にも通じるものだった。天狗党や西南戦争の生き残りをはじめとする広義の「戦中派」としての「原明治人」の面影は、太宰治や魯迅の顔のうちに見出されるとともに、『鏡子の家』の三島由紀夫や橋川自身に重ねられていた。

天狗党生き残りの老人にとって、明治以後の六十余年はまさしくただ「歴史」であったろう、と橋川は書く[16]。この場合の「歴史」が知識としての伝達可能性を確保するために制度化された歴史学によって記述されるものでないことは言うまでもない。『歴史と体験』（一九六八）の「後書的断片」や「歴史における残酷」によれば、それはむしろ、普遍的な伝達可能性を閉ざされた、個に加えられる残酷さを語る「小さきもの」の物語であり、そこでは「歴史」が個的な「体験」と同語反復的に似かよった性質を帯びることになる[17]。この種の「歴史」に対する橋川の執着ないし拘泥は、多くの著作の書名にこの語を冠していることからも知れる[18]。

先ほど、橋川の文体の独特な不透明さについて語った。

しかしその文体は、橋川が「小さきもの」の体験の立場から、国家や制度によってかたちづくられる歴史を逆照射しようとするとき、まったく逆に、極度に犀利なものへと反転する。戦没学徒兵と同世代の一員としての「呪われた半存在」という自己規定のもと、「死よりも硬質の一つの原理」である「「死に損い」の原理」によって、政府による戦没学徒の顕彰を批判するときがその一例であるし、[19]「超越者としての戦争」という驚くべき「方法」を通じて、敗戦という亀裂の体験を歴史意識構築のための超越的原理に化そうと試みたこと[20]もまた同様である。[21]

橋川は、こうした「原理」や「方法」によって戦後、とくに一九六〇年代に「野戦攻城」を闘った「戦中派」だった。そうした闘いにおける文体の「冷静な白熱」[22]（吉本隆明）について三島は、「貴兄の文体の冴《さ》えや頭脳の犀《さい》利《り》には、どこか、悪魔的なものがある」と評し、そこに「もっとも誠実な二重スパイの論理」を見ていた。[23] ここで言う「二重スパイ」とは、橋川が三島や日本浪曼派、就中、保田與重郎の審美的政治性の核心に入り込んで客観的批判を行なっているように見えながら、その批判を行なう文体自体が政治の審美化と見紛う性格を帯びている点を衝いたものだろう。同様の二重スパイ的な性格は、「体験」というじつはもっとも不透明で伝達困難なものを「歴史」や歴史意識構築の礎にしようとする、橋川のアクロバティックな発想についても言えるように思われる。

「戦中派」がそうであるように、この種の「体験」を問題にするとき、「世代」はその核心をなす観念である。橋川には歴史における世代を論じた論考がいくつもある。[24] 他方で、先に挙げた「巨人族的風ぼう」といった表現や、太宰について語られる「巨人族の系譜」「暗い豪族的な記憶」「無器用な種族」[25]といった言い回しなど、「族」「種族」という言葉を橋川は好んで用いている。橋川が意識したかどうかは定かでないが、「世代／種族」というこの両義性からは、ドイツ語の単語「Geschlecht《ゲシュレヒト》」（性、種族、一族、世代の意）が連想されてならない。

この連想の背景には「ゲオルゲの最も純粋で最も完璧ないくつかの詩によって避難所を与えられた世代〔種族《ゲシュレヒト》〕は、あらかじめ死を定められていた」[26]とみずからの同世代について書いた、ヴァルター・ベンヤミンのテクストの記憶がある。第一次世界大戦勃発時に二十代初頭だったベンヤミンの「世代＝種族」と、ほかならぬゲオルゲ派――詩人シュテファン・ゲオルゲを中心とした信奉者たちのサークル――から刺激を受けた日本浪曼派の圧倒的な影響下で、「私たちは死なねばならぬ！」と思い定めた橋川の「世代＝種族」には、詩によって同様に奥深い何かを「傷つけられた」精神の類似があったのではないだろうか。歴史家や歴史学者の歴史ではない「歴史」への拘泥において、この両者には共通するものを認められるというのがわたしの仮説である。[27]

この仮説を敷衍するとき、「小さきもの」の歴史へと向かう橋川の、定かならぬ何かの「探しもの」という営みは、ベンヤミンの歴史哲学における「想起（Eingedenken）」と重ね合わせることができるかもしれない。遺稿「歴史の概念について」などでベンヤミンは、敗者や被抑圧階級の視点から過去を解体・再構成する行為――「歴史を逆撫でること」――としての「想起」について語った。また、彼が「名のない人びとの記憶に捧げられる」べき「歴史の構築」と呼んだものは、橋川の言う「小さきもの」の歴史に通じている。[28]

宮本常一らが編んだ『日本残酷物語』を評するなかで、橋川はそこに登場する人びとに似たひとりの乞食、「亀やん」をめぐる自分の幼年時代の記憶について書いている。どこか品位と、学問さえもありそうな感じの、善良でおとなしい「亀やん」は、ごく自然に町の人びとの生活の一部となり、雑用を頼まれるのも、食べ物をもらうのも、いずれも当然のことのように行なわれていた。その姿が奇妙ななまなましさとともに思い出される――「幼年時のイメージのそのような不思議な鮮明さは、かえって私たちに、それは私たちが現実にこの世で経験した出来事であったのだろうかという感慨さえもいだかせる。仏典的な汎神論の用語を用いるなら「父母未生以前」の生に属する出来事のようにさえ思われるのである」[29]。「父母未生以前」という言葉に注目しよう。すなわち、幼年時代の記憶とのこうした遭遇は、自分という生命《いのち》それ自体の典拠を求める「探しもの」としての想起なのである。[30] ドイツの大都市を舞台としている点で、中国地方の田舎町で子供時代を送った橋川とはまったく異なるものの、ベンヤミンにとっての『一九〇〇年頃のベルリンの幼年時代』の執筆が「想起」をめぐる一種の方法的実験であったことが思い起こされる。

この「亀やん」のイメージはまた、死ぬまで無為の生活を送ったという、天狗党生き残りの老人の姿と相照らすものでもあろう。それは「戦中派」「半存在」「死に損い」「無器用な種族」などといった言葉で橋川が語った世代＝種族の原型でもあるに違いない。ベンヤミンが歴史叙述者に「屑拾い」の身振りを見たのに対し[31]、橋川は体制とは無縁の場所に精神を支えるために選び取られた生き様としての「乞食」のまなざしに映るものを「歴史」と呼んだのである。

　橋川文三が二〇二二年のいま——この戦時下で——読み直されなければならないとしたら、それは彼の理論や歴史観を知るためである以上に、生命《いのち》の「典拠」喪失ゆえに「半存在」と化した橋川の世代＝種族が凝視したこの「歴史」の独特な相貌と、その相貌のうちに橋川が求めた「探しもの」の「想起」という営みとを、その文体の——二重スパイ的な——鮮烈な光と昏い闇、あるいは、屈折を重ねた不透明で微妙な陰翳を通して、正しく「体験」するためであるように思われる。

注

1　橋川文三「さがしもの」、橋川文三『標的周辺』、弓立社、一九七七年、一〇頁。

2　橋川「さがしもの」、一一頁。

3　本稿で取り上げたもののほかに、橋川文三『増補　日本浪曼派批判序説』、未來社、一九六五年、二三八～二四〇頁参照。橋川の言う「擬回想」とは既視感《デジャヴ》のことだが、ここで彼はゲーテの『詩と真実』における過去と現在とが融合するかのような経験の記述を引き、さらにその経験に「歴史主義」発生の契機を認めたフリードリヒ・マイネッケ（『歴史主義の成立』）に言及している。

4　橋川文三「歌の捜索」、橋川『増補　日本浪曼派批判序説』、二四一頁。

5　橋川「歌の捜索」、二四二頁。

6　橋川「歌の捜索」、二四五頁。

7　橋川「歌の捜索」、二四五～二四六頁。

8　橋川「歌の捜索」、二四六頁。

9　新聞連載は一九三九年一月から一九四五年八月（中断）、単行本は一九四一～一九四五年に九巻まで刊行、一九四六～一九四九年に全十一巻で刊行。

10　吉川英治『新書太閤記（七）』、講談社、二〇〇二年、電子書籍、「いのち」。該当する歌は「いのちよく持て／いつくしめ／花とかおって散る日には／さっときれいで／あるように」。

11　橋川「歌の捜索」、二四六頁。

12　橋川文三「若い世代と戦後精神」、橋川『増補　日本浪曼派批判序説』、三一三頁。

13 田中純「半存在という種族――橋川文三と「歴史」」、田中純『過去に触れる――歴史経験・写真・サスペンス』、羽鳥書店、二〇一六年、一三三～一五九頁参照。

14 橋川「若い世代と戦後精神」、三一四頁。

15 田中「半存在という種族」、一三三～一四〇頁参照。

16 橋川「若い世代と戦後精神」、三二〇頁参照。

17 橋川文三「歴史における残酷」、橋川文三『歴史と体験――近代日本精神史覚書〈増補版〉』、一九六八年、二八三～二八四頁、および、橋川文三「後書的断片」、橋川『歴史と体験』、三一四～三一六頁参照。また、田中「半存在という種族」、一四八～一四九頁参照。

18 『歴史と体験』（一九六四）に始まり、『歴史と感情』（一九七三）、『歴史と思想』（同）、対談集『歴史と精神』（一九七八）、そして生前最後の著書『歴史と人間』（一九八三）に至っている。

19 橋川文三「幻視の中の「わだつみ会」」（一九六〇）、『橋川文三著作集5』、筑摩書房、一九八五年、三一八～三二一頁参照。

20 橋川文三「「戦争体験」論の意味」（一九五九）、『橋川文三著作集5』、二三一～二五四頁参照。

21 これらの点については、田中純「「英霊」の政治神学――橋川文三と「半存在」の原理」、田中純『政治の美学――権力と表象』、東京大学出版会、二〇〇八年、二二八～二三七頁、および、田中「半存在という種族」、一四四～一五〇頁参照。

22 吉本隆明「告別のことば」、『ちくま』、一九八四年二月号、筑摩書房、一九八四年、二九頁。

23 三島由紀夫「橋川文三氏への公開状」（一九六八）、『決定版三島由紀夫全集 35』、新潮社、二〇〇三年、二〇五頁。

24 代表的なものとして「歴史と世代」（一九六〇）など。

25 橋川文三「太宰治の顔」（一九六〇）、橋川『歴史と体験〈増補版〉』、一五六～一五七頁。

26 ヴァルター・ベンヤミン「シュテファン・ゲオルゲ回顧」、『ベンヤミン・コレクション4――批評の瞬間』、浅井健二郎編訳、ちくま学芸文庫、二〇〇七年、四〇二～四〇三頁。ただし、ドイツ語原文に即して、「種族」の意とルビを補った。

27 この仮説について詳しくは、田中「半存在という種族」、一五〇～一五一頁参照。なお、これらに通じる後世の世代経験への言及として、田中純『デヴィッド・ボウイ――無《ナシング》を歌った男』、岩波書店、二〇二一年、五六九頁、註三九および註四〇参照。

28 ヴァルター・ベンヤミン「歴史の概念について」、『ベンヤミン・コレクション1――近代の意味』、浅井健二郎編訳、ちくま学芸文庫、一九九五年、六四五～六六五頁、および、ヴァルター・ベンヤミン「「歴史の概念について」〔一九四〇年成立〕の異稿断片集〔抄〕」、『ベンヤミン・コレクション7――〈私〉記から超〈私〉記へ』、浅井健二郎編訳、ちくま学芸文庫、二〇一四年、六〇〇頁参照。ただし、ドイツ語原文に即して、一部訳を変更した。

29 橋川「歴史における残酷」、二七九～二八〇頁。

30 橋川におけるそのような想起の記録として、橋川文三「対馬幻想行」(一九六七)、『橋川文三著作集8』、筑摩書房、一九八六年、三〜二五頁参照。橋川はそこで「プラトンの想起説を真に受けるならば、対馬は私の故郷のイデアであったのかもしれない」と書いている。

31 ヴァルター・ベンヤミン『パサージュ論 第3巻』、今村仁司・三島憲一ほか訳、岩波現代文庫、二〇〇三年、一七九頁、[N1a, 8] 参照。

(たなか・じゅん=思想史、表象文化論)

論考

「パトリオティズム」のゆくえ

畑中章宏

橋川文三体験

橋川文三は私にとって、ひじょうに思い入れが深い思想史家である。

橋川の思想史は、〈感情〉や〈体験〉に重きをおいている、というのが、彼の仕事を粘り強く追ってきたとはいえない私なりの理解である。だから、橋川について語るにあたって、まず私の橋川体験を述べておくことにしたい。

橋川文三の名前を知ったきっかけは、伊東静雄をとおしてだった。中学時代に、桑原武夫と富士正晴編の新潮文庫『伊東静雄詩集』（一九五七年）を読んで以来、私はこの詩人にとりつかれた。じつは伊東は、私がそのころ住んでいた家から、さほど遠くないところに住んでいたことがあり、彼が戦前・戦中に教鞭をとった旧制住吉中学校（現在の住吉高等学校）と、戦後に教壇に立った阿倍野高校は、私が受験できる学区だった（残念ながら私はその二校には進学していない）。

『わがひとに与ふる哀歌』『夏花』『春のいそぎ』『反響』とそのほかの詩編、そして日記を収めた函入りの『定本伊東静雄全集』（一九七一年）も比較的早くに手に入れたと思う。そして私が高校二年生だった一九七九年に、思潮社の詩人論集「現代詩読本」の一冊として伊東静雄の巻が刊行された。この一冊で多く評論家や詩人の伊東静雄論を読むことが出来たが、橋川文三の文章はおさめられていなかったはずだ。しかし、複数の論者が、橋川文三の名前を挙げ、彼の著作『日本浪曼派批判序説』を取り上げていたと思う。そこで私は、そのころ書店に並んでいた『増補　日本浪曼派批判序説』（一九六五年）を買って読んだ。だからこれが、私にとっての丸山学派との出会いでもあったということになる。

そのころから、あるいは『序説』を読んだせいだったかもしれないが、私は思想史や政治思想史やナショナリズムに関心をもつようになり、橋川の『ナショナリズム』（一九六八年。私が読んだのは一九七八年刊の新装版）を読み、また相前後して、丸山眞男の『増補版　現代政治の思想と行動』（一九七五年）、神島二郎の『近代日本の精神構造』（一九六一年）、藤田省三の『天皇制国家の支配原理』（一九六六年）、橋川の『近代日本政治思想の諸相』（一九六八年）と読んでいったようにと記憶している。

丸山学派と柳田国男

今回の原稿依頼を受けたとき、民俗学者である私は、「丸山学派と柳田国男」という問題設定を思いつき、橋川文三の「柳田国男」（一九六四年）と神島二郎『近代日本の精神構造』における柳田民俗学にたいする思想史的考察を比較検証しようと思ったのだった。

丸山学派によってなされた、日本ファシズムにつながる大衆意識の追究において、民俗や民俗学の問題にいち早く取りくんだのは神島二郎だった。

神島は「柳田国男――日本民俗学の創始者」（一九六三年）で、丸山眞男による近代日本思想史における柳田の位置づけをわかりやすく整理している。

詳細は省略するが、丸山は近代日本における思想史的方法の形成過程を、⑴文明史的思想史、⑵同時代的思想史、⑶国民道徳論的思想史、⑷文化史的および生活史的思想史、⑸唯物史観的思想史の五段階に分け、柳田国男の民俗学は、このうち、明治末期から形成される第四段階、文化史的および生活史的思想史の代表として、津田左右吉、長谷川如是閑とならんで挙げられている。丸山によると、柳田ら第四段階の思想史は、井上哲次郎ら第三段階の国民道徳論的思想史にたいするアンチテーゼとして形成されたものだが、文化史的なそれと生活史的なそれとでは方法的な対立があり、生活史的思想史から第五段階の唯物史観的思想史が生まれてきたという（丸山眞男「近代日本における思想史的方法の形成」一九六一年より)。

神島は丸山が「生活史的思想史」と呼んだ柳田の民俗学の方法論を基礎に、丸山の近代主義的な「行動論的政治学」とその手法を駆使することにより、日本の社会、〈第一のムラ〉としての自然村、〈第二のムラ〉としての擬制ムラ、〈群化社会〉としての都会を形成する精神構造を解析していった。ただし、丸山による柳田民俗学の思想史上の位置づけは、神島以上に藤田省三によってよりつよく受けつがれているのではないか。この点については後述することになる。

神島二郎と橋川文三は、対談やシンポジウムなどで、互いの柳田観、柳田民俗観を語りあっている。今回読むことができたのは、神島二郎・伊藤幹治編『シンポジウム柳田國男』に収録されている「文学から民俗学へ――『時代と農政』をめぐって」(開催は一九七二年、刊行は一九七三年)の橋川・神島・伊藤による鼎談、橋川文三『柳田国男論集成』(二〇〇二年)に収められた対談「猛烈なる精神――柳田国男と現代」(初出は一九七五年)である。

いずれの討議でも、橋川の柳田評伝をめぐり、その問題意識や未解決の課題などについて語りあっていて、神島独自の主張は少ないように思われる。そうしたなかで神島が、柳田のパーソナリティとその思想に通底する資質として、「スキンシップ」をあげているところが私には新鮮だった。また、一九七〇年代前半という時代背景から、「構造主義」の方法論への言及があり、神島が柳田の『後狩詞記』を構造主義的であり、『北小浦民俗誌』を歴史的かつ構造主義的だと評価しているところが興味深い。

民俗学の世界史的意義

橋川文三のもっともまとまった柳田論は、評伝の形式をとる「柳田国男――その人間と思想」だろう。この著作は、一九六四年(昭和三九)八月刊〈20世紀を動かした人々〉第一巻『世界の知識人』のために執筆され、その後橋川の単著『近代日本政治の諸相』に収録され、一九七七年(昭和五二)に講談社学術文庫に入った。

「柳田国男――その人間と思想」の大きな特色は、柳田の少年時代、青年時代の体験を丹念にたどりつつ、農政学者時代の体制にたいする反骨、そして柳田民俗学は世界性を志向したものだとし、マックス・ウェーバーの社会学と比較するという、体験の細部にたいする共感と、思想史的スケールの大きさを合わせもつことである。

橋川は『故郷七十年』にみられる柳田の個性をいくつか挙げるなかで、「匂い」への鋭敏な感覚を特筆している。また、ロマン派詩人としての側面への目くばりも、橋川と柳田の感性、感覚、感情の共通点を示唆するものであるように、私はずっと思ってきた。橋川はこの評伝で、柳田民俗学の特質を語っていきながら、その世界性、民俗学の世界史的意義へとスケールを広げていく。しかし、橋川の柳田論におけるこうした飛躍は、唐突さをまぬかれないのではないか。民俗学はあくまでも既存の世界にたいするオルタナティブであり、世界史的意義や世界性を強調するのは、柳田の資質、柳田民俗学の特質から隔たっているように思うのである。

日本浪曼派と柳田国男

橋川文三について考えるさいに、私は「パトリオティズム」という概念が、もっとも重要なキーワードだと考えつづけてきた。

橋川の『ナショナリズム』によると、ナショナリズムの概念規定をするさい、混同されやすい別の概念との比較を行うこと、それが何でないかということを明らかにすることで問題の端緒もとらえられる。そのさいに比較すべき概念のひとつとして挙げられるのが「パトリオティズム」である（もうひとつの対概念は「トライバリズム」）。

日本語でそれは「愛国心」とか「祖国愛」という言葉で訳されるのが普通であるが、「愛国」とか「祖国」というと、ナショナリズムとの区別がかなり紛らわしくなるきらいがある。というのはパトリオティズムはもともと「自分の郷土、もしくはその所属する原始集団への愛情であり……あらゆる種類の人間のうちにひろく知られている感情」にすぎないからである。即ち、歴史の時代をとわず、すべての人種・民族に認められる普遍的な感情であって、ナショナリズムのように、一定の歴史的段階においてはじめて登場した新しい理念ではないということである。

（略）しかし、ここでの問題は、こうした原始的な人間の郷土愛は、そのまま国家への愛情や一体感と結びつくものではないということである。「故郷」はそのま

ま「祖国」へと一体化されるのではない。（＊引用者が英文文献注記を省略した）

そもそも『日本浪曼派批判序説』のI章は「日本浪漫派批判序説——耽美的パトリオティズムの系譜」と題されており、この章の七節「美意識と政治」（一九六〇年）でもパトリオティズム乃至耽美的パトリオティズムと保田与重郎をはじめとする日本浪曼派の関係を詳述していた。

橋川は、パトリオティズムをナショナリズムの対概念として批判的に用いているのだが、耽美的に流れないかぎりにおいては、民衆のこうした感情を否定的に評価しているわけではない。それどころか橋川自身の資質のなかにも深く根づいたものだと意識しているはずだと思っていた。

いっぽう柳田も、自身ではこうした概念的な比較をしなかったが、ナショナリズムよりパトリオティズムを重んじていたはずだ。鶴見太郎『柳田国男入門』によると、柳田は一九三五年（昭和一〇）の講演「史学と自治」で、「教育勅語」には「愛郷土」がないと述べ物議を醸していた。柳田はまた一九五〇年（昭和二五）の座談会「進歩・保守・反動」でも、「保守」を自認する天野貞祐にたいし、「教育勅語」をありがたがっているようではどうみても「反動」だと断じていたのだ。

そして私は、橋川は柳田について論じるなかで、パトリオティズムという概念をもちだしているものだと思いこんでいたのだが、どうにも見あたらないのである。

橋川文三と宮本常一

橋川の「日本ロマン派と戦争」（一九六一年）には伊東静雄と柳田国男を重ねあわせた一節がある。

『春のいそぎ』は、柳田の昭和二十年の著述『先祖の話』に比べられるのではないかともひそかに考えるが、それはここで詳しく述べる余裕がない。つまり、柳田が半ば予感的に書きつづった敗戦と鎮魂のための文章に当るものが、伊東においては、緊密な古典的彫琢の中にいちはやくとらえられているということである。

橋川は、お盆と終戦記念日が重なる時期に、中国地方を広島から松江に向かう「八・一五紀行」（一九六三年）で、広島の盆灯籠を見てこんなふうに述懐する。

こうして燈籠をたてるのは、柳田国男さんの説かれたとおり、祖霊の帰りたもう家路を明るくし、そのたしかなしるべとしようとする仏教よりも古い民間の心持ちであろう。地方によっては、盆路づくりといって墓地から家までの道筋の草を刈り清めるところさえあるというが、そういえば、私などにも、幼い頃、母にともなわれて墓地の草刈りをした思い出がある。

対馬を舞台にした「故海」（一九四一年）や「対馬幻想行」（一九六四年）、また「八・一五紀行」、広島向洋《むかいなだ》の記憶「敗戦前夜」（一九六四年）、また「八・一五紀行」などに見られる、橋川の故郷にたいする感情は、パトリオティズム的なるものではなかったのだろうか。

『柳田国男論集成』には、橋川と藤田省三による対談「民族主義は有効か――柳田国男の平和主義」（初出一九六二年）が収められ、橋川と神島のなごやかな対話とはちがった、違和の表明がみられる。藤田は柳田民俗学の限界について、たとえば強い言いまわしでこんなふうに述べるのだ。

戦前の「平和的」日本主義というのは侵略を防ぎ得たかという問題があると思うんですよ。答は明かに防ぎ得なかっただけでなく、むしろ「平和的」日本主義というのが国民のムードをまるごとかき立てて、そして侵略の「前衛的」日本主義が東亜経綸をやるのをバックアップするものとなったわけです。銃後の世界と銃の世界と二つがあれば、鉄砲の世界を東亜経綸人がイデオロギー的に開拓したとすれば、「平和的」日本主義は銃後の世界を開拓していったでしょう。（略）柳田さんは常民的なものの意識を追究する。ところが歴史的にはそうであるものとそうでないものとが因果的に結び付いている。日本では対内的な和の原理と、対外的にまなじりをすぐ決する方向とが共存して存在する。その両者の間には因果関係があるわけですよ。ところが一方を落して他のほうを伸ばして見ている。その意味で構造的でないというわけですが、明治維新に対して否定的ならば、明治維新と、日本の常民的平和的認識の関連をやはり捉えたほうがいいし、さっき言った銃後性、柳田的平和主義の銃後性というものをちゃんと捉えたほうがいいですよ。ところがわりにそれを捉えないわけです。

藤田のこうした挑発的な発言を読むとき、私は『共同研究　転向』中巻〈戦中篇〉（一九六〇年）で、藤田が民俗学者の宮本常一を批判的にとりあげていたことを想起する。藤田は宮本の戦中の著作『村里を行く』（一九四三年）などにみられる姿勢を「保守主義的翼賛理論」にカテゴライズしたのだ。この藤田の批判にたいし、宮本本人が不快感をあらわしたのはよく知られるところである。橋川は『共同研究　転向』下巻〈戦後編〉（一九六二年）で「保守主義と転向――柳田国男・白鳥義千代」を書いているが、藤田が宮本にたいしてしたようなつきはなした視線はもちろんみられない。

橋川は対馬で生まれたが、周防大島生まれの宮本にとっても対馬は、大島漁民が魚を追って住み着いた島として彼の民俗学／民衆史の原点ともいうべき場所だった。また橋川は、「八・一五紀行」でも宮本常一の名前を感情的に登場させている。

餅の木から再び急流に沿ってさかのぼると、にわかに樽床のダムに行き当り、県境の八幡原の高原がひらける。このあたりは、広島県でももっとも辺鄙な土地で、民俗学の宮本常一さんがよく歩かれた地方である。宮本さんが、戦争中、雪の降る中を、バスに乗って故里を去って行く応召兵士のわびしい姿を見て、涙を流されたのがこの村である。そして今、私の乗っている一日二本とかいうバスの窓でも、一人の青年が人目もかまわず大きな白い布を懸命に振っている。（略）私にはそれが二十数年前の応召兵士たちのイメージに重なって見える。こうして、何人の青年たちがこの村里を去り、そのある者は、生きて帰らなかったことであろうか。

橋川がここで想起しているのは、藤田省三が『転向』で批判した『村里を行く』のなかの印象的な場面である。宮本が広島県の西北端、島根との県境に近い八幡原から、南へ西へとあるいていくと、道ばたに出征兵を見送る人たちが立っていた。出征兵士はまもなく広島行きのバスに乗るのだが、「送る者も送られる者もシンミリしていた」。

バスが来ると兵隊はただ一人車に乗った。バスは出征兵でいっぱいだった。車が動くとみんなが万歳をとなえた。バスはすぐ霏々たる雪の中に消えた。私はまた歩いた。胸をつきあげて来るモクモクとしたものがあった。涙が出てしかたがなかった。こうして通りがかりに何人かの人を見送った。その人たちがどうなったかはいっさい知らぬ。顔も思い出せぬものが多い。ただ情景だけが頭に残っている。

ここには、送る人、送られる人のパトリオティズムがあふれ、宮本はそれに深く共感している。そして同じ場所でそれを思い起こす橋川も、宮本の体験をとおして、パトリオティズムの感情をわきたたせているのではないか。橋川文三が柳田国男の民俗学を論じるときに、パトリオティズムという概念を用いていたというのは私の誤解だった。私が惜しいと思うのは、橋川が宮本常一について、もっとまとまった文章を残してくれなかったことである。

引用・参考文献

橋川文三『増補　日本浪曼派批判序説』未來社、一九六五年

橋川文三『近代日本政治思想の諸相』未來社、一九六八年

橋川文三『柳田国男――その人間と思想』講談社学術文庫、一九七七年

橋川文三『ナショナリズム――その神話と論理』紀伊國屋書店、一九七八年

橋川文三『柳田国男論集成』作品社、二〇〇二年

神島二郎『近代日本の精神構造』岩波書店、一九六一年

神島二郎編『柳田國男研究』筑摩書房、一九七三年

神島二郎・伊藤幹治編『シンポジウム　柳田國男』日本放送出版協会、一九七三年

神島二郎・鶴見俊輔編『橋川文三著作集8　対馬幻想行・序跋集・初期作品集』筑摩書房、一九八六年

宮本常一『新編　村里を行く』未来社、一九六一年

思想の科学研究会編『共同研究　転向3　戦中篇 上』東洋文庫、平凡社、二〇一二年

畑中章宏『先祖と日本人――戦後と災後のフォークロア』日本評論社、二〇一四年

畑中章宏『『日本残酷物語』を読む』平凡社新書、二〇一五年

（はたなか・あきひろ＝民俗学）

論考

橋川文三の問題機制《プロブレマティーク》

白井聡

橋川文三が最も深く尊敬し、かつ反発した相手が丸山眞男であったことは広く知られている。橋川は自説を展開する際に用いるシェーマにおいて丸山にしばしば依拠しながら、しかし、昭和日本のファシズム、すなわち天皇制ファシズムの分析において丸山と一線を画した。橋川が独自に考察の対象としたのは、丸山がファシズムの神輿を担いだチンドン屋にすぎない「亜インテリ」として侮蔑的に斥けた人物群だった。そしてその代表が、保田與重郎に代表される日本浪曼派である。

『日本浪漫派批判序説』（以下、『序説』と略記）の言を信じるならば、敗戦と同時に日本浪曼派と保田與重郎は速やかに忘れ去られ、同書以前に日本浪曼派に対する罵言の類はあっても、内在的批評・批判は書かれていなかったという。

そして、橋川にとって、保田與重郎は他の日本浪漫派の面々とは比較を絶するほどに重要な存在だった。「改めていうまでもないと思うが、私たちにとって、日本ロマン派とは保田与重郎以外のものではなかった。亀井勝一郎、芳賀檀などは、私たちの少年の目には、あるあいまいな文学的ジャーナリストにすぎなかったし、浅野晃以下にいたっては、殆ど問題にもされなかった」[1]。

橋川は自分たちが保田に「いかれた」という表現もしているのだが、その際強調されるのは、それがある世代の共通体験であったことだ。いわく、「日本ロマン派、とくに保田与重郎は、ある一時期の一部の青春像にとって、トータルな意味をもった精神的存在であった。そのトータルという意味は、それがその世代のものにとって、自分達の存在様式を保証し、正統化する意味をもったということである」[2]。

ここには、橋川が丸山眞男のファシズム分析から一線を画した実存的理由も書かれていると見るべきだろう。ここに言う「トータル」の意味は限りなく重い。それは、大正11年(1922年)に生まれ、昭和17年(1942年)に大学に入学した橋川は学徒出陣世代であり、この世代にとって、確実に訪れるであろう自らの死に、翻ってその中絶される生に、意味を与えてくれる言説こそ、保田のテクストであったことを物語っている。だからこそ、自らの自己形成の核になった存在を丸山のシェーマに従って、斬って捨ててしまうわけにはいかなかった。総力戦体制下の自己の死を確実視せざるを得ない若者であったという特殊事情によって、「いかれた」という事実を片づけてしまうわけにもいかなかった。いかに特殊な状態下にあったとはいえ、その事実を直視し、その「いかれた」自己を対象化して日本の精神史のなかに位置づけ、また当然、そのようなテクストを生産した保田の存在をも日本の精神史のなかに位置づけることを、橋川は『序説』の課題としたのであった。

この課題を同書で橋川がやり切ったかどうかと言えば、疑問は残る。戦争の時代のいわゆる神懸かり的な言説の総体のなかに日本浪曼派を位置づけ、日本浪曼派あるいは保田與重郎の言説の特異性を明らかにするとすれば、同時代のファッショ的言説、すなわち蓑田胸喜と原理日本社、平泉澄をはじめとする皇国史観の一派、高山岩男ら京都学派の「世界史の哲学」、田邊元の「種の論理」を応用した戦争協力、等々の言説との類似性と差異を検討する必要があっただろう。その意味で同書は、まさに「序説」にとどまっているのだが、それでも保田與重郎の名を召喚し、その思想の核心部について有力な仮説を提起した点で、『序説』は不滅の価値を持つ。

では、橋川が見出したその核心部とは何であったか。それは、端的に言えば、保田與重郎の言説は一種の革命思想であった、ということだった。若き日にはマルクス主義からの影響も受けていた保田が日本浪漫派を結成するのは、プロレタリア文学運動が弾圧により壊滅した直後の昭和10年（1935年）のことである。保田が思想の方法として「イロニー」を選んだことは、時代背景からして必然であったようにすら思われる。小林多喜二が虐殺され、佐野学・鍋山貞親をはじめとして転向が相次ぎ、日本プロレタリア作家同盟（ナルプ）も解散したこの時点は、満州事変以来の帝国の大陸侵攻が全面戦争としての日中戦争へと展開する前夜でもある。「イロニー」をどう定義するかはそれ自体大きな問題だが、簡潔に言えば、それは、外界に存在するすべてを自我に対する一種の刺戟へと還元する精神態度を指す。それは「現実への嘲弄」[3]なのである。この時点で、日本の現実への正面からの批判は不可能になっていた以上、現実は、それへの追従を避けるならば、嘲弄するほかないものとして現れたのだった。

かつ、この自我への刺戟は、保田與重郎にあってはもっぱら美的なものである。この精神態度にとっては、戦争も革命も、何もかもが純粋に審美的な対象となる。この極端な美学化は、日本浪漫派が範を見出したドイツ・ロマン派がそうであったように、政治的自由がほぼ完全に圧殺され、政治的に無力化された主体が、自我の自由を担保する手段であった。ただし、そのようにして自由が担保されたからといって、無力であることにはもちろん変わりがない。ゆえに、橋川は「政治から疎外された革命感情の「美」に向っての後退・噴出であり（ロマンティジールングとはそもそもそういうものだ）、デスパレートな飛躍であった」[4]と日本浪漫派を定義する。

そして、この無力さの徹底において、保田の思想は一種の戦時下抵抗に近いものにすら達した、と橋川は論ずる。「私は、このような過激なイロニイの中に、ともすれば、殆ど革命を想像したくさえなるのである。保田の主張に国学的発想がつよくあらわれてくるにつれて、一切の政治的リアリズムの排斥、あらゆる情勢分析の拒否がつよく正面に押し出され、科学的思考の絶滅がほとんど必死の勢いでとかれるにいたる。それは、私に、殆ど敗戦と大崩壊を予感的に促進するもののようにさえ感じられる」[5]。

ここに言う「国学的発想」とは本居宣長におけるそれである。政治的リアリズムや情勢分析といった戦争遂行のための合理的努力は、ことごとく小賢しい「漢意」のごときものとして拒否される。かくして、イロニーが徹底されるとき、戦争遂行に協力しないという消極的抵抗を超え出て、「現実的には敗戦と没落を肯定追求する心情」[6]、つまり敗戦を促す抵抗へと結晶する、と橋川は言う。そして、右引用部の直後、『序説』のなかでも最も印象深い記述が現れる。

事実、私たちと同年のある若者は、保田の説くことがらの究極的様相を感じとり、古事記をいだいてただ南海のジャングルに腐らんした屍となることを熱望していた！　少なくとも「純心な」青年の場合、保田のイロニイの帰結はそのような形をとったと思われる。[7]

この部分を読むとき、橋川文三の世代が負った傷の深さというものを感じずにはいられない。この世に生を享けて物心がついてきたときには15年戦争が始まり、青年期に達するかどうかという時期に、文化・思想における組織的な戦争批判・抵抗は崩壊してしまった。戦争の拡大と、テロリズム、クーデターを横目に育ったこの世代は、社会に参入する前に、したがって、この社会が為すことに対して責任が発生する以前に、戦場へと送り込まれ、費消される運命にあった。そのようななかで橋川の世代が強いられたのは、いかにして迫り来る自己の死、それも完全に自己に責任があるはずのない死に意味を与えるか、という苦悶であっただろう。保田與重郎が説いたのは、帝国主義的でありかつ無謀な戦争における死を、美的に受容すること、もっと正確に言えば、日本の文芸の歴史と伝統に死を一体化させ、昇華することだった。そして、橋川が幾度も強調することには、保田の提案だけが、当時受け入れ可能なものだった。

果たして、保田によって触発された欲望を持った兵隊が強兵でありうるだろうか。『古事記』を抱えて腐乱死体になりたいと望む兵隊は、雄々しく戦うだろうか。ここに橋川は、マルクス主義の壊滅を経て生き延びた「革命感情」の天皇制ファシズムの戦争努力に対する抵抗を読み取るのである。

しかし、橋川も保田の「弱さ」にしばしば言及することによって認めるように、この抵抗が消極的抵抗を超えた積極的な抵抗にまで至っていたかと言えば、それは否とせざるを得ない。そこに「敗戦と没落を肯定追求する心情」があったとしても、敗戦と没落は、保田が何を論じようと、橋川の世代が何をそこから受け止めようと、そもそも必然であった。してみれば、来るべき「敗戦と没落」のその後こそが問題であるのだが、保田には、1917年のレーニンが唱えた「革命的祖国敗北主義」のような、敗戦を革命に転化するというヴィジョンはもとより存在せず、宣長国学流の非政治主義からしてありうるはずもなかった。

さらに言えば、保田の過激なイロニーの反合理主義が消極的抵抗たり得ていたかどうかにも、疑わしいものがある。なぜなら、大戦末期には玉砕と神風特攻隊を主要戦術としていった大日本帝国の戦争遂行努力がそれ自体、合理主義からほど遠かったからである。例えば、神風特攻隊の生みの親と言われる大西瀧治郎海軍中将は、特攻作戦を「統帥の外道」と認識しながら推進した。大西は、特攻によって戦局を逆転できるなどとは考えておらず、絶望的な抗戦を続けること、そこにおいて大勢の日本の青年が死ぬこと、そこにおいて「日本精神の最後の発露」がなされ、彼らの自己犠牲が記憶されることにより、敗戦後の日本再建が可能になると考えていた。この見地に立つならば、特攻作戦に軍事的合理性があろうがなかろうがどうでもよいのだ。国難に遭って、ただ潔く祖国に殉じた至誠の若者の美しい姿だけが残る。むごたらしく不条理な死と、そこに投影される美的表象とのアンバランスは、保田におけるそれと大西におけるそれとの間で、大きな差を見出すことはできない。

してみれば、日本浪漫派からその文学的キャリアを始めた三島由紀夫が戦後に『英霊の聲』を書いて、神風特攻隊の「聲」を呼び出したことには必然性があった、と見るべきであろう。特攻隊の非合理主義と日本浪漫派的な非合理主義はいつか合流する運命にあった。

1960年代後半に急速に政治への傾斜を強めた三島と橋川の間で起きた論争は、お互いの傷の深さを測り合うようなものだった。橋川と三島の共有した傷は、戦争そのものがもたらした苦悩によるものだけではない。彼らの傷をより一層深くしたのは、「敗戦と没落」の後に来るべきものが来ない、という事態ではなかったか。そうしたなか、三島は来るべきものとして「文化概念としての天皇」(『文化防衛論』)を提起し、「〈菊と刀〉の栄誉が最終的に帰一する根源」としての天皇の復権を訴えることになる。

三島を苛立たせた事態は、有名無名の大勢の人々から「戦後日本の空虚」とか「頽廃」だとか呼ばれてきたものである。その内実についてここで分析的に論ずる必要はあるまい。ただ、三島由紀夫が特異であったのは、空虚や頽廃を指摘しただけでなく、それを乗り越え「敗戦と没落」の後に来るべきものを来たらしめる――と三島が考え、世間からは共鳴されなかった――行動を自己犠牲によって満天下に示したことだった。そして、その死に様は、三島が割腹という行為に抱いていたフェティッシュな偏愛により美的行為として完遂されたのであり、その意味で、三島は死によって伝統に連なるという日本浪漫派の思想に最期まで忠実であったと言える。あるいは、言い方を換えれば、戦後の「平和」によって不要になったはずの日本浪漫派的なるものを、三島はあえて生き抜こうとしたとも言える。

　こうした思想のドラマが演じられたのは、いまから50年余りも前のことだ。三島が身命を賭して提起した憲法改正は、いよいよ政治日程に入りつつあり、国際情勢の激動のなかで、日本国民のいわゆる国防意識なるものも一般的に高揚しつつある。しかし、これらの動向が、橋川や三島が問題とした次元からかけ離れた茶番にほかならないことは言うまでもないだろう。その何よりの証拠が、こうした近年の傾向を牽引してきた面々の知的水準であり、モラルの水準である。また、こうした傾向を強めた世論の担い手の実体（みすぼらしいウヨク）を見れば、それが戦後日本の空虚・頽廃を終わらせるものではなく、その極致であることは自明である。

　つまり、「敗戦と没落」の後に来るべきものはついに来ないまま、戦後は終わろうとしている。戦後日本の究極的には、すべてを支えてきた戦争体験は、時の流れとともに風化し、いまや「戦後」までもが風化しつつある。

　この閉塞を破るものとして、橋川文三は「メタヒストリック」なもの（歴史意識）という概念を提起したが、それは十分に展開されることはなかった。筆者なりの理解を述べれば、この晦渋な概念は、世代によって異なる一回的な歴史経験により世代が分断されていることを「偽の問題」と見なすような、歴史への感覚であった。各世代は自らの世代経験を絶対視しがちであり、それゆえに別の経験を持つ他の世代と対立することにもなるのだが、そのような対立によって誰が得をしているのかを、橋川は暗に問題としている。歴史意識は自己の世代の経験から出発するとしても、普遍性の角度から自らの経験は相対化されねばならない。そのようなメタヒストリックな歴史意識が、分断から利得する者に対する闘いの始発点になる。この橋川の発想は、風化を思う存分政治利用している者共との闘いにおいて呼び出される必要があるに違いない。

注

1 橋川文三『日本浪曼派批判序説』講談社学芸文庫、1998年、29頁。
2 同前、291頁。
3 同前、47頁。
4 同前、39頁。
5 同前、49頁。
6 同前、49頁。
7 同前、49頁。

（しらい・さとし＝政治学・社会思想）

論考

正しくない場所から始まり得る正しさについて

水上文

躓いたことのある人、決して無謬ではない人、信じたものを裏切り裏切られた経験のある人の言葉を読みたいと、そんなことばかりを思っていた時期がある。

当時の私は疑っていた。人が手にできる「正しさ」はその人の状況や立場によって、ある程度決まってしまうのではないか、と。人が「正しく」なれる状況というものがあり、そうではない状況に不運にも置かれてしまった人は「正しく」なれないのではないかと。たとえば酷く傷つけられ、まさしくそのことによって視界が狭まり、物事を捉え損ね、他人を害するようになってしまった人がいたとして、その時「正しさ」はどんな姿をしているだろう？

こうした考えは一見単なる相対主義のようだけど、要するに私は恐れていたのである。

差別者として被差別者に接する時のあの途方もない困惑を、被差別者として発言を求められた時に押し寄せてくる言外の期待を、自分自身の意図とは必ずしも関係のないところでも発生し巻き込まれてしまう構造というものを、状況と立場に規定されてやまない自分自身を恐れていた。自分は十分に「正しく」なれないのではないかという屈託もあった。また不可解でもあった。人が思想を摑み得る時、すでに置かれている立場や状況から決して自由にはなれないのだとしたら、結局のところ「正しさ」とは一体何なのだろうか？

私は不安と焦燥に取り憑かれていた。だから膝を屈した経験を持つ人の言葉を欲していた。深々と膝を折り、後に立ち上がった人の言葉を。いわば正しくない場所から始まり得る正しさのようなものを求めていたのだ。

その過程で私は吉本隆明に、加藤典洋に、そして橋川文三に出会うことになったのである。

第二次世界大戦終戦から遥かに遠い92年生まれの私は、もちろん彼らと多くの文脈を共有していない。けれども特にジェンダーやセクシュアリティにまつわる自分自身の問題を直視し始め、奇妙な不安を覚えるようになった時、私は彼らに出会ったのだ。恐ろしいまでの深度で過去の躓きについて考える人々として。

かつて皇国少年だったという吉本の言葉、日本浪曼派とりわけ保田與重郎に「いかれた」経験を持つ橋川の言葉、敗戦後日本のねじれについて考え続ける加藤の言葉、それらはまさしく求めていたものだった。彼らは、この国は酷く躓いた、にも関わらずそれがいつも忘却されてしまう、躓きをこそ直視せよと様々な仕方で訴えていた。私は彼らによって、個人的なものとばかり考えていた不安の歴史性を直観することになったのである。あの「正しさ」を巡る不安、それはこの国の戦後史それ自体が孕んでいたものだったのだと。

私たちは不安を抱えている。Netflixと『82年生まれ、キム・ジヨン』をたっぷり浴びた人々でさえそうなのである。たとえば私たちがこれまで不当にも取りこぼされていた人々の声に改めて耳をすませるといった事柄を、正当／不当によってではなく、「価値観のアップデート」という新しさ／古さの比喩で表現してしまう時、そこには意識されてさえいないまま存在する不安が関わっているように思う。要するに「正しさ」をどこか外からインストールされるもの、ハードウェアとしての身体性は変わらないまま頭の中身だけが組み変わっていくもののように、無意識のうちに想定してしまっている。自らの手により摑み取っていくものとして、「正しさ」をイメージ出来なくなっている。さらにこの表現は、より深刻な懸念も呼ぶものである。それは私たちが身の内に誤りを抱え込む存在、膝を屈した後再び立ち上がる存在として自らをイメージするに相応しい言葉だろうか？

人間はプログラムではない。歴史を負っている。どれほど遠く離れようとも、躓きを含んで形成された土台の上に存在している。だから私たちは、本当にひどい仕方で躓いた人の言葉にこそ、耳を傾けなければならないのだ。

たとえば橋川は、『日本浪曼派批判序説』の中でこんな風に言っている。

> 事実、私たちと同年のある若者は、保田の説くことがらの究極的様相を感じとり、古事記をいだいてただ南海のジャングルに腐らんした屍となることを熱望していた！[1]

激烈なパッセージである。

ここでは戦時下を生きる若者のある心情が、悍ましくも詩的なイメージによって語られている。橋川は一九六〇年の『日本浪曼派批判序説』において、いわゆる右翼・ファシズムには嫌悪を感じていた若い世代でさえ、保田與重郎に代表される日本浪曼派に容易に熱中してしまった事実について分析し、当事者として「内在的批判」を試みていた。彼は日本浪曼派を直接的に通過していないで行われる批判、頭の中身だけが「アップデート」された人々による批判に違和を覚えていた。だから彼は一度それを身のうちに取り入れた者として、自らの手によって摑み直そうとするのだ。

一九二二年生まれの彼は、まさしくファシズムの体制的完成期である昭和十二年（一九三七年）以降に精神形成された若者の一人だった。彼らにとって戦争と死は自明のものだった。国家を、戦争そのものを批判し拒絶するような距離さえ取れない状況――「正しく」なれない状況――に置かれていた若者達は、戦地へ赴き死ぬことを、どうにかして自身に納得させなければならなかった。そんな彼らを魅了したのが、橋川によれば保田與重郎に代表される日本浪曼派であり、保田から引き出される眩暈のするような鮮烈なイメージ――古事記をいだいてただ南海のジャングルに腐らんした屍となること――だったのだ。

さて、日本浪曼派とは何か？　それは昭和十年から十三年にかけて発刊された文芸同人誌『日本浪曼派』に集った文学グループのことである。通説によれば、国内の反体制派に対する弾圧が強まりプロレタリア文学運動が崩壊した後、転向したマルクス主義者らの受け皿になった思想・グループが日本浪曼派であるとされている。政治的挫折を味わい、無力感と絶望感が蔓延する中でロマン主義は台頭し、戦時下の世相の中でウルトラ・ナショナリズムの色彩さえ帯びてしまったのだと。

そして当然のように、戦後——「正しく」当時を批判・反省できるようになった後——には忘れ去られた。「戦争とファシズムの時代の奇怪な悪夢として、あるいはその悪夢の中に生れたおぞましい神がかりの現象として、いまさら思い出すのも胸くその悪いような錯乱の記憶として、文学史の片すみにおき去りに」されたのだ。[2]

けれども、すでにファシズム体制から思想的に距離を取れるほどに成熟していた世代、その後に生まれてファシズム体制に関わる物事の一切をただ激烈に批判できる世代とは全く別のリアリティが、橋川にはあった。彼は自らの躓きを検証しなければならなかったのだ。だからウルトラ・ナショナリズムというよりはむしろ、他に選択肢がない政治的無能力状態における生存戦略としての美への耽溺、実質的なイデオロギーとは無縁の「デスパレートな飛躍」を日本浪曼派から抽出して、次のように述べる。

> ナチズムのニヒリズムは、「我々は闘わねばならぬ《ヴィア・ミュッセン・ケンペン》！」という呪われた無窮動にあらわれるが、しかし、私たちの感じとった日本ロマン派は、まさに「私たちは死なねばならぬ！」という以外のものではなかった。[3]

橋川が感受し、そして説明を試みる「私たちは死なねばならぬ！」という叫びとしての日本浪曼派は、躓く他なかった立場の固有性を際立たせるものである。

彼はたとえば、それまでの通説としての「転向者の受け皿」としての日本浪曼派という説を拒絶する。マルクス主義者から転向して日本浪曼派の中心メンバーとなった亀井ではなく、そのような経験を持たない保田を際立たせ、「浪曼派」とさえ無関係に保田が読まれた事実を強調し、文学史ひいては思想史の書き換えを要求する。あるいは、その社会・歴史構造的背景を分析し、日本浪曼派を用意したのはプロレタリア文学者の挫折感というよりはむしろ、より広範囲な中間層の一般的失望・抑圧感覚に対応するものだと主張する。

こうした彼の分析は、彼が丸山眞男に学び、戦後に習得した社会科学的なものである。方法はここにあって、単なる道具立の問題には留まらない。たとえば加藤は『戦後的思考』の中で「社会科学的方法を手にした「正しい」医者としてかつての「誤り」に相対」[4]と述べ、吉本と比較して否定的に評価していた。要するに不徹底だと言うのだ。加藤によれば、橋川は戦後手にした社会科学という「正しい」医者としての態度ではなく、病人が病人のまま病を癒す方途を探るべきだったのだ。加藤の議論は、別の言い方をすれば政治学と文学を巡るものである。

戦後に、事後的に獲得された「正しさ」を拒絶する加藤は、要するに具体的なもの、感覚的なものから離れて存在し得る普遍的な「正しさ」を疑っていた。理念と理念が戦われる世界戦争においては、戦争にただ負けるということはない。その理念の正当性にこそまさしく敗れたのだという事実、その事実から何をどのように組み立て得るかを考え続けた加藤は、理念の普遍性に対する文学の役割を探っていたのだ。

その意味で言えば、加藤の試みと橋川のそれは確かに逆向きである。文学、すなわち美意識と決して切り離し得ないものへの拘泥にこそ道を見出そうとしていた加藤とは逆に、橋川はそれを切り離すべく努めていた。何しろ、橋川が経験したのは一切の意味を破壊する最も過激なイロニイとしての日本浪曼派だったのである。戦後生まれの加藤が「戦後」という意味で充満した時代に欺瞞と隠蔽を嗅ぎ取った一方、橋川は戦時下に、あらゆる意味が失われた時になおも残存する感覚的なもの、美意識を、日本浪曼派に見出した経験があった。加藤と橋川においては、政治と文学を問う位相そのものが異なっているのだ。非政治的で実質的に無内容の保田が語るイロニイの美学に魅せられてしまったという経験を、橋川は語っている。もちろん保田の思想、持ち得た影響は、「正しさ」によって判別し得るものである。けれども判別される手前にある感覚的なものを、人はどう切り離し得るだろう？ どのように断罪したとしても、それは美があのように「利用」されてしまったこと、「効果」を持ってしまったことを断罪しているに過ぎないのであって、感覚的なものを真の意味で断罪し尽くすことは可能なのだろうか？ 一切の意味が破壊される中でなおも存在し得る美としての文学は、加藤が語ろうとした文学と果たして同様のものなのか。

たとえば橋川は「イロニイと文体」と題された四節の中で、「保田の文体を批判することは特別に重要」だと述べている。彼は保田の文章から受け取れる要素として「イロニイ」を取り出し、これを「ある種の政治的無能力状態におかれた中間層的知識層が多少ともに獲得する資質に属するものであって、現実的には道徳的無責任と政治的逃避の心情を匂わせるもの」と端的に批判する。

　けれども同時に、保田の呪術的な魅力を持つ文体について、「それはまさに私たちが見たこともなく、これから見ることもないような文章であった」と言うのだ。「全体として、保田の文章にある混沌とした時代の異相がただよっていたことは何人も否定できない」とも。手短に述べられているものの、だからこそ彼が保田の文体に見出した比類のない美を感じさせる表現である。そこにはあるのは、保田の文体が持ち得た「効果」や語られた「内容」に対する批判と分析を行いつつも維持される、維持されてしまう美への感性である。

　そもそも橋川は高校時代、文芸部で詩作も行い、「誰しもが文学的才能に恵まれていると認め[5]」るような文学青年だった。だが美と政治の最も危険な結びつきを身を以て体験した彼は、『日本浪曼派批判序説』の中で、それをなんとか最小限に留めるよう努める。問題は日本浪曼派、橋川の世代だけのものではないのだった。彼は西洋の「神」を持たなかった日本において、その代替となったものこそ「美」であるとし、政治体制と美意識の結びつきも分析していた。社会一般の問題としての「美意識」を指摘するのだ[6]。

　彼の議論によれば、政治の根底に美意識があった。だから政治と文学を区別した上で後者に可能性を見出そうとする加藤の議論は、実際、橋川には奇妙なものにしか思えなかっただろう。『日本浪曼派批判序説』の著者には、文学と政治を区別し得るという想定そのものが、不可解に思えるだろう。その戦後を生きる私たちには可能な区別を無効にする経験こそ、橋川の「日本浪曼派」に耽溺した時代の経験であるように、私には思える。

　最も耐えがたい時代に、最も他に選べるもののなかった時代に、「あたかも殉教者の力に類推しうるものとして」保田の説く美があったのだと橋川は言う。社会科学的分析に徹しようとする彼の言葉は禁欲的で、けれども綻びもある。もちろん、橋川の議論は、容易く美意識に絡め取られてやまない私たちの脆弱な「政治」を考えるうえで、今もなお有用なものである。けれどもその時を超えた有用性とは別の場所で、経験が彼に刻印したものにこそ、私は惹きつけられる。戦後以降を生きる私たちとは異なる位相に、政治と美意識が漫然と結びついてやまない場所に彼が定位していることに、惹きつけられるのだ。そこにこそ、正しくない場所から始まり得る正しさがあるのではないか、拭い去れない何かをそのままに抱え込む姿、躓きを忘れ去ることのできない人の姿があるのではないかと。

注

1　橋川文三『日本浪曼派批判序説』、講談社文芸文庫、p.49。
2　同前、p.9。
3　同前、p.49–50。
4　加藤典洋『戦後的思考』、講談社文芸文庫、p.115。
5　宮嶋繁明『橋川文三　日本浪曼派の精神』、弦書房、p.108。
6　実際問題、ロマン主義は消え去ってなどいない。橋川が日本浪曼派を分析する中で指摘した多くのものは、たとえば近年紹介されつつある新反動主義や加速主義にも見出せるもののように私は思う。民主主義と平等主義を攻撃しながら資本主義の加速を、〈出口〉を語るのを見る時、私は橋川の「非政治化され、情緒化された形での革命思想」という言葉をほとんどそのまま適用したくなってしまう。「ある種の政治的無能力状態におかれた中間層的知識層が多少ともに獲得する資質に属するものであって、現実的には道徳的無責任と政治的逃避の心情を匂わせるもの」とはまさしくこのことではないか？　それらが一種の近代批判を帯びているのを目にする時、日本浪曼派の近代批判を思い起こしはしないだろうか？　あらゆる場所で、戦時下とは別種の閉塞に埋め尽くされた現代で、「私たちは死なねばならぬ！」の新たな表現を、私はすでに多く目にしているように思うのだ。

（みずかみ・あや＝文筆家）

論考

「戦争は失われた人間たちの楽園を回復する」

早助よう子

わざわざそのために著作の索引を調べたりはしないのだが、彼の書くものには男性以外の名前はほとんど登場しないのではないだろうか。乃木希典の自刃について書く時にも、一緒に死んだ夫人については一言も言及がない。この著名なテクストが小伝風の形式を取っていることを考え合わせると、何か「小さきものの死」ということを感じさせて複雑な気持ちになるし、その日の自分の虫の居所によっては、それなりに腹の立つこともある。市井の中年女性というか、学究肌でもなく、作家といっても、というわたしのような存在はそもそも読者として想定されていないのではないか。そんな予感が、胸をかすめることもある。にも関わらず、橋川文三の書いたものが好きで、読んでしまうのは、結局のところ、次のような理由によるのではないかと思う。まず、彼の書くものが客観性を欠き、しばしばテーマを個人的なものへと短絡してしまうこと。これは多分、近代以降、女性の書くものについて言われてきたことでもある。文体の特徴としては、何よりも抑制の美、謙譲の美が挙がると思うが、これらは従来より、女性の書き手に求められてきたものである。この辺りが慕わしいものに映り、あえてこういう言い方をするが、橋川のスタイルは、何かとても女性的な印象をわたしに与えるのだと思う。

　彼の筆は、とうとう社会に居場所を見つけることができず、自死を選んだ人間の生をスケッチする時に、生き生きとして冴えてくる。自死を選んだものたちにまとわせる暗い輝きのようなものがあり、例えば先に挙げた乃木の例でいうなら、「彼は国家そのものを拒否する形で自刃したのである」という一文がそれにあたるし、太宰治であれば次の一行、「そのように優しい屈従的なものをそなえた人間には、およそどんな意味でも文化人的な（無恥な！）生き方は不可能なのではないか」。西郷隆盛であれば「熊本民権派はルソーの民約論を泣き読みつつ剣を取って薩軍に投じた」と紹介される西南戦争のワンシーンである。ここには、単なるリアリティーを超えた、夢とロマンの香りがある。

　独身者の思想、また、反共同体的である、というのが彼の著作を通じてわたしが読み取る一つのパターンであり、とりわけ好ましいと思っている。そして、身もふたもないような言い方だけど、小説にしてもなんでも、硬派なものよりナンパなものを好むわたしは結局、橋川の洒脱な、しゃれた筆致が好みなのだろう。

　さて、以下に挙げるのは、橋川によるテロリズムの定義である。

> もちろん、テロリズムは、国家主義にのみ結びつく行動ではなく、政治にのみ特有の現象でさえない。それは、人間存在のもっと奥深い衝動とひろく結びついた行動であり、一般的にいえば、人間の生衝動そのものに根源的にねざした行動とさえいえるはずである。人間という恐るべき生物が、絶対的な自己表現にかりたてられる場合に、しばしば選択する手段の一つといってよい。（「昭和超国家主義の諸相」139頁　傍線は引用者による）

この「しばしば選択する手段」の「しばしば」というところに橋川に対する何ともいえない信頼感——暴力をやみくもに忌避せず、否定せず、特別視しないセンス——を抱くのだが、それはさておき、自己表現とは何事か、と思ってしまうのは、わたしが普段、現代っ子らしく「手段／目的」式の思考に慣れているからだろう。ここに二〇〇〇年以降の新自由主義の席巻の中で珍しくもなくなった、「自己責任」という言葉を加えれば、令和の時代の暴力をめぐる、わたしの脳内言論地図もできあがる。[1]ひとまず政治的なそれに的を絞っていうと、テロリズムからわたしが受け取るのは通常、滅私の印象であり、表現されるのも自己ではない。

「手段/目的」式の思考は行為に線を引くことで、手段と目的を切り離す。手段を切り捨ててしまえば目的を救うことができる、というのはひょっとすると、世紀の大発明ではなかったか。このとき、例えばテロリズムの贖罪意識は「手段を問う」という形へ横滑りするだろう。逆に目的の崇高さから悪しき手段を正当化することも可能であるし、実際、しばしばそれは行われている(例えば、平和のための戦争、といった形で)。この図式は、「正しい目的のためには、正しい手段を取らなければならない」という道徳的な命題を暗黙の前提とするが、わたしは自分の経験として、道徳的な啓蒙ではなく、目的から手段を正当化したり、手段を切り離して目的を救ったりする例でしか、図式が持ち出される場面を知らないのである。

テロルによって死人が出た場合を考えてみよう。死んだ人はもう何も思わないのだから、手段と目的とを切り分けて秤の一方に命をのせ、もう一方に目的(大義ともいう)をのせてはかり始めるのは、生き残った人間たちである。死の意味を問う、という抽象的な作業にまつわるあれこれには共同体の結束を強める働きがあるし、暴力の統制と専有を旨とする社会にとっては、まことに使い勝手のいい概念だ。と、そんなことはおぼろげに了解していても、「手段/目的」式の思考が自明でもなければ自然でもないことに、わたしはすぐには思い至らなかった。橋川の書くものを読むことによって、少しずつ意識したように思う。例えば、政治の場面ではまるで無能、少しも役に立たないような人間がこと表現においては最大限の力を発揮、その結果、表現が目的から本来あった以上の力を引き出し、多くの人を巻き込んで遠くまで連れていく(西郷隆盛)、だとか、「人間らしく生きたい」、ただそれだけの動機から出発した人間が自らの身を滅ぼすような捨て身の攻撃を始めてしまい、その過剰な暴力の代償を払う羽目になる、このとき行為は何かの目的に尽きるものではない、生の表現としか呼べないものに変わる(朝日平吾)、などなど。数々の偏りのある、蠱惑的な例によって。

手段と目的の区別は時に、私たちの理解や思考を助けるだろう。大義のために、人は時に非常に辛い選択をものみ込むし、慰めにもなるかもしれない。けれどもこの思考にのみ安住し感覚を鈍磨させてしまうことで、本来、無形のものである暴力を捉えそこない、行為の多様な解釈を狭めてしまう可能性がある。なるほど、世の中にはイデオロギーも信念もない暴力が溢れているが、政治的なそれはまた別の話だと、わたしは心のどこかでうかつにも信じていたのだろう。手段と目的の区別が成りたった時代の方こそが、むしろ特異であったのにも関わらず。

しかし、私はうかつにも今になって気づいたのだが、表現と政治という問題には、実はもう一つの側面がある。それは、簡単にいえば、すでにそのようにして形成された政治的人間にとって、逆に表現とはいかなる意味をもつかという問題である。(「象徴としての政治」277頁)

引用した箇所には、イデオロギーが暴力(テロル)と直結するような事態が予感されている。ここでは手段が目的から、目的が手段から自律してあるのではない。どのような例が挙げられるだろう。何をすべきかが行為の前にあるのではなく、行為の過程で定まってくるような経験は、きっと、誰の身にも覚えがあるのではないだろうか。

ここで、橋川の書いた「三島由紀夫伝」を取り上げてみたい。わたしの解釈がだいぶ入っている気もするが、本論考のハイライトは多分、次のような箇所である。第二次世界大戦末期、戦況の悪化から遠からぬ死を定められた三島由紀夫少年を含む年少者たちは、それゆえに全てを許された、非日常的で甘美な幸福に浸っていた。状況の抒情詩化は、希望に分がないと思われれば、死の恐怖を消しさるための何よりの麻薬となる。精神が加速度を増す。特攻死が、思想形成の核心となるだろう。このとき死は少しも忌避されるものではない。だからこそ、八月十五日の敗戦は、少年たちから恩寵の時を奪う残酷で唐突な宣告に他ならなかった。のみならず、戦後社会は戦争の美化に基礎を置いた彼らのよって立つ基盤を否定し、処罰の対象とした。戦中に全ての感性を培った少年たちにとって、平和の方こそが異常だったのである——。三島と橋川は同世代であり、三島の嘗めた経験は橋川にも共通する。三島の生に託して橋川は自分を開陳している、と見るのが、このテクストを読む前提だ。

橋川は三島の『金閣寺』や『仮面の告白』といった自

伝的な要素のある作品を引いて、「戦争の終焉がある種の青少年たちによびおこした絶望感を、これほど不敵な怨念をこめて表現した文章は稀であろう」と書く。この「不敵な怨念」というところは橋川の三島伝にも当てはまる。悔恨とともに振り返ったならば、少しも見るべきものはなかっただろう。幸福、といっても、累々たる屍の上に築かれた楽園である。橋川の引く、「こういう日々に、私が幸福だったことは多分確かである」という三島の言葉はあられもなく、非人間性と紙一重の悦びで、胸くそわるい。幼年期を大人の都合によって歪められた少年もまた、戦争の被害者、犠牲者である、そういう意識は三島や橋川にどのくらいあって、どのくらい心理的な負荷を除いただろうか。だとしても、語りにくいテーマだと思う。胸中の恐怖を告白するよりも愉悦をさらけ出すほうが、この場合は勇気がいるのではないか。

　橋川も書いているように、進行中の戦後社会において、戦時中に少年たちが抱いた悦びは非難されこそすれ、まともに受け取られることはなかった。この先の展開も、橋川にははっきり見えていただろう。どこかに位置付けられることも、共有されることもない。たとえ記憶をつなぎ止めようとする当事者の懸命な努力があったとしても、経験からくる差異が、いずれ社会の中でまったくの無意味となる時が必ず来るだろう。均質化する。違いが均される。敗戦当初に三島や橋川が抱いた虚無感は、次第に次のような確信へと変わる。すなわち、自分たちを「不自然な、呪われた生物」、「人間の日常生活にあこがれながらも、決してそれに同化しえない異形の人種」とする確信である。[2]

　そもそも「三島伝」は、三島当人の指名によって書かれたものらしい。わたしはこの伝記的事実のほか、多くの事柄を宮嶋繁明『橋川文三　野戦攻城の思想』によって学んだが、本書によると、発表後、三島から橋川のもとへ令状が届き、そこには「見事な伝記をお書きいただき、心から感謝いたしてをります（中略）真の知己の言を得たうれしさで一杯です」と感謝の言葉がしるされていたという。この一点の曇りもないエピソードが、わたしにはなぜかとてもものがなしく映る。少年たちを襲ったであろう戦中の死の恐怖を想起させると同時に、恐怖に目を見張ったもの同士にしかわからぬ符丁、という感じがするのだ。

一方で、橋川の描く「平和こそが異常」「すべてが逆しまごと」と断ずる三島には、不思議な爽快感もある。ここには問いがあり、答えがあるからだろう。疎外されたのはわたしではない、社会の方こそ、わたしに拒まれているのだ。異形であるのはわたしではなく、わたしを取り巻く社会の方である。とすれば問題の所在は、いかに社会を変えるか、というところにある。争点を作り出し、社会の側に対決せざるを得ない契機を作り出す、企図と決断と実行に富んだ三島の数奇な生が、一気に照らし出される気さえする。

しかし橋川についていうと、事態はもっともつれており、込み入っている。三島にはある元気や活気がない。いつも当惑気味で、全き受動性の中にある。橋川の書くものに有機的な何事も生み出さない無産の思考、独身者のそれを感じるのは、こんなときである。進行中の戦後社会と和解したとも思えない、社会から締め出されたのか、拒むのか、疎外者のまま緊張の最中にあり、ためらいながらも、曖昧さのなかにとどまり続けるのだ。同情も乞わないし、自己憐憫も己に許さない。それゆえに、今にも自らの内側へ向けて消尽してしまいそうなところがある。

わたしは三島の良い読者ではないが、橋川の描く三島像には胸が揺すぶられる。そのためか、かえってこの小伝は何度読んでも全体がなかなか頭に入ってこず、一体、橋川がどのようにして文章を締めくくり、着地させたのか、すぐに忘れてしまう。だが、ところどころ小石のように挟まっている不可解な文があって、それが妙に脳裏を去らない。例えば、そうしたもののうちの一つに、「世界との調和をたたれたものが、再び拳をふるってその回復をはかる」という一節がある。これは『仮面の告白』執筆についての橋川の解釈で、橋川によれば三島にとって『仮面の告白』の執筆は何よりも先に「渾身の」自己回復の試みであり、戦後、崩壊に至りかねなかった作者と作者の人生とを危機から救ったのである。

しかし拳をふるうことと、回復をするという事柄は、本来なら繋がらないはずの要素ではないだろうか。渾身の力を込めて拳をふるえば、その当のものは回復するのではなく、通常、壊れるのである。殴打を受けるのは誰であるのか、あるいは、何であるのか。その姿も一切明らかでない。そもそもなぜ、拳をふるうと「世界との調和」が回復するのだろう。

「拳をふるう」という比喩には、三島の有名なボクシングの趣味が重ねられているのかもしれない。それならば清々しいが、文中に橋川の明快な指示がない以上、こちらはあれこれ勝手に考えるしかない。根本のところから全てを破壊して、造り直すほかない、という意味だろうか。それにしても、「造り直す」という部分が抜けているが。もしくは「世界との調和」を絶ったのは戦争体験であり、三島が拳を振るう相手は、障壁として立ちはだかる彼の過去なのか。どちらかというと、こちらの可能性の方がありそうな気もする。

けれどもわたしはなぜか、不吉な印象を抱いてしまうのだ。拳をふるうとは、その暴力がふるわれる当のものの在りように、激しく異を唱える行為ではないか。拳をふるうと世界が回復する、という景色は暗く、緊張を孕んで見える。わたしにはこれが、世界との調和うんぬんではなく、暴力を行使することによって消えやらぬ不安を抑え込もうとする、虚しく破滅的な試みのように思えてならない。

三島伝におけるいま一つの不可解な文は、「戦争は奇怪な倒錯の姿ではあれ、失われた人間たちの楽園を回復する」という一節である。三島がこの「失われた人間たち」の一員であったことは疑いようがない。一九二五年生まれの三島は開戦とは関わりのないところで、幼少期より周囲からの疎外を常に感じ続けていた。橋川は三島の疎外の原因について直接の言及を避けるが、戦争によって彼は一時的にではあれ解放され、自らの生を取り戻したのだ。

わたしが不思議に思うのは、ここに示される出来事の起こる順番である。戦争が失われた人間の楽園を回復するのであって、戦争が失われた人間を創り出すのではない。この一節が決定的にするのは、戦争の起こる前に、彼、彼女らがすでに「失われた人間」であったという事実である。

現実と郷愁の間で疎外感はいや増してゆき、失われた楽園を求める心は過去に向かうだろう。戦争はキッチュで悪趣味であれ、一時的に楽園のコピーを垣間見せてくれた。けれども、そもそもそんな楽園が、この世に存在したことはあったのだろうか。わたしたちはここで延々、楽園のコピーを重ねてゆくしかないのだろうか。何かが決定的に損なわれてしまった、その原因を過去の出来事に帰することができず、楽園が記憶から切り離されて、全く別にあるのならば。

注

1　最近の例として、二〇二一年春に公開されたドキュメンタリー映画を例に挙げたい。ソウル在住一九六四年生まれ、キム・ミレ監督の「狼をさがして」である。タイトルは日本公開時のもので、前年の韓国公開時には「東アジア反日武装戦線」というタイトルだった。東アジア反日武装戦線とは、一九七四年、東京丸の内にある三菱重工本社ビルを爆破したグループの総称である。のちに彼・彼女らは「日帝の侵略企業・植民者に対する攻撃である」との声明文を発表。これを皮切りに、一斉逮捕された翌年五月までの間に旧財閥系、大手ゼネコンを狙った爆破事件を次々に起こした。本作はキム監督が「東アジア反日武装戦線」を探求する、という体裁をとっており、家族や支援者ら、出獄したメンバーを訪ねて、逮捕から現在まで続くその後の長い年月に焦点を当てている。映画の根底には、動機は良かった(見るべきものがあり、今なお再検討される必要がある)、しかし手段は悪かった(三菱本社ビル爆破により死者八名、負傷者三百八十名を出した)、というメッセージがある。劇中内ではメッセージが長年にわたって獄中のメンバーを支えてきた人々の支援方針でもあること、映画がこれを踏襲していることが語られる。手段と目的を線引きすることで、他国侵略の歴史を鑑み、日本人としての加害性を自覚した上で、現在進行中の経済侵略を止めようとした、という動機が見えやすく、メッセージ自体が、映画視聴者への重要な問いかけとなっている。しかし批判を含め、この枠組みの提起する議論はキム監督の映画の完成をもって出尽くした、という印象をわたしは持つ。であれば、ここから先は、「目的／手段」式の思考をどう超えて行くかが問われるのではないだろうか。映画の日本公開にあたって各識者から寄せられた推薦文を読むと、政治学者の栗原康が「悪しき手段／善き目的」という定型を転倒させているのが目につく。悪しき目的に善き手段、という構図はわたしたちが普段、目にすることのないものであるが、映画の提示する問いをスプリングボードにし、栗原は出来事に改めて揺さぶりをかける。この転倒によって、初めて見えてくる景色があるのではないかと思う。

2　橋川のこの一文には、直前に引かれた『仮面の告白』の中の一節、「お前は人間ではないのだ。お前は人交りのならない身だ。お前は人間ならぬ何か奇妙に悲しい生物だ。」の残響がある。

参考文献
橋川文三著、中島岳志編『橋川文三セレクション』２０１１年　岩波書店
宮嶋繁明『橋川文三　野戦攻城の思想』２０２０年　弦書房

（はやすけ・ようこ＝作家）

論考

橋川文三のイエスとキメラ
――「死の超越化」から「律動する遺書」へ

赤井浩太

一　死の超越化と身体

ニュースで毎日のようにたんたんと死者数が発表される今日、死はいつも通り見えないまま俺たちの隣にいる。電車内、職場、学校、老人ホーム、家庭内、それはいたるところにただよっている。クシャミ一発が人々の嫌悪感を引き起こす。「コロナ戦争」という一時期の喧伝を思い出せば、なるほどたしかにそれはおのれの潔癖を競い合う戦争である。たとえば第二次世界大戦下の日本で流行したのはナショナリズムという観念の潔癖さであったが、現下の日本で流行っているのは観念としての潔癖な身体である。いずれにせよ、そうした状況は個人の身体と死をなんらかの抽象的な観念に還元するだろう。思想と統計に共通点があるとすればその点だ。この操作概念としての「死」は、国家や社会のせいで死んでしまう者を無名の聖者へと転倒させることも可能だろう。

杉田俊介は、「橋川文三とその浪漫」の最終回で、『世紀の遺書』に記載された幾人かの遺書を総和して次のように書いている。「自分が死んだ日のことは忘れて、誕生した日こそを記憶してほしい、という普遍的な人間性が産まれいずる。もはや靖国も国家もどうでもいい。血縁家族や地縁的な共同体でも足りない。自分が産まれた日を、全人類にとっての喜びの日にしてほしい。そのために死んで神になりたい――そうした普遍主義的な神々と革命への祈りは、「人間」としての「希望」そのものではないか」[1]。

杉田によれば、人の誕生は死によって贖われ、また「死んで神になりたい」というその祈りは「革命」や「希望」に値するのだという。あ？　なんだそりゃ。だがしかし、俺はここで杉田を罵倒しまくりたいという気持ちをグッとこらえて、真面目に言っておこう。死によって人の生をチャラにすることはできない。人はたとえば神に平和を祈るその両手で誰かの心臓を握りつぶす。いつもそうだ。やっちまってるし、やられちまってる。「だって誰もが指先は泥々／でもそろそろ魂が笑う頃／誇り捨てて積もった埃払う程／景色も変わって見えるもの」（殴雨／Shing02）。よごれた指先で積もった埃を払おうとする、そんな滑稽な苦闘の中に具体的な生がある。だが、この人生が途絶え、何らかの神として祀られるのであれば、たとえ全人類がその生誕を祝福しようとも、あるいはその人生を憐れもうとも、その人が死なければならなかったという社会的現実は亡骸とともに墓穴の底に葬られる。このとき神格化の論理は欺瞞の免罪符である。さらに言えば、人の死を観念的に浄化するその超越化という点において、杉田の堕落したコスモポリタンな死生観は、「靖国」や「国家」の問題と大差ないのだ。

基本的なことを確認しよう。死の超越化とは、まずもって近代国家の問題である。ベネディクト・アンダーソンは『想像の共同体』で、「〈無名兵士〉の墓と碑、これほど近代文化としてのナショナリズムを見事に表象するものはない」と書いた。この墓碑は無内容、つまり超越的からっぽであるからこそ、「国民的想像力」の媒体となりうるのである。加藤典洋はそれを踏まえて「無名兵士なる観念を壊すのは、（中略）名前という汚れをもつ個々の兵士からなる、もう一つの「われわれ」という観念なのである」[2]とした。つまり、杉田俊介の立場は、加藤が「名前という汚れ」に対置した「潔白」なものとしての死の超越化である。だが、その加藤にしても、「名前という汚れ」が「「われわれ」という観念」になりうるというとき、その観念を壊すような汚れた身体は視野に入っていない。

しかし今は先を急がないようにしよう。橋川文三もまた、死の問題を論じ続けてきた。たとえば「「戦争体験」論の意味」において死は、「歴史」を構成するための鍵概念である。人為的な概念としての「歴史」の普遍性は、近代日本にとっては西洋世界の持ちものであって、他方の日本には「年齢という生物学的理念」すなわち自然の優位性がその根底に広がっていた。だからこそ、橋川はまず「身体」（歴史に対する自然）から出発し、さらに「世代意識」から「歴史意識」へといたる過程を、「世代意識の純粋化」とした。そして、その段階的な発展過程によって「すべての世代は直接普遍者に属する」[3]という歴史の普遍性にいたる。しかしそこで問題になるのは、世代から歴史へとジャンプする際の「純粋化」という操作だろう。そこではどのような論理と修辞が駆動していたのか。ここからは橋川がその思想形成において最も深く影響を受けた保田與重郎から辿りなおしてみよう。

二　無数のイエスが死んだ

前提として、保田與重郎などの日本浪曼派を内在的に批判したとされる橋川文三が、戦後において「歴史意識」を主張することは、実のところ難しかったはずである。なぜなら、日本浪曼派の中心概念である「イロニー」とは、そもそも西洋中心の「歴史」という近代的普遍性（それは帝国主義のイデオロギーにもなる）に対する抵抗だったからである。たとえば京都学派の「世界史の哲学」（高山岩男）が、西洋的な歴史の弁証法に張り合おうとしてそのパチもんにしかならなかったのに対し、みずからのまがいもの性を引き受けた上で弁証法を脱臼したのが、保田のイロニーであった。[4]ここでは橋川が保田に「いかれた」という一九四一年に橋川が読んだ「ヱルテルは何故死んだか」という評論を見てみよう。それは橋川にとって「閉塞された時代の中で、「神というと大げさになるが、何かそういう絶対的なもの」を追求する過程での不吉な偶然であった!?」[5]という。

保田において「神」は、ヨーロッパ近代の倫理観に対する批判から出現する。ゲーテの『若きウェルテルの悩み』を論じる中で、婚約者のいるシャルロッテに対するウェルテルの恋から「愛情は不安の状態である」というテーゼを析出する保田は、そうであるがゆえに「神の秩序の思想を放擲した新ヨーロッパ、即ちヒユマニズムの中樞観たる人間の愛情は、同時に約束や責任や信用といふ新ヨーロッパの制度基礎の保證でないといふ矛盾を生むのである」と断じる。ヨーロッパの近代社会の根底を支えるはずのヒューマニズムが、じつは「不安」と表裏一体であったことを突く保田は、この欺瞞的なヨーロッパの近代に「ヱルテルの死」を対置し次のように書く。

> 初めにヱルテルは眞實と理性であつた。その結果がヱルテルの噓と脅迫と卑怯といふ急坂を下降する運命にあつた。しかしこゝで新しい眞實の住人となつた。その間の惱みは死だけが淨化してくれるだらう。このイロニーの裁可者は人間に求められない、神だけである。ゲエテはこの青春の喪失事情を描く必要があつた。俗信の樂園は打倒される必要があった。しづかに、ヱルテルの中で、理性と愛情は、新ヨーロッパのイデオロギーに忠實に生きたために、はぐれて了つた。このヱルテルに於て頂上に達した時代のデカダンスは、いづれかの一方のテーゼでは救はれない。主觀的に立派な反卑怯であつた人は、卑怯とならねばならないわけである。ゲエテの告發はこのポイントにかゝる。それは神明の辯證といふべきであつた。[6]

ウェルテルにおける「理性と愛情」の必然的な乖離は、イロニーとしての自死によって「淨化」される。この近代の自殺たるイロニーは、保田によれば「神明の辯證」として神の名の下に聖化される。それは別の言葉を引けば、「小説に描かれたアウフヘーベンといふことは、原始の小説に對しては、ひつきやうするところ一の無氣力化にすぎない」[7]とされるのだ。「一の無氣力化」とは、小説世界において対立する「理性と愛情」が、なんらかの統合としての「一」へと弁証法的に止揚（アウフヘーベン）されることなく、イローニッシュな自死によって「無氣力化」されるということであり、それこそが「神明の辯證」であった。

当時の橋川が保田與重郎から受け取った「私たちは《ヴィア・》死なねばならぬ《ミュッセン・シュテルベン》[8]！」というイロニーの意味は、西洋の弁証法に対する「無氣力化」＝「神明の辯證」として考えられる。大雑把に言えば、保田による「神明の辯證」としてのイロニーとは勝って勝って勝ち上がれというような西欧近代の弁証法にのみこまれないため負けるが勝ちという弱者なりの逆転の論理だったのである（それは実際には無数の戦死者として現実化する）。

ここであらためて橋川に戻ろう。世代意識が歴史へと

「純粋化」されるという橋川の主張が、上記のような保田のイロニーではなく、ましてや近代的な歴史主義でもないとすれば、それはいったい何なのだろうか。それは先に述べた橋川の「「戦争体験」論の意味」において、普遍的な「超越者としての戦争」として次のように定義されていた。

> ヨーロッパにおける歴史意識は、しばしばいわれるように、歴史過程の弁神論的直観を動機として生まれている。それは、世界過程と神との深い交渉様式の認識という精神の作用であった。しかも、そのような意識が成立したのは、歴史的事実とみられたイエスの磔刑に対する深い共感の伝統によるものであった。世界過程を、イエスの死の前と後に分かつというような啓示的発想は、まさにその死の超越化によって成立したのである。
> 　私は、日本の精神伝統において、そのようなイエスの死の意味に当たるものを、太平洋戦争とその敗北の事実に求められないか、と考える。イエスの死がたんに歴史的事実過程であるのではなく、同時に、超越的原理過程を意味したと同じ意味で、太平洋戦争は、たんに年表上の歴史過程ではなく、われわれにとっての啓示の過程として把握されるのではないか。（傍点引用者）[9]

「イエスの死の意味に当たるもの」すなわち「死の超越化」として、「太平洋戦争とその敗北」を捉えること。それは「世界過程を、イエスの死の前と後に分かつというような啓示的発想」がそうであったように、歴史過程を生みだす啓示として認識されるであろう。これが橋川にとって「超越者としての戦争」——歴史をつくるための原理的な方法だった。この橋川の発想を「超歴史主義的」とした松本健一は、それが「本当の『日本文学』が死んでもよいといふ永遠の、生命の、天地開闢に、彼らの心をひらいたのである」（傍点原文）と書いた保田與重郎の「反転」であるとした。[10]

　だが、この橋川の発想は保田の「反転」なのだろうか。イロニーはむしろ愚直に深化しているように思える。「イエスの死」にあたるとされる「太平洋戦争とその敗北」は、その超越性を指して井口時男が「むろん「歴史」という超越者は、ロマン主義者がイロニイによって内面に保持しようとする超越者とはまったく似ていない」[11]と峻別したとしても、しかし実際には「私たちは《ヴィア・》死なねばならぬ《ミュッセン・シュテルベン》！」[12]というあの言葉の延長線上にある。なぜなら、橋川文三は、「私たちは死なねばならぬ！」という日本浪曼派のイロニーをさらに累乗化し、いわば「私たちは死んでしまった！」という歴史的事実を機会原因的に利用して「超越者」を創造しようとしたからである。すなわち橋川は、敗北あるいは戦死のイローニッシュな聖化を行なったのだ。ここにおいて「世代意識」を歴史化する「純粋化」の意味が明らかになる。それはイエスの身体の死、太平洋戦争における戦死である。

　事実、橋川は一九五九年十二月にこの「「戦争体験」論の意味」（原題「日本近代史と戦争体験——歴史意識の問題を中心に——」）を発表したが、その時期に前後して一九六〇年二月に刊行された『日本浪曼派批判序説』の終結部分にあたる「美意識と政治」も書いている。[13]この章で橋川は、保田與重郎を「耽美的パトリオティズム」として位置づけ、戦時下におけるその意義を次のように述べた。

> 保田は、伝統的美的意識へのアピールによって、「十五年戦争」の現実を「昨日」として、「歴史」として生きることを訓えたのであり、それらが永遠に崩壊することのない「美」の規範によって支えられていることを、自信を以て解釈してみせたのである。いわば、人間にとってもっとも耐えがたい時代を生きるもののために、あたかも殉教者の力に類推しうるものとして、現実と歴史を成立せしめる根源的実在としての「美」を説いたわけである。かれの「国粋主義」が、「ウルトラ・ナショナリズム」というよりも、むしろ「耽美的パトリオティズム」と呼ぶにふさわしいのは、そのためである。[14]（傍点引用者）

保田の「根源的実在としての「美」」とアナロガスな関係に配されるこの「殉教者の力」が、超越としての「イエスの死」以外を意味するとは考えにくい。そうであるならば、橋川において、「根源的実在としての「美」」と「太平洋戦争とその敗北」は、歴史を構成する超越者であるところの「イエスの死」との類比において通底している。それがイロニーを経由した思想的重心であるかぎり、橋川が保田與重郎を内在的に批判しきれたとは言えないのではないか。

さらに言えば、この「イエス」という修辞的イコンは、たんに西欧の普遍性と類比するためだけに呼び出されているのではなく、当時の戦中派世代の知識人たちが共有していたモチーフだった。一九五八年から橋川が参加していた同人誌『現代批評』において、戦中派の代表格である吉本隆明は「転向論」――宮嶋繁明によれば橋川は吉本の「転向論」を熱心に読んだという[15]――を発表しているが、それ以前に吉本が別の同人誌『現代評論』で発表し、一九五九年二月に刊行した『藝術的抵抗と挫折』で所収された論考に、原始キリスト教のユダヤ教に対する近親憎悪を論じた「マチウ書試論」がある。そこでは「現実における敗残の心理につうじていた原始キリスト教義のメカニスム」として、「苦しみそのものが幸福であり、敗残と柔弱そのものが幸福であるというような心情のマゾヒズム」[16]（傍点原文）が挙げられているが、吉本はこのことについて、「ぼくたちは、ここにあらわれた被害感覚が、どんなに陰惨な現実的な相剋と迫害によって裏うちされているかを、いやおうなしに理解させられる」と書く[17]。戦中派の心理を代弁するかのように原始キリスト教の戦いを描くこの「マチウ書試論」に対し、一九五九年九月に「庶民・吉本隆明」を書いたのは、同じ戦中派の谷川雁だった。

谷川は「マチウ書試論」を太宰治『晩年』に引き合わせながら次のように言う。「時間との、敗北を見越した戦いをこのような性質［引用者註：青年に対して一挙に晩年を味あわせ、かつ青年にとどめておく時間との戦い］としてとらえねばならなかった人間たち……それが私たちの世代なのだ」。そして、その「時間」の二重性の原因を明らかにする前に太宰は死んだが、戦中派の世代にとっては「このつむじ風はもはやそのような分析の欲望をもつことがばかばかしいほどにないあわされた一撃として作用した。そのとき無数のイエスがうまれた」[18]という。

「時間」すなわち迫りくる敗北あるいは戦死を見越した青年たちが、ここでも「無数のイエス」として描かれている点に注意しよう[19]。一九五九年において、橋川も、吉本も、谷川も、「歴史」「心理」「時間」といった観点の違いはあれども、敗北あるいは戦死を強いられた自分たちを、キリスト教―イエスとして描きだしている。つまり、無数に生まれ、そして死んでいったイエスたちこそ、彼ら戦中派の自画像だったのである。しかしその翌年にあたる一九六〇年三月、「それはキリストのことで、お前のことじゃない」と書いた小説家がいた。『墓碑銘』の小島信夫である。

三　それはキリストのことで、お前のことじゃない

小島信夫をはじめとして、一般に「第三の新人」とされる安岡章太郎や吉行淳之介などは、服部達の言葉を借りれば、「一向に見栄えのしない、みずから信じこもうとする熱意も大して湧きたたない、平凡で卑小な自我」を特徴としていた。[20] つまり、「第三の新人」のありようは、いささかヒロイックな戦中派知識人たちとは真逆だったのである。さらに言えば、一九二〇年代生まれの橋川文三らや他の「第三の新人」たちに比して、小島信夫は一九一五年生まれと数年だけ年上であった。戦時下においては数年のちがいがその後の人生を大きく分ける。実際に、小島は一九四二年に中国・大同（渾源）に渡って訓練を受け、四三年から暗号兵として中国戦線に参加した。[21] つまり小島は橋川と違い、いわば「戦場体験」があったのである。

ちなみに、俺は小島信夫と橋川文三との接点を知らない。ただ一点だけ、橋川の『日本浪曼派批判序説』の大部分が第二次『同時代』に掲載されたことをのぞけば、である。というのも、橋川が参加したのは第二次であるが、そもそもこの同人誌は小島信夫が矢内原伊作や宇佐美英治らと共に創刊した雑誌なのである。戦後日本の家庭を描いた「抱擁家族」などで知られる小島だが、他方でこの『同時代』に発表した「燕京大学部隊」をはじめ戦争小説も書き継いでいた。その戦争小説系列の長篇として、一九五九年五月から一九六〇年二月まで『世界』で連載し、最終章などの加筆修正を経て六〇年三月に刊行した小説が『墓碑銘』である。あらためて言えば、橋川が「「戦争体験」論の意味」を発表したのが一九五九年十二月であったが、それを小島が見ていなかったとは言い切れない。とにかく、両者の問題系が酷似していることはたしかなのだ。

例えば、橋川は自分の個人的体験に即し、「戦争は日常心理の中に定着して一種の自然となり、歴史は自然と

しての戦争そのものを意味するように思われた」[22]として いる。「歴史は自然としての戦争そのもの」を意味したとされるとき、そこでの問題は現実社会の動きを区分し方向づける「時間」がなかったということである。他方で『墓碑銘』の主人公も、「私が日本の兵隊になってまず最初に思ったことは、自分が黄色い海の中にただよっているということだ」といい、また「私が海といったのは、我ながらうまいいいかただと思う。なぜなら、私のまわりにあるものは、重く漂う一つの自然であったからだ」[23]（傍点原文）としている。戦時下の軍隊に属する自分が、「黄色い海のなかにただよっている」ということは、なんらかの作為的な方向性を欠いた広がり、つまり「自然」としての戦争に自分が振り回されているということだ。この「自然」の黄色さは、日本人の肌の色に由来するだろう。だから、この「自然」は日本的なそれとしてなのである。

　戦後から回想する形式となっている本作の、その語り手にして主人公である「私」は、アメリカ人水兵と日本人女性との間に生まれた「混血児」であり、トミイ・アンダーソン／トミイ・ハマナカ／浜仲富夫という三つの名を持つ人物である。本作冒頭では、アメリカ人のミッション・スクールに通っていた「私」が、真珠湾攻撃を契機に日本軍に入り「青い眼」の日本兵になるくだりが描かれる。

　服部が言うように、小島作品の主人公たちは、「それぞれのっぴきならぬ弱味を背負い、その弱味を絶えず見つめることを余儀なくされながら、つまり外部の現実に背中を向けながら、歩いて行かねばならぬ」。それはつまり「外部の現実に絶えずこづき廻される」ということであり、そうした主人公たちが辿る「軌跡のいわば裏返しとして、外部の世界の等価物が得られるだろう」[24]と、服部は小島の創作上の狙いについて論じている。

　この「私」にしても、白人の容姿と国籍とのギャップに悩み、いたるところで偏見と差別に遭い、軍隊生活の過程で日本人になろうとする人物として描かれる。連載当時、江藤淳は本作について「ぐう話的設定そのものにふくまれている観念性と、この作家独特の感覚的なもののとらえかた」との背馳をどのように解決するのかについて疑問視していた。[25]しばしば「寓話的」と評される小島作品だが、しかし本作の中心を貫くのは、世界史を映す「寓話」と作家自身の「感覚」との間で、アジア・太平洋戦争の歴史を生きる「私」の身体である。

「私」の身体は、作中で一切登場しない父のアメリカ兵水夫——母にとっては元夫——と同じ「臭い」がする。家庭内で「私」の戦争行きが持ち上がる場面、そこで自分の身の振り方に悩んで、ひとり涙さえ流す。そのとき、「私」は「ふと自分にも信じられぬこと」すなわち「自分のワキガをかいでみる」のである。母が憎むその異質な臭いは、私にとっては「日本人」の妹——のちに近親相姦に至る「妹」には知られたくないものである。[26]「敵性体臭」という言葉は存在しないが、人が他者の異質性に気付いてしまう契機はその体臭に他ならない。ここでは日米の対立が体臭の次元において現れ、「私」を身体の内側から引き裂こうとしている。しかしだからこそ、「私」は自分の身体を「日本人」へと同一化させようとするのだ。

そのための一つの方法とは、「鏡」を見るのではなく——それは彼を「一層、わけがわからなく」させる——、「日本の人種の代表」であり「神様」である「天皇と皇后の写真」を見て、「その写真の顔を自分の顔であると、思いこもうと、はげしくもがい」てみることである。[27]その行為が当時いかに「許すべからざることか」を、「私」はまだ知らない。戦時下における「私」の身体は、ナショナルな意識において絶望的であるがゆえに冒瀆的な行為にまで及ぶ。瀆神的身体、それが『墓碑銘』における「私」の身体である。

この瀆神的身体は、冒頭で述べた加藤典洋の「「われわれ」という観念」と適合しえない。「私」は、「天皇と皇后の写真」のみならず、軍服や軍人勅諭にも同一化しようとするが、しかし一致しないし、わからないのだ。「私」は森という同期に軍人勅諭の意味をたずねると、森は「きみは、口を動かして似たことをいっておればいいんだよ。みんなそうなんだよ、聖書知ってる、あれみたいなもんさ」[28]と言う。

「軍人勅諭」と「聖書」が等価なものとして並置され、「口を動かして似たことをいっておればいい」とされるその身体は、日本であろうがアメリカだろうが、共同体の信仰に対して不真面目である。しかし「私」は、失敗ばかりの軍隊生活の中で聖書の言葉を求め、「ハトノゴトクスナオデ、ヘビノゴトクサトクアレ」——「キリストの声」であるそれを口ずさんで祈りをささげたくなる。この言葉は「私の身の上にぴったり」と思いこむが、次の瞬間に「班長のシーツ」を洗い忘れていることに気付き、「私」は「キリストの声」ではなく「文字通り絶望のうめき声」をあげるのだ。[29] そうして「私」は脱走を試みるだろう。しかし捕らえられ、「反省録」を書かされるハメになる。「私」は謝罪の相手を列挙する中、「陛下」を書き忘れてしまう。この時やはり「バイブルの文句」が思い浮かび「心の中で叫ぶばかりでなく声に出す」が、しかしそれも「アホラシク」なってきてしまう。[30]

戦争は激化してゆく。中国戦線からフィリピンへと転進した「私」の部隊は、絶望的な戦いの中でどんどんと味方を失っていく。そして、米軍との衝突により日本軍が「莫大ナ損傷ヲ受ケタ」との一報は、部隊をさらに絶望させる。このとき「私」は、「神よ。神よ、御意志のままに導き給え。もはや、この部隊の意志はあなたの意志です。なぜなら、戦場へ向うの人もやってくるのですから」（傍点原文）と英語でつぶやくが、しかし「自分がいっている意味がよく分らなかった」と祈りの意味自体が消失する。[31] さらに本作最終部にあたる「軍隊手帖」の記録では、「七月（?）一〇名。私、軍旗をもとうとして止す。私『日本軍は最後まで戦うのだ』と叫ぶが、その声、自分でもきこえぬ」と書く。[32] ここまでくると、「日本軍」という共同性どころか、自分は自分であるという同一性を担保するはずの「声」が、「私」自身に聞こえなくなってしまう。

ここまで駆け足で見てきたように、「私」の瀆神的身体は、日本的なるもの（「天皇と皇后の写真」「軍服」「軍人勅諭」「反省録」）とアメリカ的なるもの（「聖書」「キリストの声」「神」）のそれぞれに身をゆだねようとしながらも、同時にそれらをことごとく無意味化する。しかしそれは戦場においてついに自失する身体と化すのだ。そうして、一九六〇年三月に『墓碑銘』が刊行された際、加筆された部分として部隊長が自決したあとが描かれる。

「私」は「二色の服」――誘導作戦のため、「チュークンアイコクのため」に、「私」が他の日本兵に「くさい、くさい」と言われながら日本軍の服の上に着ていた死臭のするアメリカ兵の服――を両方とも脱いで、副官から言われた「ハマナカ、カイサン」という声を反芻する。解散、それは戦場でひとりきりにされることを意味するが、このとき「私」は本作の最後で次のような言葉を発する。

「これからがムズカシイ。これからがムズカシイ……神よ。(英語)……『彼は何の悪事をなしてか。我その死に当るべき業を見ず。故に懲《こら》しめて赦さん、という。されど人々大声をあげて迫りて、十字架につけんことを求めたれば、遂にその声勝てり』(英語)」

「それはキリストのことで、お前のことじゃない」

私はある気配をかんじて顔をあげた。しげみの中からこちらをねらっている小銃をかんじたからだ。

「おれは日本人ではない。おれはアメリカ人でもない」

発砲の音がした。それから英語がきこえてきた。私はけんめいに服をぬごうとしたが、もう自分の皮膚しかなかった。[33]

二重括弧の引用部分は、聖書『ルカによる福音書』の一節であり、ユダヤ総督ピラトの擁護にもかかわらず、人々の声によってまさにイエス・キリストの磔刑が決まる場面である。聖書を引用し、「私」がそれを英語で言うとき、「それはキリストのことで、お前のことじゃない」と、イエス・キリストへの同一化を否定する声がほかならぬ「私」によって発される。「お前のことじゃない」という二人称化による自己批評とも言うべきこの判断は、日本の軍人になりきろうとし、その反動によってキリスト教に頼ろうともしてきた自分に対する、この上なく厳しい存在論的な批判である。

「キリスト」への同一化を否定するこの「私」の声は、「おれは日本人ではない。おれはアメリカ人でもない」というように、「おれ」という一人称が等号=統合される二つの共同体に対する続けざまの否定にも結びついてゆく。ここにおいては同一性を欠く分裂したアイデンティティを否定するからこそ、「おれ」が二度綴られるのだ。そして本作最後の一文が、二つの自己否定の果てに「もう自分の皮膚しかなかった」という言葉で終わっていることを確認するとき、敗北の決まりきった場面で、「これからがムズカシイ」とされる戦後の困難の予感が、「皮膚」の一語、つまり自失してもなお残る「私」の身体に込められているのを俺は感じる。それは裏返せば、橋川文三が言うような超越としての「イエスの死」にも、あるいは共同体としての日本やアメリカにも、いっさい引けをとらない身体、ふたたび服部達の言葉を借りれば「外部の世界の等価物」としての身体なのである。

この身体は共同体の観念を帯びていないという意味で極度に貧しい身体かもしれない。しかし、「二色の服」を剝ぎ取り、だがなお死臭が残るであろうその身体を運んで、「私」は戦後を生きねばならなかったのだ。本作が回想の形式を取ることの意味はそこに見いだせる。橋川文三は「一身にして二生を経るが如く、一人にして両身あるが如し」という福沢諭吉の言葉を引用し、「前半の生に対する疑いもない体験と、後半の生に対する同様に明白な実感との間に生じるダイナミックス」を論じた。[34]しかし、「前半の生」と「後半の生」があたかもきれいに切り分けられるかのような、ある意味では清潔なこの「一身にして二生」の身体に対して、『墓碑銘』の「私」はどうだろうか。母からも他の日本兵からも「くさい」とされるこのトミイ・アンダーソン／浜仲富夫の身体は、いわば「二色にして一生」であり、戦場の死臭をその身に漂わせながら戦後を生きるのだ。本作のタイトルであるところの「墓碑銘」、それはアジア・太平洋戦争という歴史が刻まれた「私」の、「くさい」身体そのものなのである。

四　悪の遺書は歴史のなかで律動する

では、橋川文三はこうした死に直面する身体の歴史性を捉えられなかったのか。それは「イエスの死」として超越的な上空へと放り投げたきりであったか。いやそうではない。それは近代日本の右翼テロリストにおいて再び形而下──身体へと折り返されるのである。

一九六一年、橋川は「テロリズム信仰の精神史」を発表する。この論考は、梶尾文武によれば、「二・二六事件の審美的表象」という点で「三島〔由紀夫〕の「憂国」に対する橋川からの応答とも見做し」[35]うるものであり、また宮嶋繁明によれば「英霊の声」以降における「後の三島に決定的な、そしてある意味では、致命的ともいえる影響を与えた」[36]（傍点原文）という。今回は三島と橋川の関係には立ち入らないが、同時代性ということであれば、橋川は、バクーニン／ネチャーエフの『革命家の教義問答』を取り上げた埴谷雄高による「暗殺の美学」[37]を示唆すると思しき「帝政ロシアのテロリズム」をチラ見している。そして「ほとんど教理問答《カテキズム》に近い形態にまで展開」したという日本固有の神学的な論理――二・二六のテロリズムへと入っていき、闇堕ちした右翼テロリスト・磯部浅一を描きだすのである。[38]

二・二六事件に「日本テロリズムのメタフィジク」を見る橋川は、そこに「あらゆるメタフィジクにともなう究極的な二律背反、逆説の凄まじい肉体化」[39]（傍点原文）を見いだす。それは「天皇大権＝国体」への信仰ゆえにおのれの命を賭して行動したテロリスト・磯部浅一らが、当の「国体」であるところの「自然人としての天皇」によって拒絶され、死刑に処せられるという矛盾、これに引き裂かれた身体である。天皇に「ロシヤの様」と評された磯部の、その手記に読まれる「天皇陛下、何と言ふ御失政でありますか、何と言ふザマです、皇祖皇宗に御あやまりなされませ」という言葉などは、橋川によって「日本の国体論者が、その限界状況において、かえって致命的な国体否定者に転化する」論理として定式化される。[40]

日本の近代、とくに昭和期においては、共産党から転向した挫折者の多くはそうした自己の正当化のために自意識の問題を抱えるのに対し、橋川の描く右翼テロリストは挫折し「転化」することでむしろ自意識を廃絶する《ブチギレる》。左の転向者と右の転化者は共に崇高な対象を持ちながら、それに背反するときには真逆の道を辿るのだ。そうした右の転化者・磯部浅一の遺書に「あたかも大魔王ルチフェルのごとき呪詛と反逆のパトス」を感じる橋川は、この「転化」を次のように描きだす。

たとえば、一生を賭して善行を追求した人間が、その生活の終りにおいて、神であれ、何であれ、ある絶対者によって徹底的に拒絶されるというカルヴァン的な問題にそれは似ている。磯部の獄中の手記が、ほとんど『ヨブ記』を思わせるような凄まじい呪いを奔騰させており、悪鬼羅刹の面影をあらわしているのは理由なしとしない。それは、日本の国体論者が、その限界状況において、かえって致命的な国体否定者に転化する劇的な瞬間を記録している。[41]

「イエスの死」と書いてから約一年。橋川は、近代日本の信仰のアポリアをそのデッドロックまで貫徹した転化者・磯部に「大魔王ルチフェル」を類比させ、さらに「カルヴァン」からユダヤ教の『ヨブ記』へ、ついには西洋の宗教どころではなく仏教用語から「悪鬼羅刹」とまで言う。橋川、もはやアナロジーの統制が効いていない。バグってる。めちゃくちゃである。だが、それがいい。そのカオスな類比を可能にする文体こそが、おのれの思想の民族性をキメラ化させているのだ。キメラとはつねに悪であり不潔にして淫乱である。神を信じたがゆえに闇堕ちした求道者こそが、邪悪なキメラの翼を得るのであれば、それは歴史を「劇的」に創出しうるだろう。橋川の「歴史意識」は、磯部を「大魔王ルチフェル」や「悪鬼羅刹」に類比したときその身体を受肉するのだ。なぜなら、この「テロリズム信仰の精神史」が発表された翌年の一九六二年、テロリズムを論じて「悪はその暴力と死によって歴史のなかに入りこみ、歴史を構成する」と言ったやつがいるからだ。皆さんご存じ、『韃靼人宣言』の平岡正明である。

　平岡は言う。「理性、善、神、正義の観念はそれ自体が歴史の始源でありみずから終ることなく、存在を支配すると宣言することで、無意味であるか、あるいはそんなものはどこにもないと証明してしまうのだ。いったい作用だけがあり作用されず、始源であり同時に目的であるものとは何か――なんでもないものであり、存在しないものだ。悪はこれとちがって創造し創造され、つねに具体的な姿であらわれる」[42]。歴史の中において受肉されるというこの悪の「具体的な姿」は、橋川文三の「テロリズム信仰の精神史」においては磯部浅一の遺書からの引用そのものに見いだすことができる。それが次の言葉だ。

「何にヲッ――、殺されてたまるか、死ぬものか、千万発射つとも死せじ、断じて死せじ、死ぬることは負ける事だ、成仏することは譲歩する事だ、死ぬものか、成仏するものか、悪鬼となつて所信を貫徹するのだ」[43]。

　この死にあらがう遺書を「悲惨な姿」と形容する橋川は、磯部に対して距離を取ろうとしている。しかし、磯部の「転化」を説明するにはこれの他に引用された部分だけで十分であるはずだ。それにもかかわらず、なぜこの部分は引用されたのか。俺の憶測にすぎないかもしれないが、橋川は磯部の遺書のこの部分に死に直面した身体を感じたのではないか。つまり俺が言いたいことはこうだ。死してなお動いてみせる欲望の脚韻――、たまる**か**、もの**か**、死せ**じ**、死せ**じ**、事**だ**、事**だ**、もの**か**、もの**か**――、このビクンビクンと律動する遺書、橋川がなぜか引用したこの部分こそが、国体否定者の遺体なのだ。

戦犯受刑者の遺書である『世紀の遺書』――あらためて言えば、冒頭で俺が批判した杉田俊介の言葉もこれに依拠している――に比して、橋川はこの国体否定者の遺書がそれとは「全く異質のものであり、日本人の遺書としてはほとんど稀有のものとさえいえよう」[44]と述べた。橋川のその言葉は、すなわち、右翼テロリストが日本の神学的矛盾の中で革命的に転化するという稀有な歴史を記した、その律動する遺書を評価したということなのである。

さて、最後にこの歴史的現在を視野に収めて言っておこう。小島信夫の『墓碑銘』におけるトミイ・アンダーソン／浜仲富夫の身体は、死臭を纏う生の身体であったのに対し、橋川文三の「テロリズム信仰の精神史」に刻まれた磯部浅一の身体は、生動する死の身体であった。ここにおいて両者の身体は対照的な相似形を描いている。戦争やテロルといった歴史の渦中においてそれらは、「生か、死か……」という例のシェイクスピアではなく、生のなかに死を、死のなかに生を、それぞれ刻印した身体なのだ。ここには分かりやすく神聖視され消費される英雄の生死を描いた戦争画などない。日本近代史の複雑骨折という生き死にのあいだを映す凄絶なスクリーンだけがある。われわれが放り込まれている現実は、まさにこの白か黒かでは割り切れない世界なのだ。だからこそ、世界中の人びとが白か黒かを争うときには、その両者の対立を横断するように、よごれた指先で別の線を引かねばならない。混沌とした灰色の地上に赤い線を引かねばならないのだ。

＊本論考を書くにあたり、戦中派の議論から小島信夫『墓碑銘』へといたる展開に関しては、小島信夫研究者の星住優太氏から示唆を頂いた。氏には記して感謝申し上げる。

注

1 杉田俊介「橋川文三とその浪曼　最終回　三島由紀夫と美的革命（五）」『すばる』、集英社、二〇二一年三月号、二七八―二七九頁

2 加藤典洋『敗戦後論』ちくま学芸文庫、二〇一五年、九二

—九三頁

3 橋川文三「「戦争体験」論の意味」『歴史と体験』、春秋社、一九六四年、一二—一四頁

4 【註】ヘーゲルの弁証法と保田のイロニーとの対比は、絓秀実『小説的強度』（福武書店、一九九〇年、二〇—二一頁）を参照。

5 橋川文三『日本浪曼派批判序説』、講談社文芸文庫、一九九八年、五一頁

6 保田與重郎「ヱルテルは何故死んだか」『保田與重郎全集第三巻』、講談社、一九八六年、三二〇—三二一頁

7 保田與重郎「ヱルテルは何故死んだか」『保田與重郎全集第三巻』、講談社、一九八六年、三三一頁

8 橋川文三『日本浪曼派批判序説』、講談社文芸文庫、一九九八年、五〇頁

9 橋川文三「「戦争体験」論の意味」『歴史と体験』、春秋社、一九六四年、一九—二〇頁

10 松本健一「橋川文三論——〈歴史を見つめる人〉」『思想の科学』、一九八四年六月臨時増刊号、七頁

11 井口時男「解説　超越者としての戦争」『日本浪曼派批判序説』、講談社文芸文庫、一九九八年、三〇九頁

12 橋川文三『日本浪曼派批判序説』、講談社文芸文庫、一九九八年、五〇頁

13 橋川文三『日本浪曼派批判序説』、講談社文芸文庫、一九九八年、二九六—二九七頁

14 橋川文三『日本浪曼派批判序説』、講談社文芸文庫、一九九八年、一一四—一一五頁

15 宮嶋繁明『橋川文三　日本浪曼派の精神』、弦書房、二〇一四年、二四二頁

16 吉本隆明『マチウ書試論・転向論』、講談社文芸文庫、一九九〇年、一一〇頁

17 吉本隆明『マチウ書試論・転向論』、講談社文芸文庫、一九九〇年、一一二頁

18 谷川雁『工作者宣言』、現代思潮社、一九六九年、一〇九—一一〇頁

19 【註】吉本隆明が「自身の無垢と無知を主張する」語りを戦略的に選択していたことについては、絓秀実『吉本隆明の時代』（作品社、二〇〇八年、五四—五五頁）に指摘がある。

20 服部達「劣等生・小不具者・そして市民」『われらにとって美は存在するか』、講談社文芸文庫、二〇一〇年、一六九頁

21 小島信夫「年譜」『墓碑銘』講談社文芸文庫、二〇〇七年、三三八頁

22 橋川文三「「戦争体験」論の意味」『歴史と体験』、春秋社、一九六四年、二三頁

23 小島信夫『墓碑銘』、講談社文芸文庫、二〇〇七年、七〇頁

24 服部達「劣等生・小不具者・そして市民」『われらにとって美は存在するか』、講談社文芸文庫、二〇一〇年、一八六—一八七頁

25 江藤淳「ひとりの「作家」の誕生—十二月号の文芸作品—」『北国新聞』一九五九年十一月二十六日→『文藝時評大系

昭和篇Ⅲ　第一巻　昭和三十四年』、ゆまに書房、二〇〇九年、五四七頁
26　小島信夫『墓碑銘』、講談社文芸文庫、二〇〇七年、三〇—三一頁
27　小島信夫『墓碑銘』、講談社文芸文庫、二〇〇七年、五〇—五一頁
28　小島信夫『墓碑銘』、講談社文芸文庫、二〇〇七年、九〇—九一頁
29　小島信夫『墓碑銘』、講談社文芸文庫、二〇〇七年、一二四—一二五頁
30　小島信夫『墓碑銘』、講談社文芸文庫、二〇〇七年、一九九—二〇一頁
31　小島信夫『墓碑銘』、講談社文芸文庫、二〇〇七年、三〇六—三〇八頁
32　小島信夫『墓碑銘』、講談社文芸文庫、二〇〇七年、三一五頁
33　小島信夫『墓碑銘』、講談社文芸文庫、二〇〇七年、三一七—三一八頁
34　橋川文三「「戦争体験」論の意味」『歴史と体験』、春秋社、一九六四年、一七頁
35　梶尾文武『否定の文体　三島由紀夫と昭和批評』、鼎書房、二〇一五年、三二一—三二二頁
36　宮嶋繁明『三島由紀夫と橋川文三』、弦書房、二〇一一年、一九頁
37　埴谷雄高「暗殺の美学」『埴谷雄高評論選書2　埴谷雄高思想論集』、講談社文芸文庫、二〇〇四年、三一一頁
38　橋川文三「テロリズム信仰の精神史」『歴史と体験』、春秋社、一九六四年、一二九頁
39　橋川文三「テロリズム信仰の精神史」『歴史と体験』、春秋社、一九六四年、一二九頁
40　橋川文三「テロリズム信仰の精神史」『歴史と体験』、春秋社、一九六四年、一三一—一三二頁
41　橋川文三「テロリズム信仰の精神史」『歴史と体験』、春秋社、一九六四年、一三一頁
42　平岡正明『韃靼人宣言』、ユー・エンタープライズ、一九七二年、二二—二三頁。「犯罪の擁護」という論考の初出は一九六二年である。
43　橋川文三「テロリズム信仰の精神史」『歴史と体験』、春秋社、一九六四年、一三二頁
44　橋川文三「テロリズム信仰の精神史」『歴史と体験』、春秋社、一九六四年、一三〇頁

（あかい・こうた＝批評家）

論考

時代精神と宗教——超国家主義としての大本教

玉置文弥

I 橋川文三の超国家主義論と「宗教」

1 「宗教的欲求の時代」

橋川文三が超国家主義を論ずるとき、「宗教」は、極めて重要なものとして存在している。『昭和維新試論』や「昭和超国家主義の諸相」等々の論文に明らかなように、それは「信仰」とほぼ同義で用いられており、昭和戦前期にテロ・クーデターを起こした超国家主義者にあっては、その特徴を示す最大のものの一つである。

それはなぜなのであろうか。

橋川は、時代を遡って、「明治国家の終焉」と、その時代に氾濫した「宗教」に着目する。

橋川によれば、日露戦争勝利後の日本では、「それ以前の日本国民が純真無邪気に信じていた「忠君愛国」の理念が崩壊し、「武士道」の自己犠牲の精神が失われ、それ以前の日本社会には見られなかったような風潮がひろまった」［橋川2011：125］。そして「国民の側はそれに代替するなんらかの精神的よりどころを本能的に求めはじめ」た［橋川2011：126］。そこに、「科学も、哲学も、文学も、在来のものはことごとく権威がなくなった。……神秘的東洋的で、しかも知識欲を満足せしむる点において、現状に適応した方法をとらなければなら」ないと考える人々が現れた［橋川2011：126−127］。その多くは、「既成宗教教団・教会の組織や教義にあきたりない時代精神」［橋川2011：127］の中で、「非正統派的・折衷主義的宗教関心」［橋川2011：12

8］を持った。それは「宗教的・半宗教的な模索」を「氾濫」させ、「半ば宗教的な修養団体（もしくは教化団体）」を「つぎつぎと生」んだ［橋川2011：127］。

それを橋川は、石川啄木の言葉を借りて「宗教的欲求の時代」［橋川2011：127］と呼んだ。明治国家が、そして各既成宗教が、「正統派としての伝統的権威を弱めはじめ」た時代［橋川2011：127］、すなわち「明治国家の終焉」である。この時、「国民の深層心理」は「一種の虚無感と無力感」に包まれ始めていた［橋川2011：128］。この時代に（厳密にいえば日清戦争と日露戦争の大戦間も含む）、主として人生における目標喪失によって煩悶する「明治の青年」［橋川1984：61］、すなわち昭和の超国家主義者たちが登場する。

青年らは、ほぼ必然的に、「日本はこのまま進んでいいの」か、「否、このままではなく、まず日本人の姿をとらえてのちに、進むべきではないか」という悩みを抱え、悶えた［橋川1984：64］。橋川に言わせれば、青年は、「「人生とは何ぞ」の追求」と、レイトカマーとしての日本帝国が永遠に走らねばならないであろう「帝国主義世界の外延の果しないひろがり」への大きな不安の間で、「分裂症的な眩惑にとらわれた」のである［橋川1984：62］。その二つの問いは、やがて結びつき、新しい問いとなって生まれる。

――「その帝国主義に人間の魂というべきものが果してあるのか、ないのか。」［橋川1984：62］

その問いと探究こそは、昭和維新にまでつながる彼らの深い「煩悶」の核心であった。そしてそこに、氾濫する神秘的な「宗教」・「信仰」が、その人間観、社会観、日本観、世界観、そして宇宙観として、絶対的に接続されていく。ここに橋川が、超国家主義者は日本という国にあって、「なんらかの形で、現実の国家を超越した価値を追及」し［橋川1964：58］、それには「宗教」・「信仰」が大きな要素だったと論ずる所以があるのである。

さて、私は本稿で、橋川の論じた超国家主義を、ある一つの新宗教をとりあげて、さらに深く考えてみたいと思う。それは、かつて、特に大正から昭和戦前期にかけて、最大の規模を誇った新宗教、大本教である。

2　橋川の見逃し――大本教という存在

その大本教に、橋川が直接触れているのは、『近代日本思想大系36：昭和思想集Ⅱ』の解説として書かれた「昭和思想」においてである。

それと並んで興味をひくのは大本教、ひとのみち等の教団である。そのうち、明治中期に発生した大本教は、大正十年に第一次弾圧を受けていたが、本巻に相当するのが昭和十年十二月八日に行なわれた第二次大本教大検挙である。検挙されたのは、出口王仁三郎ら幹部三十余人で、容疑は不敬罪、治安維持法違反であった。しかしそれらについては『大本七十年史』上・下（昭和三十九年）が冷静な筆づかいで記しており、とくに出口王仁三郎についてはその伝記類も少くないので、それに譲ることにしたい［橋川１９９４：２７５－２７６］。

大本教は、この解説において、昭和戦前期に「国体論を否認もしくは無視する諸種の傾向」のうちの、「新興宗教」として登場する［橋川１９９４：２７４］。

私の考えでは、大本教は、橋川の言う超国家主義に符号する。くわしくは後述するが、大本教は明治25（１８９２）年に開教し、日清・日露の両戦役、さらには大正、昭和戦前期という、超国家主義者が歩んだ時代と同時代に教勢を爆発的に拡大した。それだけではない。大本教教義「筆先」（『大本神諭』）や『霊界物語』などに基づいた、心霊主義や神秘主義などの要素や、アジア主義や人類同胞主義などをはらんだ「世界統一」、また大正・昭和において第二の維新「神政復古」を目指した「皇道維新」など、思想的にも超国家主義者と共通するものが多くあった。さらに、それらの思想を背景とする実践、すなわち実践団体「人類愛善会」の「満洲国」を中心とする海外展開や、大本教を中心に結成され、天皇機関説排撃や海軍軍縮条約反対、国内体制のファッショ化を唱え右翼団体を糾合した「昭和神聖会」なども、超国家主義（者）の活動と重なり合っている。人的にも、北一輝や大川周明、内田良平や頭山満など新旧の右翼と大なり小なり様々なレヴェルで交渉があった。すなわち、大本教は超国家主義の思想・活動・人物を網羅していたと考えられるのである。

これが橋川のいう超国家主義と無関係である筈は無いであろう。しかしながら、橋川はまったくといっていいほど論じなかった。引用したように、国体論を否認・無視する「宗教」として触れるだけである。そのことに、私は大きな疑問と、それがもしかすると非常に惜しい「見逃し」だったのではないかという推測を有するのである。

むろん彼の関心が向かなかった、といわれればその通りなのであろうし、彼には、朝日平吾、井上日召、北一輝、大川周明、石原莞爾など個人における「煩悶」「求道」「テロリズム」が「理念型的なモデルとしてあり」、超国家主義の「意味をかなり狭く限定し過ぎた」［川村2010：58］ことが、その見逃しの原因だったのかもしれない。だから大本教の大衆運動をとらえきれなかった可能性も、もちろんある。

3 橋川への問いとその可能性——問題の設定

しかし、この「見逃し」を問い直すことにこそ、何か大きなきっかけがあるように私には思えてならない。では、私が何をその「きっかけ」と考えているのかを、問題の設定として具体的に示しておこう。

第一に、大本教のこれまでの論じられ方に対して、橋川の議論を踏まえれば、新たな展開を見出せるかもしれない。なるほど大本教と超国家主義の関係はこれまでも論じられてきてはいる。しかし、幅広く橋川の議論を前提としたものは、私の知る限りは、後述する故松本健一を除けば（特に宗教研究においては）まだほとんど無い。したがって大本教における超国家主義は、明治の国家主義が無制限に拡張し極端化した末の昭和軍国主義的ナショナリズムである、という丸山眞男による「ウルトラ・ナショナリズム」の定義の範囲において、昭和戦前期に限定されているのである。橋川はこの丸山の定義を批判して、昭和戦前期における超国家主義は「明治国家以降の支配原理」［橋川1964：10］の延長ではなく、先に述べたような明治晩期に萌芽がみられる新たなナショナリズム、すなわち「なんらかの形で、現実の国家を超越した価値を追及する」［橋川1964：58］ものであるとし、「日本の超国家主義を日本の国家主義一般から区別」［橋川1964：9］しようとしたが、本稿ではこれら丸山・橋川の定義のいずれかを採るというようなことはせず、双方の定義を相互補完的なものとして用いたいと思う。その方が、両者の特徴を有したと考えられる大本教をとらえるには適していると考えるからである。いずれにしても、明治後期や大正期の大本教は、（丸山・橋川の両定義における）超国家主義とは異なる次元での活動・思想ということになっているのは見逃すことの出来ない問題である。

もちろん宗教研究においては、大正期に大本教へやってきて入信し、やがて去っていく求道的な知識人のことはよく触れられるが、それは橋川の言う超国家主義論とは関係なく論じられている。以上のことから、橋川の議論の視点から大本教を考察することで、時代によって様々な主張・活動をしたことによって、非常に摑み難いとされるその存在をとらえなおすことが出来るのではないかと考える。

第二に、第一の点を考察することで、橋川の超国家主義論の可能性を拡張・展開できるのではないか。すなわちその超国家主義論には、既述のように「宗教」が重要なものとして現れるが、それはあくまでも超国家主義者個々人のものとして論じられている。そこで、「知的階層」らをとらえながらも、大衆をも熱狂させた大本教という新宗教を登場させることで、橋川の超国家主義論に、教団としての「宗教」を位置づけたい。このことは橋川の議論を、広く「宗教」（研究）にも拡張させられる一つの可能性となるはずである。

第三に、橋川の超国家主義論とトランス・ナショナリズム（国境を越える）の関わりである。大本教は大正晩期の1923年に中国の宗教・慈善団体「道院・世界紅卍字会」と提携し、中国においても大きく教勢を伸ばした。紅卍字会は、中国の政治的有力者が多く加盟し、貧民救済などを行って民衆の支持を受け、ほとんど公的機関のような存在として民国初期から中国全土において極めて大きな社会的・政治的影響力を有した。日本の「満洲国」建国にも大本教とともに深くかかわっている。このように大本教が実際にトランス・ナショナルな活動を行い、中国大陸において自らが呼号する「世界統一」を「実現」せしめる「実行力」を有していたことは、他宗教団体や国家主義団体とは比べ物にならないほどの大衆への「魅力」を意味したのではないかと考えられる。すなわち、求道的な超国家主義と、トランス・ナショナリズムの意味でのそれ、さらにはウルトラ・ナショナリズムが連動したときに発揮されたものについてである。

本稿では、以上の探究を、これまで大本教研究においてはあまり注目されてこなかった松本健一（『増補　出口王仁三郎——屹立する最後の革命的カリスマ』）の議論を積極的に引き受けることによって行いたいと思う。松本は、大本教・出口王仁三郎を、天皇制国家・国体論とは異なる位相において、「「神」の国としての「日本」を文明の究極の原理」＝「原理主義」として「思想化」し［松本2012：46］、それを民衆・大衆による「近代化に対する抵抗」［松本2012：46］へと昇華させた人物であったとしている。いいかえれば「原理日本」の思想に基づく活動によって、近代日本・天皇制国家において「無視され、疎外され、置き去りにされた大衆のエートス（心性）に言葉や行動の方法を与え」たのが王仁三郎であり［松本 2012：241］、その意味で彼こそが「最後のカリスマ」であったということである。その際、松本はマックス・ウェーバーの「カリスマ論」を引きながら論ずるが、それは橋川が北一輝らを論じる際も同様である。つまり松本と橋川は、超国家主義とカリスマ、という共通の視覚を有していた。さらに松本が、大本教が同時代の「大衆」を動かしそのエトスを掬いあげたことにこだわるのは、ある意味で橋川の超国家主義論を拡張、あるいは乗り越えようとする試みでもあるといえるだろう。それは先に述べた問題設定の第二と同様といえるかもしれないが、私はこのような松本の議論に、時代論としての橋川の超国家主義論を接続させることで、より包括的に超国家主義としての大本教を浮かび上がらせてみたいのである。

そしてこれらを論じる時、私は、橋川が大本教を論じたなら、いかなるものとなっただろうか、ということを念頭に置かずにはいられないだろう。ついにその機会は訪れなかった、あるいは彼が見逃した（かもしれない）大本教について、内在的に理解しながら考えてみたいのである。

II　時代精神の亀裂と大本教

1　出口なお・王仁三郎と「大日本修斎会」——明治晩期

大本教の開祖出口なお（1836—1918）は、丹波国（京都府福知山）で生まれた。父は由緒正しい大工であったが、なおが生まれたころには酒浸りになり家は傾いていた。8歳のころから奉公に出、その後20歳で出口政五郎を婿に迎えて綾部に入るが、その夫が放蕩三昧で、土地、田畑を売ってしまったために借家住まいとなり、やがてなおは糸ひきやぼろ買いをするほどの極貧生活をおくるに至った。その頃、近代化・機械化によって仕事を奪われた農民が多く居た村落全体も没落し、生活苦による自殺者、失踪者があとを絶たなかったという。

そんな中でなおは神がかりとなった。そして近代という「利己主義（われよし）の世」である現在の世を根本から「立替え・立直し」することで、理想世界「ミロクの世」を実現・到来させ、同時に人々に改心を迫る思想を、

「筆先」によってつむぎだしていったのである。「虐げられた民」としての叫びである。ここに大本教が「民衆宗教」と呼ばれる所以がある。

なおは最初、金光教に属して活動し、病気治しを通してその存在を人々に知られるようになり、信者を少しずつ獲得していったが、1898年に、代用教員、農業、牧場経営、マンガン鉱採掘など様々な職を転々としたのち、独自に霊学、審神学、山岳信仰、神道学などを修めた上田喜三郎、のちの出口王仁三郎（1871－1948）と出会うことで、彼女の宗教活動はそれまでとはまったく異なる可能性を有することとなった。しかしその一方で、なおと彼は互に、その神学、行動上、相容れない部分が多く、古参信者もそれに加わってその対立は深まっていった。その後、1904（明治37）年に勃発する日露戦争を、なおは「立替え・立直し」が現実の世に起こるものとして予言した。信者の多くはそれを信じた。しかし、日本は勝利したものの、なおの予言「立替え・立直し」が起こらなかったことで信者は離れ、教勢は一気に衰えた。

1908（明治41）年、なおと古参信者との対立を繰り返し、一旦は教団を去っていた出口王仁三郎は綾部に戻る。その間彼は、御嶽教や大成教、キリスト教会などに出入りしてその諸要素を体得し、さらには皇典講究所で正統な神道学説も身に付けていた。また近代思想にも手を広げている。そんな彼にとって、「初期の大本教団をとらえていた終末観的世直し思想は、怪しげで迷信じみたものだった」［安丸1977：87］し、その頑迷固陋な排外主義も受け入れられなかった。したがって、王仁三郎はそういったなおの神学を、自らが身に付けた正統な国家主義的神道説を中心とする神学に結び付け、体系化しようと努めたのである。

教団の組織化にも着手し、同年8月、「大日本修斎会」を創始した。その会則第一条は、

本会ハ大日本帝国ニ万世一系ノ皇統ヲ知食ス金甌無欠ノ皇室ヲ欽仰シ、国体ノ尊厳ヲ弁明シ、神祇ノ洪徳ニ報謝シ、併セテ皇祖皇宗ノ遺訓ヲ遵奉シテ、至粋至醇ナル惟神ノ大道ヲ宣伝シ、敬神尊皇ノ大義ヲ祖述シ、以テ国家ノ進運ヲ翼賛スルヲ要旨トス［大本七十年史編纂会1964：294］。

となっており、国家主義的な性格がよくあらわれてい

る。

さらにこの会の創立要旨は8項目にわたるが、その一つ目は、「思想の混乱」［吉永２０１０：72］について書かれている。それは次のような一文で始まる（傍線引用者、以下同じ）。

> 世界に於ける信仰界の混沌たるや既に久し、曰く庶物教、曰く多神教、曰く一神教、曰く自然神教、曰く万有神教、曰く汎神教、曰く懐疑説、曰く自然説、曰く物質説、曰く理性説と、嗚呼何ぞ徒らに多岐駁雑を極めて統一を欠くことの甚だしきや［出口１９８２：34］

さらに西欧思想の流入が日本の思想を悪化させたとして、次のように述べる。

> 殊に最近数十年間滔々たる西洋産出の悪流毒波に侵さるるに及びて、冠履顚倒、順逆を誤まり、秩序を失ひ、幸に生を我神国に享け乍ら神道の如何なる教理なるかも知らず、又我等国民が如何に至大至重なる天職を帯びたるかも自覚せず、徒らに権威を外国の経典学説に求め、他の糟粕を嘗めて真の研究の何物なるかを悟らず、噴火山上に坐するにも似たる此千万世一遇の秋に酔生夢死の愚生活に満足せんと欲するは嗚呼果して何の状ぞや［出口１９８２：34］

以上を見れば、大日本修斎会は、日本主義的な「反動が進み、社会主義への警戒心が高まっていた」［吉永２０１０：72］時代の中で、安丸良夫の言うように「国家主義的神道思想を、西洋近代思想をも含めた多様な諸思想と対決させて、人々の批判に十分こたえ得る宗教思想・社会思想へと発展させること」［安丸１９７７：94］を目指した団体とひとまずは言えそうである。実際、「当時の政府の国民教化政策のもっとも代表的なイデオローグ」井上哲次郎が、「大本教の教義と「戊辰詔書」（明治41（１９０８）年―引用者）が一致することに驚いた」ほどであった［安丸１９７７：１０２―１０３］。その意味では明治以来の「伝統的ナショナリズム」の系譜をひいていると言える（当然、「大本の生存のために、「当局」に対して……天皇制用語で身を鎧う」［栗原１９８２：１９２］必要があったことは考慮されねばならない）。

しかしながら、橋川の議論を踏まえると、事はかなり違って見えてくる。先に述べたように日露戦争後というのは、国家が「正統派としての伝統的権威を弱めはじめ」、「国民の深層心理」が「一種の虚無感と無力感」に包まれ始めていた時代である［橋川２０１１：１２７－１２８］。国民は、重税や物価高騰といった物資的要因にともなって、明治国家成立以来の国民道徳に対する疑いを大きくし、それに代わる思想・宗教を求めだしていた。「反動」とはそれに対する政府側の反応であり、「戊辰詔書」によって「国民精神の頽廃」が指摘され「国民道徳論の鼓吹」［安丸１９７７：１０２］が行われたが、橋川の言葉を借りるなら、「戊辰詔書」は「威信の喪失を自覚したものの空疎な訓戒」［橋川１９８４：１０３］であり、その渙発は、もはや「明治国家には昔日の権威は失われ」［橋川２０１１：１２６］、「日本の国運が維新期のそれに比べて衰退」していることの象徴であった［橋川１９８４：１０５］。そこに橋川は近代日本の明らかな変調を見ている。したがって、政府の「反動」は、単なる国民道徳・精神の頽廃に対する国家施策ではなく、国家が自らを保ちうるかどうかという抜き差しならぬ状況の中で行われた動きだったのである。他方、王仁三郎はその「戊辰詔書」を「神政復古」を命じたものとして「読み替え」、重視している。

この奇妙な重なりは何だろうか。すなわち、橋川と王仁三郎が「戊辰詔書」を重視していることである。しかしその意味は、「終焉」の兆候と見るか、「神政復古」の始まりと見るかで全くわかれているのである。

そのことも踏まえて改めて要旨を見ると、王仁三郎がそういった時代情況を敏感に看取して新たな活動を始めていたことが浮かび上がってくる。西洋思想の流入によって「冠履顚倒、順逆を誤まり、秩序を失」っている思想界や、また「酔生夢死の愚生活に満足せんと欲する」者たち（煩悶青年らも含まれるだろう）を、なおの「筆先」と自らが身に付けた国学的神道思想を接続した「神道」の「教理」によって批判する。しかしその思想は、一方で「平和、文明、自由、独立、人権を破る者に向って飽くまでも戦ふ精神」＝「日本魂」［大本七十年史編纂会１９６４：２７３］によって支えられている。（日本主義と西洋思想が混じり）なんだか矛盾しているようにも見えるが、それは、先に述べた「明治の終焉」における時代精神を王仁三郎が鋭く看取し、その矛盾を引き起こしている諸思想（大きく言って日本思想と西洋思想）を包含しようとしていたことの現れと見て取れよう。

すなわち、彼は理想の「日本」（あるいは「日本主義」）を普遍主義的で、「偏狭なものでも排外主義的なものでもない」〔安丸1977：95〕とすることで、現実の日本（主義）の矛盾を引き受け、突破しようとしたのであり、だからこそその理想を実現するためには「神政復古」という明治国家とは異なる未来を来たらしめねばならなかった。したがって大日本修斎会は、国民精神・道徳が「頽廃」していた時期に合わせて、王仁三郎が自らの神学によって国家主義的神道思想（伝統的ナショナリズム）を深化・強化させるために行った反動的・国粋主義的な動きだった、という一面的な決めつけによってとらえることは出来ない。たしかに国家主義的神道思想を説いてはいるが、それは明治国家の正統・伝統的権威としてのその思想を強化するために始まったものではなく、王仁三郎が時代の大変調を看取して始めた正統への「代替」としての、もっといえば「現実の国家を越えた」（＝「神政復古」）ものとしての「日本」の在り方を示すものである。

むろんこの時期にはまだ、表面的には伝統・道徳主義であって、これをそういった超国家主義として見るのは難しいが、第一に王仁三郎が「戊辰詔書」を「神政復古」を命じたものとしたこと（さらに「昭和維新」を呼号した際には「戊辰詔書」を根拠にその断行が訴えられた）、第二にもともとより「筆先」が「利己主義」の人々の改心と終末観思想を唱えていること、第三に王仁三郎がそれと対立しながらも、（「明治維新後に世に容れられなかった不遇の国学者たちの系譜」〔安丸1977：103〕を引く）自身の神学に接続させようとしていたこと、第四に橋川が、この時期に「大正・昭和期の思想的展開の萌芽」〔橋川2011：128〕を見、様々な「宗教的模索」がやがて超国家主義につながっていったと指摘していることを踏まえるならば、明治晩期の大本教は、伝統的ナショナリズムとそれを否定する潮流の分岐点に立っていた「半ば宗教的な修養団体」の潮流に属するものであったといえる。

言い換えるならば、「それ以前の伝統的ナショナリズム」を引き受けながらも、同時に、明治晩期にすでに、超越的価値を志向する超国家主義の萌芽をも有し、そこに新たな「日本」の胎動を見ていた超国家主義団体こそが、この時期の大本教だったのである。それは、のちの大正・昭和期に独自の皇道主義を唱える準備となった。

2　不安なる世相と皇道・大正維新――大正時代

大正期になると、霊学者で神道家でもある長澤雄楯から王仁三郎に伝承された「鎮魂帰神法」という人為的

「神がかり法」によって、大本教は一躍有名になる。それにより、心霊・霊魂に強い関心を持っていた英文学者の浅野和三郎や、「皇道」論に惹かれた海軍軍人などの知識人層が入信してくる。さらに、1916（大正5）年には教団名を「皇道大本」とし、その「皇道」論は多くの海軍軍人を引き付けた。なおの「筆先」は王仁三郎によって体系化され（『大本神諭』）、彼自身の国学的神道思想に接続されることで、「大正維新」なる革命論として表現されていく。そしてなおが1918（大正7）年にこの世を去ったことで、王仁三郎に主導権が移っていく。

大正期大本教の大きな特徴は、鎮魂帰神法と皇道・大正維新というキーワードによって説明されることが多いが、それには1914（大正3）年〜1918（大正7）年の長きにわたって戦われた第一次世界大戦が関わっている。

橋川は、その第一次世界大戦のシベリヤ出兵に際して、民衆が「生活上の具体的不満」［橋川1994：138］を爆発させた米騒動（1918（大正7）年）を、「昭和維新を現実的に触発した最初の契機」としてとらえている［橋川1994：62］。この全国的大事件は、のちの昭和維新の推進者らに「深刻なる暗示」と衝撃を与え、「日本国家はこのままでは不可」という認識を持たせた［橋川1994：61］。従来とは異なる右翼団体や、国家改造運動がこのあたりから勃興してくる。

その時代状況と大本教の台頭は重なっている。老壮会、猶存社、行地社などの国家革新運動団体を、大川周明らと結成した満川亀太郎は、そのことについて次のように書いている。

> 大本教が擡頭し出したのもこの時からである。……「梅で開いて松でおさまる坤金神の世になつたぞよ」……これはたしかに名文である。ロシア革命に胆をひやし、スペイン風に死の玄関にまでさまよひ、米騒動にこの先き世の中がどうなるかと恐れおのゝひた人心が、このお筆先に吸ひ寄せられたことは無理もなかつた［満川2004：166−167］。

ここで重要なのは、米騒動に代表される日本の極めて不安定な状況下で「恐れおのゝひた人心」が、大本教の「立替え・立直し」思想や予言に「吸ひ寄せられたことは無理もなかつた」という指摘である。やはり、大本教の台頭は第一次世界大戦にともなう社会不安と深い関わりがあった。

明治晩期から大正期に入ったころまでの大本教は、種々の機関紙誌を創刊して宣伝体制を整え、1914（大正3）年には、「直霊軍」なる宣伝・布教組織を創設して都市部への拡大をめざして活動を始めている。大正期の大本教を安易に一括りにすることは出来ないが、宗教学者の吉永進一によるなら、この時期の大本教の特徴は、「現世利益よりも、より求道的な関心や、宗教的予言によって大本教に向かった信者層」が居たことにあった［吉永2010：74］。それは満川の言う社会不安に大きな要因があった。

その中でも先に名前の出た浅野和三郎（1874―1937）に代表される求道的知識人の入信は重要である。その動機は種々あるが、「未来展望の閉塞の時代に、大本の唱える世界終末論、神国思想、鎮魂帰神法にひきつけられ」た点は共通している［栗原1982：192］。いずれも明治晩期の精神的亀裂の影響を直接的に受けていたのである。

浅野は、1915（大正4）年、すでに入信していた元海軍将校飯森正芳から紹介され、鎮魂帰神法によって「神霊の超越的存在を信じるようにな」り、入信した［吉永2010：75］。そしてなおの「大正10年立替え説」という予言が彼をとらえた。それはその年に、世界大戦の発生、日本の世界統一、そして後に述べる大正維新論に示されるような理想世界が現実に到来すること＝「立替え」を意味していた。したがって、浅野にとって「筆先」は「立替え」の予言・警告としてとらえられている。

その浅野らの影響で秋山真之など海軍軍人が入信したことはつとに有名である。彼らは、軍人として伝統的国家主義思想を若年より鼓吹されているはずだが、大本教に来て鎮魂帰神法によって「神の実在を経験」し、国家の「魂」＝「皇道」を見ようとした。これもやはり日露戦争後における伝統的ナショナリズムの動揺によるのだろうが、この例からも大本教が時代の裂け目の双方にかなり微妙に対応していることがわかる。明治晩期にすでに大本教にあった、伝統的ナショナリズムとそれを超越あるいは逸脱する志向とがかけ合わさった「皇道」論が彼ら軍人をとらえたのである。

さて、「大正維新」に話を移そう。それを概括的に言えば、

> 日本社会のあらゆる矛盾の原因を未完に終わらせた明治維新……を解決するための方法として提示されたのが、神意による「神聖復古」（祭政一致＝世界統一＝新たな楽土）の完遂—「大正維新」—であった。具体的な政策として掲げたのは、「世界大家族制度の実行」、「天産物自給の国家経済」、「私有財産の廃止」、「貨幣・租税制度の撤廃」、「国民の一般的男女の職業を制定」、「国民共同的な産業」などの実施だった［徐2018：57］。

となる。すなわち、明治以降の社会的諸矛盾を私有財産制度の廃止や農本主義的な自給自足の実現などによって解決し、そして日本を明治の「王政復古」から「神政復古」へと進めようとしたものである。国家ひいては世界の根本変革である。1917（大正6）年に発表された「大正維新に就て」という、その骨子を示した文章は次の一文から始まる。

> 皇道大本の根本大目的は、世界大家族制度の実施実行である。畏くも天下統治の天職を惟神《かむながら》に具有し給う、天津日嗣《あまつひつぎ》天皇の御稜威《みいず》に依り奉るのである。先ず我国に其《その》国家家族制度を実施し、以て其好成績を世界万国に示して其範を垂れ、治国安民の経綸を普及して地球を統一し、万世一系の国体の精華と皇基を発揚し、世界各国咸《みな》其徳を一《いつ》にするが皇道大本の根本目的であって、大正維新・神政復古の方針である［出口1973：155］。

一見、「大日本修斎会」時代のような、「正統な」国体的言説とほとんど差異は無いように見えるが、一方で「神政復古」や「世界大家族制度」といった聞きなれない言葉も出てくる。日本主義・天皇主義であることは確かだが「正統な」それとは若干のずれがあることを示唆しているようにも受け取れる。

筆者も含めたこれまでの研究では、こういった大本教の教義的文章を取り出して、それと公式の国体的言説との微妙な差異、すなわち前者が後者と同じような言葉を用いながらも「換骨奪胎」を狙っていたのではないかという、異端の天皇主義としての大本教を議論するものが多くあった。たしかにその要素はあったのだろう。しかしながら、それを橋川の超国家主義論に引き付けて考えてみると、そういった議論よりも、日本の社会矛盾に対し、「皇道」という正統性を掲げながら「真の日本」（＝理想では「神の国」・「ミロクの世」）を復活させようとした点が、大本教の天皇主義を考えるにあたってはより重要であるように思われる。先に引用した文章で社会矛盾について述べているところがある。

> 現代人生活の状態を目撃する時は、実に神聖なる祖宗の御遺訓に悖戻《はいれい》して居る事が、最も明かな事実である。安逸飽食して巨万の財を収め、且つ之《これ》を増殖して、益々蛮的欲望を逞《たくまし》うする。一方には僅々少額の資財を得むとして得られず、艱苦辛労其生を終るに至るものもあり、他方には日夜孜々《しし》として勤労し、猶妻子を養うに困難せるものもある。貧富の懸隔激甚なる事斯の如く、其状の惨然たるは何故ぞ。全くこれ人生悖《はい》理《り》上より湧起せる国家経済矛盾の因果的現象と謂《い》わねばならぬ。……
>
> 天運循環、茲《ここ》に世運の進展は、国祖国常立尊《くにとこたちのみこと》の世界の中心に顕現せられ、開祖の手を通し言を通じて、神聖なる皇祖の御遺訓を顕彰し給い、済世安民の鴻《こう》業《ぎょう》を、大日本皇国に因って大成せしめ給う、千載一遇の時機と成ったのである。現代世界の惨状を根本消滅せしめ、松の世・神国の世に復古せしむる天地神明の大経綸を、経済的国家家族制度と為すは、畏くも皇祖の御遺訓と、開祖の神諭に垂示し給える人本《じんほん》主義的社会経済の根本要義と為すのである［出口1973b：177］。

すなわち、現社会の貧富の格差の増大は「神聖なる祖宗の御遺訓」に「悖戻」している。したがって、「皇祖の御遺訓」（と「開祖の神諭」）に基づいて「済世安民の鴻業を、大日本皇国に因って大成せしめ」ねばならない。ここに、橋川の指摘する「国民の平等な「生存権」を保障する変革の原理」［橋川1994：59］としての「天皇」とユートピア思想が、あきらかにあらわれ始めている。

さらに浅野自身が書いた『大正維新の真相』には、「維新」によるテロを思わせるような文章がある。神人合一を前提に、「邪悪」の霊・神をもつ人間（浅野によれば「人類の屑とも云ふべきもの」）は「滅びて仕舞はねばならぬ」という主旨のことが述べられ、さらに、日本人は「身魂は概して皆優秀」だが、「現在正しき守護神の働いて居る者は甚だ乏しい」ため、そういった者は「地球の表面から一掃さるべき」と主張する［浅野1919：259

―264］。すなわち、「立替え」によって「利己主義」の人々が「一掃」されるべきだというのである。かなり激烈な言い方であるが、しかしこれ以降の超国家主義者が、資本家や政治家を取り除くべきだと主張したのと表面上はそう違ってはいないだろう。異なるのは、自ら手を下すことは主張されておらず、それが「立替え」によって、「神意」によって起こるとする世界観であろう。その意味では昭和のテロリストよりも「皇道」においてはラディカルである。

ところで、浅野は大正維新論によって王仁三郎と対立していたようである。「自分一人で、本当の教えが作り度いと云う決心を持って居った」［出口1974：213a］王仁三郎からすると、あまりにも激烈な「「世界の大改造」という発想は、もともと開祖なおの「筆先」に発するものとはいえ、浅野和三郎らの新参派がちょっと「独断的」に先走りしたもの」であり［松本2012：133］、その活動は「すでに王仁三郎の制御の及ばない臨界点にまで至っていた」［栗原1982：192］。そのため王仁三郎は「今日迄の浅野氏其の外の著述は、歴史のものはいいが、教理のものは全部間違って居るという事を書」き、『大正維新の真相』と云う本などは一冊も無くして、読ませない様にして仕舞った」そうである［出口1973a：214］。

その確執はここでこれ以上論じられないが、しかしそういった対立があったとはいえ、大本教・浅野―王仁三郎の大正維新論は、都市化によって生まれた「大衆」を「吸ひ寄せ」ていくこととなる。知識層だけでなく、大衆の欲望をもとらえたのである。

安丸良夫はこの時期の入信者、そしてその目的を次のように述べる。

> 一方では当時の社会的現実にたいしてはげしい不満と批判をもちながら、階級対立や階級闘争という迂路をへないでいっきょに救済されたいと望んでおり、その意味ではいっそう過激な思想を求めていた［安丸1977：110］

入信者は社会主義思想とは異なる方法・思想による「救済」を待ち望んでいた。安丸は、大本教の教義がその欲求に応えていたとする。

そのさい、大本教の教義は、はげしい終末観を説く点できわめてラディカルでありながら、他方で、(1)改心すればどの階級に属していても無条件に救われる、(2)天皇制国家の神話の実現をより純粋に至誠をもって実現しようとする皇道ラディカリズムであるがゆえに、日本の社会の公的タテマエにそった自己革新でありうる［安丸1977：110］

こうした理解は、極めて穏当なものと言えよう。しかし橋川の議論を踏まえるなら、やはりもう少し踏み込まねばならないだろう。すなわち、天皇をシンボルとした「革命」と大衆、という視点である。その点、松本健一の議論はより説得的である。

(大正維新の――引用者)社会変革の方向性は、「天皇」が絶対的権力であるという体制下にあって、それが絶対的権力であるがゆえに大衆を貧困や不平等や差別や抑圧から絶対的に解放してくれる唯一の革命的勢力である、という逆立したものであった。「天皇」はそこでは「革命」と同義語にちかい［松本2012：124－125］。

こうなってくると、この時期、維新を呼号してその「革新の具体的ヴィジョンを提示した」［橋川1994：108］超国家主義者北一輝の名前が脳裏によぎるであろう。たしかに軌を一にしている部分はあると思われるし、実際に大本教とも関係があった。しかし彼らの場合は「大衆のエトス」を引き受け、それを革命の力にしようという考えは薄かった。特に北は「深刻に日本の民衆の魂を洞察しえ」なかった［橋川1964：42］。

それに対し大本教の維新は、松本の言うように大衆から「変革的エネルギーを引き出」そうとしたものであった［松本2012：125］。「大本はその一神教的な構造(国家神道体制――引用者)の下で抑圧され、苦しめられている大衆のルサンチマン(怨恨)を解放する役割を担っていた」のである［松本2012：221］。

そこで重要な役割を果たしたのが超国家主義者の「天皇」＝「革命」を超えたその包括的なヴィジョンではなかったか。これまで述べてきた大本教教義の中心には、「神人合一」・「霊主体従」があるが、誤解を恐れず大まかにそれを図式化してしまえば、〈個(民衆・大衆)〉―〈地域・社会〉―〈日本〉―〈アジア〉―〈世界・地球〉―〈宇宙・神界・霊界〉が一直線につなげられている。

ここにはむろん、理想／現実が入り乱れている。しかし、大衆というこの時代に生まれた人々は、そのヴィジョンによって、〈個〉としての自分が〈宇宙・神界・霊界〉にまでつながっていく、逆に言えば〈宇宙・神界・霊界〉あっての〈個〉なのだという、直線的かつ自らが包括されているような感覚を持ったのではないか。そしてそれが現実の日本帝国では、「皇道」による維新として表現され、その成就を以って、日本ひとりでなく、全世界が「救済」されるのである。まさしく超国家主義・ユートピアである。

それゆえに、北一輝ら超国家主義者とは「天皇」＝「革命」において重なるが、そのヴィジョンは現実の「日本」にはとどまらない。たしかに大本教の大正維新に具体的な方法はほとんどなにも無い。北の『日本改造法案大綱』と比較すればその差は歴然としている。しかし王仁三郎―浅野が示したような維新論は、個から宇宙までがつながった世界観を背景に、「救済」への「方向」が示されていた点で、「知識」を持たない大衆がそう難しくなく共感できたのである（そうであればこそ信者がそれを婉曲して喧伝することも可能だった）。だからこそ大衆への訴求力は抜群だったのである。

しかし、まだそれは「可能性」の段階であった。活動をさらに拡大しようとするその矢先、30万人まで信者が増えた大本教は、国家から教義・活動の諸側面において危険視され、第一次大本事件によって大本教は活動の停止を余儀なくされる。その「可能性」は潰えたかに見えた。

3 「実践」する超国家主義へ――第一次大本事件後

第一次大本事件後、教団の壊滅こそ逃れた大本教だったが、活動方針の転換は必須であった。そこで王仁三郎は、『霊界物語』の口述を開始し、それを中心的教義とする一方で「筆先」を後退させた。この頃の大本教で重視されたのが、すべての宗教の「根」は「一」であるという「宗教統一」思想であった（大本教では「諸教大同」、「諸教同根」、「万教同根」などと表現される）。それは国際主義・人類同胞主義といった方向性とともにあった。

その思想を背景として行われた活動として、中国全土に広がり、政治的影響力を有した宗教・慈善団体「道院・世界紅卍字会」との提携・連合運動が注目される。紙幅の都合上、第一次大本事件後の活動を詳述することは出来ないが（詳細は［玉置2021a・b、2022］で論じているのでそちらを参照されたい）、その連合運動を中心に簡潔に述べておきたい。

1923年の関東大震災をきっかけに提携した大本教と紅卍字会は、まず1924年3月に紅卍字会初の海外支部神戸道院を設立した。これは大本教が主体となって運営された。それとほぼ同時期に王仁三郎は、紅卍字会の協力を得ながら「満蒙」への布教・行軍を行った（「入蒙」）。黒龍会系の大陸浪人や奉天特務、張作霖配下の将軍盧占魁、馬賊など王仁三郎に関わった各勢力の思惑が交錯する中で行われた入蒙は、結局、張作霖に捕縛されて終わり、王仁三郎は中国からの退去を命ぜられたが、日本国内ではその破天荒な行動に喝采が浴びせられた。第一次大本事件によって「邪教」の烙印を押された王仁三郎にとっては、この騒動は効果的であった。さらに、1925年5月には中国北京において、宗教的には「救世」を軸に各宗教を接近させることを趣旨とし、他方で政治的には日本側（大本教・黒龍会などの右翼・アジア主義者）による満蒙開発・大陸侵略の手段となった「世界宗教連合会」を結成する。日本国内でも、神戸道院の主唱で大本教が万国信教愛善会を結成し、日本宗教の集合を目指す活動を開始した。しかしながら、これらの活動は宗教者同士の対立やその政治的立場の違いによって早々に瓦解してしまう。

王仁三郎は「宗教統一」思想を宗教者中心に展開させていくことの困難さを認識したのか、その活動の対象を大衆へと向けていく。そこで結成されたのが、道院の〝実践団体〟紅卍字会を模倣した「人類愛善会」である。人類愛善会はそれまでとは異なり、宗教色を落とし、大衆に向けられた運動であった。その根底には大本教の世界観を有しながらも、「満蒙独立」のような政治主張を機関紙誌や各種のイベントなどを通して大衆に周知させる極めて新奇な取り組みであった。ここにおいて紅卍字会と大本教は組織・教義の両面で融合していく。

さらにこの後、人類愛善会は満洲全土に広がり（「満洲国」政府の閣僚にもかなり多くその信者・会員がいた。むろんどの程度の信仰だったのかはわからないし、そもそも日本の入信感覚と中国のそれは大きく異なるので、入信したことを以って大本教にそれだけの影響力があったというわけではない。ただ大衆から見ればその事実は絶大な力を持ったということを言いたいだけである）、満洲事変に際しては、関東軍や奉天軍閥の反国民党系の巨頭らと関わりながら、愛新覚羅溥儀を擁立しての独立国家構想を推進し、「満洲国」建国に大きな役割を果たした。

このあたりから「皇道維新」の言葉はふたたび大本教の前面に出てくる。しかしそれは王仁三郎の変節ではなく、すでに明治晩期でみたとおり、その「皇道」は、伝統的ナショナリズムとしての「日本」と、現実国家を超えた「日本」を包含していたから、彼にあってはなんら矛盾していない。その活動は、伝統的右翼、革新右翼、政治家、軍人、心霊主義者など多種多様な人物とともに、日本最大の国家主義団体で賛同者数800万人ともいわれた「昭和神聖会」を結成するまでに至る。そこでは天皇機関説排撃・海軍軍縮条約反対など、強力な国家主義運動を展開した。しかしながら、再び弾圧を受ける。1935年の第二次大本事件においては、教団施設がダイナマイトで爆破され、信者が大量に検挙されるなどして教団が壊滅させられた。

昭和戦前期の活動実態や、その思想的位置づけについての論及はのちの機会に含ませることにするが、これらの活動を見るとき、重要なことは、大衆のエトスを「実践」によって掬い取ったことである。すなわち、教義的言説を説くだけではなく、それに「実践」が伴ったのが大本教だったということである。それは大衆に訴えかけるものとして、大正期に比して更に力をもった。特に上に見たような紅卍字会との連合運動とそれにまつわる王仁三郎の「神話」は、昭和恐慌ののちに「満蒙は日本の生命線」という言葉が吹き荒れたとき、「満蒙」さえ獲ればすべての経済問題、自分の貧窮は解決されるのではないか、という、（かなり扇動を受けた）大衆の深刻な鬱屈を晴らすものとして、その眼前に現れたのではないか。そしてそれは先に述べた皇道の世界観によって支えられていた。反対に、日本の同時期の宗教団体は言葉では世界統一などを叫んでいても、実際の活動があまり伴っていなかった（たしかに海外布教を行った宗教団体は多いが、それは極めて偏狭に自らの教義を捧持しているものだったため、現地では非常に嫌われた場合が多かった）。また国家主義団体も偏狭な日本主義・国粋主義にやはり留まっていた。

だからこそ大本教の活動は極めて大きな説得力を持つものであっただろう。「満蒙」だけでなく、この時期人類愛善会はヨーロッパやアメリカなど「世界中」に（さほど大きくはなかったとはいえ）支部を有していた。そういう面からすれば、大本教の呼号する皇道・昭和維新は、大正期のところで述べて置いた通り、日本ひとりではなく、全人類を一挙に「救済」するものとして、大変な力を持ったと考えられる。

それは、①ウルトラ・ナショナリズム（丸山）、②超越的ナショナリズム（橋川）としての超国家主義に加え、③連合運動のような実践を伴うトランス・ナショナリズム。この3つの超国家主義の組み合わせによって、圧倒的な突破力と大衆への訴求力を持ったのである。それは、しかし、必然的に国家を喰い破るものであらねばならなかった。

III　超国家主義としての大本教

橋川文三は、時代精神の「大亀裂」にこだわった。日露戦争・第一次世界大戦は、もっとも重視されている。本稿も、その視点を大事として、また橋川が論じたことを想像して、大本教について論じてきた。

そこで明らかとなったのは、概括的に言えば、大本教という宗教は、時代精神の亀裂のはざまで生まれ、そこにおいてこそ展開出来たということであり、またその意味で大本教は、近代日本精神史の象徴と言えるということである。

以下に、冒頭に示した問題意識に沿って明らかになったことを述べておこう。

第一に大本教における超国家主義をとらえなおすことを目指した。これまで昭和戦前期に限定されてきた（ウルトラ・ナショナリズムの意における）大本教における超国家主義、という見方をとらえなおそうとした。橋川の日露戦争後に氾濫した「宗教」、そして思想的断絶という指摘を踏まえると、大本教が明治晩期にすでに、それまでの伝統的ナショナリズムと、それを超越する超国家主義の両方を有する「半ば宗教的な修養団体」の潮流に属するものであったことが明らかになった。その要旨には厳正・道徳主義的な文句が並ぶ一方で、「戊辰詔書」を「神政復古」を命じたものとしていたことは、その微妙な状況をよくあらわしている。すなわち、大本教における超国家主義は、昭和戦前期に限った話ではなく、明治、大正時代においても妥当するのであって、その萌芽が展開して昭和戦前期の超国家主義として現れたのである。故に昭和超国家主義は明治・大正の思想でもあるのだ。

第二に、橋川が超国家主義論において注目し続けた「宗教」に、教団としてのそれを位置付けることで、その議論の可能性を広げることを狙った。大本教の場合は、特に「大正維新」論において様々な人々から関心を集めた。鎮魂帰神法によって「神霊」の存在を認めた浅野ら知識人層が構成した「救済」のヴィジョンが、個が宇宙にまでつながっている感覚を大衆に持たせたのである。その一方で「皇道」という伝統的ナショナリズムと超国家主義の双方を包含した思想は海軍軍人らもとらえた。こういった教団を橋川の超国家主義論において考察すると、橋川はもともと大衆を射程に入れていたことが分かった。橋川は大衆をとらえていないのではなく、その前提を、時代論として我々に投げかけているのだ。それを引き受けるつもりで書いたのが本稿であり、その一端を示すことができたと思う。

　第三に超国家主義の3類型の組み合わせを明らかにした。上で見て来たような、ウルトラ・ナショナリズム、超越的ナショナリズムの両輪がすでに回り始めていた昭和初期にあって、大本教と道院・世界紅卍字会の連合運動に代表される実践的トランス・ナショナリズム活動がそれらと組み合わさったことで、大衆に対しそれまで以上の訴求力を持ったことを明らかにした。すなわち、「満蒙は日本の生命線」とされたその時期に、教義的言説に実践が伴っていたために、大本教は、800万人もの賛同者を得た、大規模な、まさしく超国家主義的運動を展開することが可能だったのである（テロ・クーデターとの関わりは今後論じてゆく予定である）。

　ところで、ここまで論じてきてようやく、やはり橋川の超国家主義論において重要なのは、近代日本における時代精神の矛盾・亀裂であると改めて気づかされる。大本教はそのはざまに立っていた一つの例に過ぎないが、第二次大本事件で壊滅的弾圧を受けたことを踏まえるならば、近代日本国家は、明治、大正を経た昭和戦前期において、徹底的にその矛盾・亀裂を一色に塗りつぶす「思想の圧殺」を行ったのである。

　しかしその行為が、戦後、超国家主義の一言で片付けられてしまう時、その時代に生きて、煩悶した橋川は、それをもう一度問い直さないわけにはいられなかったのだろう。そういう彼の視点から、あの時代を問い直す作業は、私にあってようやく緒に就いたばかりである。

引用文献

浅野和三郎（1919）『大正維新の真相』大日本修斎会
大本七十年史編纂会（1964）『大本七十年史』大本
川村邦光（2010）「救世主幻想のゆくえ――皇道大本とファシズム運動」竹沢尚一郎編『宗教とファシズム』水声社
栗原彬（1982）「郷の立替え立直し――出口王仁三郎」『年報政治学』33巻、日本政治学会

徐玄九（２０１８）「昭和維新運動―大本教・出口王仁三郎を中心に―」『専修人間科学論集　社会学篇』第8巻第2号、専修大学人間科学学会

玉置文弥（２０２１ａ）「道院・世界紅卍字会と大本教――提携初期における協力の実態と「満蒙」」『現代中国研究』46号、中国現代史研究会

玉置文弥（２０２１ｂ）「「神戸道院」・「万国信教愛善会」の活動と大本教」『文研会紀要』愛知学院大学大学院文学研究科文研会

玉置文弥（２０２２）「大本教人類愛善会・道院世界紅卍字会の〝融合〟と「満洲」―「東瀛佈道団」訪日と出口王仁三郎の「満鮮巡教」を中心に」小林隆夫・松下憲一・服部隆行編『菊池一隆教授退職記念論集　東アジア近現代世界の諸相』集広舎

出口王仁三郎（１９７３ａ）「開教四十周年」『出口王仁三郎著作集』第五巻、読売新聞社

出口王仁三郎（１９７３ｂ）「大正維新に就て」『出口王仁三郎著作集』第二巻、読売新聞社

出口王仁三郎（１９８２）「大日本修斎会創立要旨」池田昭編『大本史料集成』Ⅱ、三一書房

橋川文三（１９６４）「昭和超国家主義の諸相」『現代日本思想大系31：超国家主義』筑摩書房

橋川文三（１９８４）『昭和維新試論』朝日新聞社

橋川文三（１９９４）「昭和維新の論理と心理」／「日本ファシズムの思想的特質」／「昭和維新とファッショ的統合の思想」／「昭和思想」筒井清忠編・解説『昭和ナショナリズムの諸相』名古屋大学出版会

橋川文三（２０１１）「明治の終焉」中島岳志編『橋川文三セレクション』岩波書店

松本健一（２０１２）『増補　出口王仁三郎――屹立する最後の革命的カリスマ』書籍工房早山

満川亀太郎著、長谷川雄一編・解説（２００４）『三国干渉以後』論創社

安丸良夫（１９７７）「出口王仁三郎の思想」『日本ナショナリズムの前夜』朝日新聞社

吉永進一（２０１０）「大正期大本教の宗教的場――出口王仁三郎、浅野和三郎、宗教的遍歴者たち」『舞鶴工業高等専門学校紀要』第45号、舞鶴工業高等専門学校

（たまおき・ぶんや＝東アジア近代史）

論考

橋川文三と吉本隆明

高橋優香

本論では、戦後盛んに交流し、お互いの文章で言及しあっていた橋川文三と吉本隆明の関係について論じていきたい。具体的には両者の敗戦の受け止め方、敗戦を踏まえての戦後の歴史の捉え方を比較していく。

敗戦経験が両者の関係性において重要なものであるが、他にも彼らは共通項を持つ。橋川が処女作『日本浪曼派批判序説』によって戦前日本の浪曼派のあり方、また戦後における日本浪曼派の扱いに対する批判をしたことは有名であるが、吉本隆明もまた保田與重郎を通して日本浪曼派に触れていた人物であった。吉本自身が戦前の自身に大きな影響を与えた人物としてあげるほどに保田の存在は吉本にとって大きなものであった。

吉本は保田の文体を「なんともいえないリズムがあって、一旦引き込まれると、ちょっと内容がどうだっていうことよりも、こたえられない。[1]」と評している。日本浪曼派へ引き込む魅力を保田が持っているように戦前の吉本には映っていた。

この保田の文体に対する吉本の評価には橋川も同意している。さらに吉本は前述の保田の文体の評価と並べて、「その質は、太宰治の文体とそんなに違っていない」としてその類似性について述べた。

偶然か、必然か、太宰治経験もまた両者が共通項として持っている。二人とも太宰の自殺の約一年前に、太宰と酒の席で会っている。違った機会で、おそらく違った屋台での出会いであっただろうが、太宰から受けた印象をお互いが同席していたかのように思い出し、語り合った。橋川は、太宰の印象を「優しい人」、吉本は「軽い」と述べる。橋川は、吉本が太宰の軽さは、善悪の転倒、深刻さが軽さになって表れていたためと言うのに対し、橋川は太宰の優しさを「神さまみたいなものが背景に」あったのかもしれないと、両者はお互いの旧知の友を語るように太宰の内なる屈折と神秘性を語らった。

このように共通項が多い二人であるが、両者の関係を論じるにあたって、はじめに両者のお互いへの評価を確認しておきたい。

橋川から吉本へは、安保闘争の最中に品川駅構内にて全学連の集団の中で座り込みをする姿への言葉がある。

思想家・詩人であるかは問わない。ただてこでも動かない孤独な人間として坐りこんだ彼の姿が私の眼に今も鮮かに浮んでくる。（橋川文三「吉本像断片」[2] p. 57）

橋川は吉本の座り込みの姿から、吉本の意思の強さを感じ取っていた。近い時期の文章で吉本を評価して以下のようにも述べている。

吉本において私は、ある時代の行動をもっとも純粋に、根源的に支えたエネルギーが、その挫折の瞬間に、有効な自己否定、体験批判の方法に転生する限界的な例を見ることができると思う。（橋川文三「日本近代史における責任の問題」[3] p. 147-148）

総じて吉本の思想の「硬さ」のようなものを評価していることがわかる。

そして、吉本から橋川へは、橋川が一九八三年に逝去した際に吉本が寄せた文章がある。

わたしはいまもじぶんを、おおきな否定とのり超えの途上に歩むものとかんがえています。こういうわたしの眼からは、橋川さんは、すでに歴史の方法をわがものにした完成の人と映り、羨ましさに堪えませんでした。（吉本隆明「告別のことば」[4] p. 153）

思想的な強さを持っていると評された吉本だが、吉本から見た橋川ははるか頭上の存在であった。自身が経験してきた敗戦という「歴史」をどのように消化していくかを試行錯誤した両者はお互いを同じ道を歩むものとして認め合っていた。

それでは、ここで両者の歴史に関する考察に触れておきたい。

吉本隆明は、戦中、戦後の文学者や政治家の転向について論じた一九五八年の「転向論」[5]では、日本社会を「自己疎外した社会のヴィジョンと自己投入した社会のヴィジョンとの隔りが、日本におけるほどの甚だしさと異質さとをもった社会は、ほかにありえない。」[6]として、日本の社会の構造が及ぼした転向者の意識への影響に言及した。

一九六八年の著書『共同幻想論』[7]で戦後日本の国家を古代まで遡り、また人間の深層心理に着目して分析した。

一方橋川文三は、大正期の煩悶青年をはじめとして、政治において人間の精神がどのように位置づけられているかを論じた。また三島由紀夫の割腹自殺における三島の置かれていた心理的な状況への分析においても多く言及した。

両者は近い時期に生まれ、第二次世界大戦における日本の敗戦を経験した。敗戦は、二人に違った形の傷を与え、しかしながら戦後の傷の疼き方は政治における人間の精神への着目という点で似ていた。

1　吉本隆明の精神史への着目

両者の論じた精神史の分析をするにあたって、まず吉本隆明の日本社会についての考察を紹介したい。

前述の、橋川が吉本に「てこでも動かない孤独な人間」という印象を持った一九六〇年六月四日の品川駅における政治ストライキについて吉本は、「さよう、期待したものはなにもおこらなかった。いや、わたしたちは国鉄労働者指導部・全学連指導部・進歩的文化人・国民共闘会議指導部のそれぞれが演じた一場の茶番劇をさえみたのであった。」（吉本隆明「擬制の終焉」[8] p. 62）と述べている。これは、国鉄労組指導部に駅構内からの立退を懇願された全学連指導部が、立ち退くか否かの判断を「闘争の現場に着流しでやってきた是々非々主義のイデオローグに局面をゆだねた」（同前 p. 62）として、仲介に入った学者・文化人に判断を任せて主体性を失い運動が失敗に終わったことを述べている。

ある種の思想的な「硬さ」を持った吉本の目には、全学連指導部らのこの判断は「内実は崩壊の状態にある労働者運動の実体を象徴する」（同前 p. 63）ものであった。そしてこの原因を、「かれらは、大衆行動における大衆の意識構造を理解しえないで、ただ労働者大衆をイデオロギー的、組織的員数とかんがえて運動を総括した」（同右 p. 63）ためとしている。

そして、運動の失敗の原因をさらにこう述べる。

革命的労働者をいかに獲得しようとも、革命的という概念が、戦後の拡大安定期にはいった独占資本社会のなかでどのような実体構造と見あっているか、そこでの労働者意識の変化はどのようなものとなっているかの把握と見あわないかぎり、どうすることもできないことを、安保過程はおしえるものであった。（同前 p. 64）

孤独に座り込んだ吉本は、運動が労働者らの意識から乖離していっている様を見た。運動の参加者として、また労働者として吉本は日本社会が戦後期において実体を変化させ、また人々の意識も変化をしていると述べている。

このように政治的に、また観念的になった概念は、生活者としての人々の意識を置き去りにし、背離していく可能性が示されている。実社会と、人々の意識、精神の背離について吉本は戦前、戦中の文学者、政治家の転向のあり方に批判を加えた転向批判においても度々指摘している。多くは、現実から乖離した思想が「論理を空転」させていたというマイナス面の指摘であるが、「高い水準をしめした」と賞賛する転向の姿があった。

吉本は、上記の安保闘争に関する文章の以前に、一九三二年に投獄、転向を経験した小説家の中野重治をあげて、精神と、政治的活動の背離を逆手にとって再起した姿について言及した文章を書いている。

そこで吉本は中野の一九三五年の著書『村の家』[9]をあげて、作中で投獄された主人公が転向をして釈放され、実家に戻るもそこで執筆活動を続ける決意をしたことに

関して、

文学者が、文学者として政治家よりもはるかに高い水準をしめした例をこの主人公にみることができる。政治的活動を放棄するという上申書を逆手にして立ち上ろうとする鮮やかな文学者の例が、ここにあるのだ。(吉本隆明「転向論[10]」p. 12)

中野によって、『村の家』の主人公は公式には転向をしているために、政治の領域では転向者であるが、文学の領域でそれを表現することで真に非転向である姿が描かれている。吉本はこの主人公の「転向」を転向ではあるが、他の文学者らの転向とは違って、最後まで抵抗し切った形であったとして評価している。

以上のように吉本は観念や、精神、意識に着目して社会を分析した。敗戦による心理的な衝撃を出発点とする吉本が取る手法として、そこに驚きはないだろう。政治に翻弄される、また政治によって救われない人間の精神を考察することで、逆に政治の姿を明確にする試みがあったと考えられる。吉本は一九五〇年代から一九六〇年代の、転向をした文学者や政治家を批判する転向批判において、時に執拗なほどの当事者の心理分析をするが、政治と、精神、またそれを表現する文学との関係を浮き彫りにする試みであったとも言えるだろう。

2　橋川文三の精神史への着目

前節で吉本の中野重治の転向の特別さへの言及に触れているが、橋川も同様に中野の転向に言及している。吉本が文学者の転向の形の例として中野重治に着目したことに触れつつ、橋川は中野の転向について以下のように述べている。

「転向」において、いかにかえって社会の全体像に対する新たなヴィジョン構成が可能であり、それを基軸とする「第一義的」な思考変換が可能であるかを、中野ほど明確に示した文学者は稀であった。(橋川文三「日本近代史における責任の問題[11]」p. 155)

これは、一九三四年の板垣直子の「文学の新動向」という文章で、転向文学者らの政治的な主張を「第二義」とする生活からは、それらを「第一義」とする文学は生まれえず、彼らは転向せずに死ぬべきであったと述べていることを踏まえている。中野が『村の家』で示した転向の姿は思考変換のあるべき姿であり、またその「転向」は社会の全体像を描き出すことができる可能性を持ち、それでいてそれは稀であると捉えている点で吉本と橋川は似た見解を持っていた。

文学における政治的な主張を第一義とすることで、「転向」は社会の総体を描き出す機会となり得た。文学における人々の意識、精神の奔出が政治的な主張と重なり合う時、それは達成されると言えるだろう。

それでは、政治と文化が重なり合い、それによって第一義的とする世界観を作り出した三島由紀夫について橋川はどのように考えていただろうか。

橋川には、吉本に触れた文章も多かったが、一九五九年から三島由紀夫に関する文章も多く執筆している。ここでは橋川が戦後の三島の精神について書いた批評に着目したい。

橋川は「美の論理と政治の論理——三島由紀夫「文化防衛論」に触れて——」[12]において、三島の「文化防衛論」[13]を分析して以下のように述べた。

なぜ天皇は、二・二六事件をたんに秩序紊乱の行動としか見られなかったのか、なぜそこに生ずべきアナーキーにも「手をさしのべ」られなかったのか、というのが「文化概念としての天皇」論からする三島の恨みにみちた批判である。（橋川文三「美の論理と政治の論理」[14] p. 18）

三島の言う「文化概念としての天皇」ではなく、政治概念としての天皇による日本社会は二・二六事件のような人々の精神の奔流のような行動を異常事態として捉えることが限界であった。

三島の論じた日本の文化の源としての天皇、「文化概念としての天皇」を、橋川は天皇制や日本の政治構造から溢れた人々の精神を擁することができる存在であると分析した。

また、前節で吉本が人々、言うなれば大衆の精神と政治の関係について述べていることに触れたが、ここで橋川は政治の蔽うことができる範囲について言及しているので、紹介したい。

端的にいえば、それは「政治は人間のすべてを蔽いえない」という認識であり、凡そ一切の政治は、その存在の事実、その目的を含めて悪にほかならないと考えるものであったが、そこから、実は人間の生き方の二つの傾向が生れてくる。一つは、一切の政治からの引退であり、他の一つは、一切の政治に対する非政治的な反逆である。（同右 p. 20）

このように橋川は、政治から溢れてくる人間の内なる領域があると述べている。

政治と人間の精神の関係に関して、橋川は、明治三十六年に自身の自我の意味が不可解であると考えたために投身自殺をした藤村操をはじめとする当時の「煩悶青年」を以下のように説明している。

（明治三十年代の日本国家の発展と自身を重ね合わせた青年が多くいたことに触れて——筆者注）しかしそうしたオプティミスティクな上昇志向の反面、すでにその内部に、社会・国家の体制に同調することができず、同調化のための学校教育にどうしても適応できない青年たちの群もまた増大しつつあった。（橋川文三「石川啄木とその時代[15]」p. 195）

社会、国家の体制から溢れる精神を持った青年たちの存在があった。彼らは政治の領域からは想定しきれない存在であったと言えるだろう。橋川の歴史考察の着眼点は、そのような人間の精神であったと考えられる。

三島の「文化防衛論」に触れて、三島の、「文化概念としての天皇」ならば国家権力の外の無秩序にある存在にも手を差し伸べられるという見解はすなわち「政治概念としての天皇」は秩序の側にのみ存在するものであるということだと述べている。橋川の関心からすると、三島の想定した「文化概念としての天皇」のような存在はあくまで理想像であり、現状として依然、政治から取り残される人間の精神が存在しているということになるだろう。橋川は三島の思想の純粋さに対する感嘆も込めてこの文章を書いていたと考えられる。

他にも、橋川の一九六〇年にまとめられた「日本浪曼派批判序説[16]——耽美的パトリオティズムの系譜——」に見るように、自身の戦争体験、日本社会の戦争への向き合い方に橋川はこだわり続けた。その中で政治における人々の精神の位置付けとその疎外された関係性に着眼し、政治から溢れる人々の精神を考察した。

3　両者対談から見えてくること

ここまで吉本と橋川の歴史認識について考察してきたが、彼ら二人は一九七五年に対談をしている。太宰治についての対談[17]で橋川は吉本の国家の捉え方についての質問をしている。

> いわゆる従来の日本ファシズムとか国家主義というのを、信仰という見地、これはもう天皇制の問題だというふうにいえば簡単になりますけれども、それとは違って個々の人間の信仰ですね、そういうところから捉え直したらどうなるかと、これを吉本さんにむしろ聞きたいわけなんです。（橋川文三「太宰治とその時代[18]」p. 104）

橋川の関心は、日本社会の構造を個々の人間のレベルで微視的に見た時どのような姿をしているかというものである。この関心は個人の政治へ向きあう態度に対するもので、信仰という軸を設定して吉本の見解を求めている。

これに対して吉本は文学の面から見た政治の姿を述べている。

> 文学の面でいえば、（中略）文学が内向的になっちゃって、ちっとも積極的に社会の現に起りつつある問題に取り組もうとしないんじゃないかみたいなことを、まあそれほど単純じゃないですけど、そういう言い方をすることに対しては、ぼくは終始一貫懐疑的なんです。（同前 p. 104-105）

これは、文学は政治に対するものであり、また内向的であることによって人間の精神を表現するものとして考えていると考察できる。吉本の『共同幻想論』において「政治的な解放なんてものが非常に部分的にしかすぎない」、「人間的な解放というか根底的な解放というものがない限りは、文学は恣意性、自由としてしか現れえないわけです」と述べているように、文学と政治は対峙するものであり、恣意性を帯びて、また内向し、人間を人間たらしめる精神の部分の表現を可能にするものと考えられる。

吉本のこの回答は橋川の信仰を軸にした問いの答えとしてずれているように思えるが、個々人の、共同体、社会における在り方を答えたと見ることもできるだろう。

これは対談のほんの一部であるが、両者の政治と人間の精神の捉え方が近いものであることを垣間見ることができる。

4 戦後における自身の「煩悶」から生まれた思想家二人

このように両者の共通点を見出した。

両者ともに、戦中の自身、敗戦による挫折を経た自身の間にギャップがあり、そして、敗戦の衝撃から日本の社会、政治を批評する原動力を得た。また、その経験から政治では覆いきれない人々の心理状態、精神へと視線は移行していった。

自身が戦争前後に覚えた違和感を、単なる個人の感覚として捉えるのではなく、自身もまた、政治に翻弄され、取りこぼされた人々のうちの一人という意識があり、その点で両者は通じ合うところがあったのだと考えられる。

橋川は三島の作品についての批評において、敗戦を分析して以下のように述べている。

> 敗戦は彼らにとって不吉な啓示であった。それはかえって絶望を意味した。三島の表現でいえば「いよいよ生きなければならぬと決心したときの絶望と幻滅」の時期が突如としてはじまる。少年たちは純潔な死の時間から追放され、忍辱と苦痛の時間に引渡される。あの戦争を支配した「死の共同体」のそれではなく、「平和」というもう一つの見知らぬ神によって予定された「孤独と仕事」の時間が始る。（橋川文三「夭折者の禁欲——三島由紀夫について——」[19] p. 32）

約束されて秩序立った、政治的に「正しい」死への道が閉ざされ、新しい秩序の中の新しい生を生きねばならない絶望と幻滅、人生そのものを否定されるような衝撃が三島によって表現されたと橋川は読んでいる。

　橋川自身の敗戦時については、桶谷秀昭が分析して以下のように述べている。

　橋川文三は、そこで、あまりにしばしばいわれる世代的な体験の共通性という概念から、日常性の方へじぶんの実存を解き放つ必要をひそかに感じているように思われ…（桶谷秀昭「戦争体験と戦後思想――吉本隆明、橋川文三、山田宗隆を中心に――」[20] p. 219）

　橋川の敗戦時の心理状態は、戦時中から、その後の平和へ自身を移行させなければならない苦痛があったのだろうと思われる。

　吉本は敗戦時に「恥ずかしさ」を感じたと言う。戦時中の自身へのあまりにも素早い否定が敗戦という形で現れ、そのなかで自身を受け入れられないがために起きた感情だろうと考えられる。

　敗戦は、橋川と吉本に心理的な変化を強いて、そして両者ともそれに対する強い抵抗を感じた。その後急速に変化していった日本社会の残像を残すものは、秩序もとい政治から取りこぼされた自身の精神であり、日本国民の精神であった。

　両者が感じた違和の理由を追う術はおそらくそこにしかなかったのだろう。

注

1 橋川文三「太宰治とその時代」（一九七五年）橋川文三『橋川文三対談集　歴史と精神』（一九七八年、勁草書房）

2 橋川文三「吉本像断片」『現代詩手帖』（一九六二年、5（5）、思潮社）

3 橋川文三「日本近代史における責任の問題」橋川文三『橋川文三著作集4』（一九八五年、筑摩書房）

4 吉本隆明「告別のことば」（原題「告別のことば――橋川文三――」初出一九八四年）吉本隆明『追悼私記』（二〇〇〇年、筑摩書房）

5 吉本隆明「転向論」（一九五八年）吉本隆明『吉本隆明全著作集13』（一九六九年、勁草書房）

6 同右　p. 7

7 吉本隆明『共同幻想論』（一九六八年、河出書房新社）

8 吉本隆明「擬制の終焉」（一九六〇年）吉本隆明『吉本隆明全著作集13』（一九六九年、勁草書房）

9 中野重治『村の家』（一九三五年）

10 吉本隆明「転向論」（一九五八年）吉本隆明『吉本隆明全

著作集13』（一九六九年、勁草書房）
11 橋川文三「日本近代史における責任の問題」橋川文三『橋川文三著作集4』（一九八五年、筑摩書房）
12 橋川文三「美の論理と政治の論理——三島由紀夫「文化防衛論」に触れて——」（一九六八年）橋川文三『三島由紀夫論集成』（一九九八年、深夜叢書社）
13 三島由紀夫「文化防衛論」（一九六八年）
14 橋川文三「美の論理と政治の論理——三島由紀夫「文化防衛論」に触れて——」（一九六八年）橋川文三『三島由紀夫論集成』（一九九八年、深夜叢書社）
15 橋川文三「石川啄木とその時代」（一九七四年）橋川文三『橋川文三著作集3』（一九八五年、筑摩書房）
16 橋川文三「日本浪曼派批判序説——耽美的パトリオティズムの系譜——」（一九六〇年）橋川文三『橋川文三著作集1』（一九八五年、筑摩書房）
17 橋川文三「太宰治とその時代」（一九七五年）橋川文三『橋川文三対談集　歴史と精神』（一九七八年、勁草書房）
18 同右
19 橋川文三「夭折者の禁欲——三島由紀夫について——」（一九六四年）橋川文三『三島由紀夫論集成』（一九九八年、深夜叢書社）
20 桶谷秀昭「戦争体験と戦後思想——吉本隆明、橋川文三、山田宗睦を中心に——」桶谷秀昭『近代の奈落：桶谷秀昭評論集』（一九六八年、国文社）

（たかはし・ゆか＝日本思想史）

橋川文三ベストコレクション

中島岳志　杉田俊介　選

リード文執筆：杉田俊介

テロリズム信仰の精神史

橋川の思想の危うさと批判精神が共存する論考。右翼テロリストには、日本の民俗の根源に根差すような楽天的な信仰（国学者が幽顕思想と呼んだもの）があり、それは狭義の国体論や近代天皇制をも踏み破るものだった、と。

1

テロリストは、とくに日本の右翼テロリストは、その死生観において、ある伝統的な信仰につらぬかれていた。それは、かんたんにいえば、己の死後の生命の永続に関する楽天的な信念であり、護国の英霊として祭られることへの自愛的な帰依であった。そして、まさにそれを保障したものこそ、日本の国家神道と天皇信仰とにほかならなかった。いまその保障なしに右翼的テロを敢行することは、二重の悲劇というほかはない。要するに、かつて超国家主義形成の基本的装置として機能した神国理念と天皇信仰の復活なしには、殉国のテロリズムはそのもっとも深い信仰的基礎を与えられないのであり、たんなる殺人行為としか認められないのである。もし、然らずとすればそれは現代日本の国家原理そのものの破壊であり、日本人の精神生活における原理的潰乱となるはずである。

そのような観点から、私は、日本の右翼思想といわれるもののうち、とくにテロリズム信仰の底にある固有の霊魂観の政治的作用を追求し、それが現在の日本の運命に対して、いかなる意味を有するかを探ってみたい。とくにその場合、前の戦争が日本人固有の死生観に対して、いかなる変化を及ぼしたか、そして、それが戦後社会のカルチュアにいかにひきつがれたかを問題としてみたい。

それは、われわれが己自身の内面にふかくひそむ潜在的な諸傾向を知り、戦争と戦後の歴史をとおしてわれわれの学びとったものを確かめる手つづきの一つでもある。いかなる議論も行動も、己自身を知ることなしには有効でないことはいうまでもないからである。

日本の固有信仰の中には、もともと基本的人権の思想は存在しない。それはアニミスティクな自然宗教においては一般に共通した事情ではないかと思われるが、その事情をもっとも端的に示すものが、国学において「幽顕思想」とよばれるものであろう。

あらゆる人間は、いかに未開の段階においても、生と死の問題、此岸と彼岸の問題についての一定の解決方式をもっている。それはその民族のカルチュア一般に浸透して固有の信仰形態を発展せしめるわけだが、わが国の固有信仰では、霊界と現世の交渉に関して、一種特有の解釈が与えられている。そして、それは、広範に民衆の生活慣習の中に融け入っているために、理知的には拒否されながらも、いまもなおその生活機能を果たしていると思われる。いわば基本的人権の不在を前提とする生活慣習は、決していまも失われていないということである。

本居宣長によれば、固有信仰における幽事《かみごと》と顕事《あらわしごと》の差別は、大国主命と皇孫尊の約束にもとづくとされている。すなわち、前者が神々の仕わざを司どり、後者が人間界の事柄を管理するという定めがあるというのだが、その場合、次のような説明が加えられている。

「さて世中の事は、みな神の御はからいによることとなれば、顕事とても、畢竟は幽事の外ならねども、なお差別あることにて、其差別は譬えば、神は人にて、幽事は人のはたらくが如く、世中の人は人形にて、顕事は、其人形の首手足など有て、はたらくが如し。かくてその人形の色々とはたらくも、実は是も人のつかうによることなれども、人形のはたらくところは、つかう人とは別にして、その首手足など有て、それがよくはたらけばこそ、人形のしるしはあることなれ。首手足もなく、はたらくところなくては、何をか人形のしるしとはせん。此差別をわきまえて、顕事のつとめも、なくてはかなわぬ事をさとるべし。」（『玉くしげ』）

この考えによれば、人間は死してはじめて独立の主体として行動しうるのであり、生きている間は神々のロボットにほかならないことになる。しかもそのロボットはロボットらしく行動（?）することをつとめなくてはならない、というのである。そこにはもとより生きている個人の人権も、したがって責任も成り立たない。ただ、幽事の世界——霊魂共同体に帰属することによってのみ、はじめてロボットでなく、人間となるという思想である。

この思想は、一見そう見えるほど非現実的なものではない。たとえばルース・ベネディクトが日本文化を論じて、その「恥の文化」性を強調した場合にも、それは一定の論理的操作を行なうならば、宣長のいうところに一致してくるはずである。たとえば、ロボットはもちろん「罪」と「責任」を感じることはない。しかし、宣長のいう意味で、それぞれのつとめをもつロボット相互の間にはいかなる行動準則が生じうるかを問えば、それはまさに「恥」とか「義理」とか「世間体」とかの日本的共同体規制とよばれるものにほかならないはずである。要するにそこには、神々の権利——具体的には「祖霊の力の融合」（柳田国男）としての「家」の権利はあっても、人間の権利は存在しないという伝統的神学が認められるはずである。

日本人は人命を尊重しない、といわれる。しかし、それは決して野獣的な粗暴ということではなく、かえって逆に、日本人が子供を可愛がる（甘やかす）ことはよく知られている。しかもまた、日本人が死の道づれに子供を引き入れる残虐さも不思議なように見られている。そのような矛盾となぞは他の生活局面においても少なくないのだが、その根底にある習俗としての神学の核心は、たとえば宣長の説明によって解かれているといえよう。

このような固有の神学思想は、一定の条件のもとでは、容易にいわゆる人権の抹殺をひきおこし、しかもそこに責任や罪を感じることのない心性をつくり出す。右翼テロリストにおいて「一殺多生」という仏典的発想が結びつくのも、そのような固有の死生観念を媒介とすると考えてよいと私は思う。「汝殺すなかれ」という人格神の絶対的戒律が与えられていない場合、そこには、いかなる残虐も本来的な生命への責任感をよびおこすことはないからである。

しかし、そのような惟神の人権不在の状態が、そのまま政治的テロリズムの源泉となるというのではない。思想史的にいえば、それがとりわけ政治的テロリズムを正当化するにいたったのは、幕末の社会的矛盾の激化から生まれた排外主義的変質の結果であったといえよう。宣長から篤胤にいたる復古神道の変化はそれを物語っているが、その過程で、現代の右翼にまであとをひく種々の発想や用語法、行動様式が形成されたとみてよいであろう。そこでは本来は祖霊信仰の粗樸・温醇な形態であったものが、極度の攻撃性と排外性をおびるにいたった。その過程のくわしいあとづけはここでの主題ではないが、そのような変質の一つの典型として、現代テロリズムの祖型ともいうべき事件をかんたんに見ることにしよう。明治九年、熊本におこった神風連の行動がそれである。

　神風連の思想は正統的な国学の流れを汲んでおり、敬神党の称からもわかるように、不平士族の反乱というより、むしろ純粋な神道信仰にもとづく行動であったと考えられる。かれらが、自己の霊の働きということについて、後述の平田篤胤と同じような信仰をいだいていたことは、その遺文・和歌などからうかがうことができるし、さらにその蹶起の時期といい、敗戦後の自殺の可否といい、すべて神慮をたずねて決定したというあたり、彼らの固有信仰の姿を物語っている。その場合も、かれらの死生観が平田派国学的な幽顕思想にいろどられていることと、それがかれらの殺人のエネルギーを媒介していることは理解に困難ではない。

　しかし、そのような思想は、のちにかえって明治政府にとりあげられ、その靖国神社の信仰に体系化されたと見ることができる。前者においては、その思想は神意による殺人の根拠となり、後者では、それは同じものによる正統的殺人の承認となる。いずれの場合にも、人間は顕の、もしくは幽冥の神のロボットであることにかわりなく、そこに人間の責任は神々の手に委ねられてかえりみられない。神風連の発想がその後久しく日本の右翼に継承され、その和歌の作風などがたとえば山口二矢あたりにまで作用していることは偶然ではない。

　敗戦直後、大東塾生十四人が代々木で自刃した事件があるが、その場合に抱懐された死生観のごときも、ほとんど正確に国学的幽顕思想をひきついでおり、非常事態に処するため、幽冥の神々への復奏《かえりごと》のためにことは行なわれている。そこでも、すべては「神意の遵奉にして、人意の執行たるべからず」という思想にしたがい、自刃の決意と行事とが行なわれたのであるが、かれらの行動は、一面において「今次聖戦の遂行を回顧する場合玉鉾の発動は完く逆であり」、その理由は「即ち聖戦の目的不明なるによる」という悲劇的批判を含んでいたという点において、一般の戦死者と同様に見なしうるものであった。

2

一般に人間のエネルギーが最高度に発揮されるのは政治的闘争においてである。つまり、カール・シュミットのいう意味で、存在そのものの抹殺を究極の目的とする政治的敵対——戦争において、人間はまさに生死を賭した力をあらわす。その場合、そのエネルギーの噴出をもっとも有効に保証するものが死に対する覚悟の徹底であることはいうまでもないであろう。

しかし、その場合、そのような準備（覚悟）を調達するものは、その社会の支配的なイデオロギー、とくに固有の信仰であることはいうまでもない以上、われわれの場合も、そのように信仰に含まれる死生観は、当然戦争の中でもっとも鮮明にあらわれるといえよう。

戦争中、日本人を死に追いつめ、もしくは死に直進せしめた信仰はいかなるものであったろうか？　われわれは、一般的にはその原理をよく知っている。「天皇陛下万歳！」「大日本帝国万歳！」という叫びにこめられた献身と帰一の原理がそれであったことは、誰でもが知っている。しかし、幾十万の兵士たちがその同じ叫びを叫びながら斃れたといわれることは、すなわち、彼らがその死を承認し、光栄とする信仰を告白したものにほかならなかったのかといえば、そこにはもう少し深く考えておくべき問題がある。

たとえば、時代をさかのぼって、日清戦争期の日本青年の「信仰」の透明さに対照するとき、われわれは、あの大戦期における日本人の心理の混沌としたくらさに気づかないではいられない。ラフカディオ・ハーンの記録した教え子の一日本青年との対話——


「君は学校で天皇陛下の為に死にたいといったことがありましたね。」

「ハイ」と笑いながら彼は答えた。「そして其機会が来たのです。（略）戦争で死ぬのは名誉です。戦死者の家族は政府で世話して呉れます。（略）ただ——子息がなくって死ぬのは一番悲しむべきです。」

「子供があったって死者には何の役にも立つまいじゃないか。」

「子供があれば後を継ぎます。家名を保存します。そして供養を致します。」

「死者への供養ですか。」

「そうです。」

「事実は分ったが、感情が僕には分らない。軍人は皆、今でもこんな信念を持っていますか。」
「有っていますとも。」
「君はほんとに死を生と同様に、又光と同様に考えますか。」
「そうですとも。」微笑しながら答えた。
「我々は死後も家族と一緒に居ると思います。両親や友達にも逢うでしょう。即ち此世に遺って居るでしょう。――今と同様に光を見ながら。」（ハーン「叶へる願」）

ハーンの記録したこの青年の信仰が、果たして日清戦争当時一般にいだかれたものかどうかは問題かもしれない。しかし、それは一般の日本人の心情が、その個々の苦悩や疑惑にもかかわらず、最終的に収斂すべき信仰の定型として与えられたものであったことは間違いないであろう。ただ、それほど純粋な形で語られることが少なかったというまでであろう。

ここに述べられた死生観は、本質的に日本の固有信仰を正確に伝えている。たとえば、死後もまた現世にとどまるという霊魂観は、封建期の国学者によって次のように説かれたものと同じである。

「……人の死て、その魂の行方は何処ぞと云うに、ことわにこの国土に居ること、古伝の趣と、今の現事実とを考えわたして、明かに知らる……そもそもの冥府〔＝霊界〕と云うは、この顕国〔＝現世〕をおきて別に一処あるにもあらず、直にこの顕国の内いずこにも有なれども、幽冥にして、現世とは隔り見えず、云々」（『霊能真柱』下）

平田篤胤の霊界＝現世合一の主張は、師宣長の説くところと異なっているが、むしろ日本の民俗的信仰において、篤胤の所説の方が正しかったといえよう。柳田国男は日本における神々の現世的・公共的な役割の特異性を説いたのち「斯ういうことが果して我々の霊の、死してなお永遠の此邦に安住する姿を信ぜず、それが一団の清い力に融合して、未来に光被するということを信じない者に、為し得られることでありましょうか」（『神道と民俗学』）と力をこめて述べている。しかし、ここではそのような固有信仰の姿が、日清戦争時代の一青年の言葉に鮮かに映じていることを見るだけでよい。

ところで、前の大戦において、われわれの同胞はどのような信仰によって自らの死を（そしてその逆に敵の殺戮を）正当化したであろうか。われわれは、まずそこに、上記青年の場合よりも多くの個人的苦悶と信仰の混乱があることを認めざるをえないし、ついで、にもかかわらず、伝統的な幽顕思想にみちびかれて、祖国への霊的な帰還と定住の信条が保たれていることを見るであろう。

たとえば『世紀の遺書』（巣鴨遺書編纂会編）に収められた戦犯処刑者七百人の遺書・遺稿をつらぬいているものも、もはや決して「死を見ること帰するが如き」国家宗教への帰依ではなかった。『きけわだつみのこえ』の場合もそれは同様である。いわば全体としてそれらの死者たちは、たとえば上記の明治青年の場合のような、純粋な信仰をいだいてはいなかった。かれらはその死の後に、みずからの霊魂の祭祀について、決して公共と国家とに信依することはできないと感じていたのである。このことは、日本超国家主義の破綻をいわば霊魂の位相において示す事柄であり、より端的にいえば、日本の超国家主義の展開にあれほど有効であった「靖国神社政策」の破綻をも意味していた。そして、そのことが、実は戦争ののちの時代相と、そこから生まれてくるテロリズムの倒錯をも暗示しているのである。

「靖国神社政策」については、幸いに神島二郎のすぐれた解明が与えられている。かれは上に引用したハーンの記述を説明しながら、次のようにいう。

「まことに、青年の言葉には、〈家〉意識のすべての特徴が見出される。子孫の追慕、家名の保持、供養の永続、死後の共生、どれひとつとして〈家〉意識のあらわれでないものはない。ただ違うのは、（略）記念碑の建設や国民の崇敬を信じて〈天皇陛下の御為に死にたい〉といっている点である。（略）その論理は、あたかも〈家〉に奉仕した先祖の霊魂が〈家〉の祭祀によって永く保持されるとともにその子孫を守護すると同様、〈国〉に殉じた人々の霊魂は国民の礼拝をえて永久生命を獲得するとともにその〈国〉を永遠に防護するということであった。こうして、日本人古来の信条と念願とが継承されることになったが、それは、けっしてかれだけにとどまらず、他の青年たちも同様だったから、天地は崩れ山川は裂けても動かぬ御代を防護することが、かれらの使命とされ〈護国の鬼〉となることは、かれらを誘うてやまぬ理念となったのである。」（『近代日本の精神構造』）

神島によれば、このようにして日本人の固有信仰としての祖霊崇拝と子孫との共生という念願を時代の要請に結びつけ、そこに「国家防衛の意志を造出したものこそ、じつに靖国神社の政策にほかなら」なかったとされる。

しかし、この問題の推移についての立ち入った考察はおいて、われわれは、戦争期の日本人の心意を、その死後についてのイメージについて顧みる必要がある。それは、いわば敗戦に先立って、上述のような制度化された死生観の解体を示している。

「私の葬儀などは簡単にやって下さい。ほんの野辺送りの程度で結構です。（略）墓石は祖母様の様に立って下さい。（略）私の仏前及び墓前には、従来の供花よりも〈ダリヤ〉や〈チューリップ〉などの華かな洋花を供えて下さい。これは私の心を象徴するものであり、死後は殊に華かに明るくやって行きたいと思います。美味しい洋菓子もどっさり供えて下さい。私の頭に残っている仏壇は余りにも静か過ぎた。私の仏前はもっと明るい華かなものでありたい。仏道に反するかも知れないが、仏になる私の願う事だからよいでしょう。そして私一人の希望としては、私の死んだ日よりは寧ろ私の誕生日である四月九日を仏前で祝って欲しいと思います。私は死んだ日を忘れていたい。我々の記憶に残るものは、唯、私の生れた日だけであって欲しいと思います。」（『きけわだつみのこえ』所収、木村久夫遺書）

このような遺書にあらわれた心情の一部は、まさにハーンをおどろかせた青年のそれと同じである。しかし、そこに「靖国」の信仰告白の言葉がないことはともかく（木村久夫は昭和二十一年、シンガポールで刑死している）、とくに傍点を付した部分にあふれている心情にいたっては、もはや決して靖国に祭祀されることを希望さえしないもののそれである。それは、むしろ護国のための死という理念を否定し、一個の個人として生をうけた日の記念を希望することによって、国家から切れた人間そのものの再生を願っているのである。その場合、彼の死後のイメージは、再びあの伝統的な固有信仰の原型に還っている。そして、そのことは、戦後社会におけるカルチュアの原型の暗示ともなるものである。

『世紀の遺書』に収められた死者の最後の思いは、文字どおり千々に乱れている。それはその人がいかなる宗教を信じているかにかかわらない。ただ、大まかにいわれることは、死者の念願が「祖国」再建のための「犠牲」という一点に絞られているものと、もう一つは、「祖国」をいわず、ただ「家族」への冥護の約束に絞られているものとがあり、天皇信仰と「靖国」の告白は思いのほかに少ないということである。そしてその思考の乱れは、あるいはキリスト教、仏典、漢詩等々の渾然とした用語で綴られているが、全体としては、仏教的無常感と神道的幽顕思想のあらわれが支配的である。

「……一粒の米が死んで多くの新しき米を作り出す。花は咲く、然し実を結べば花は散る。……我々の犠牲死が日本再建の犠牲となれば全く本懐である。（略）諸行無常、是生滅法、生滅滅已、寂滅為楽、この道理は充分弁えている積りである。日本人として悠然と死んで行く積りである。（略）さし招く仏の御手に抱かれて国安かれと我は逝くなり。（略）子等よ技術家たれ。世に強く自立し得る者は大小にかかわらず技術を有する者なり。（略）人間ガ人間ヲ殺ス。コレ程非人道的ノコトハナイ。仮令法律ニ依リ悪ヲ責ムルモ殺ス必要ハナイ。無期ガ最高ダ。（略）子等よ、早く宗教に入れ。仏教、キリスト教何れにてもよし。我死後法要供養必要なし。子等に依る線香一本にて可なり。其の費用は挙げて家を興せ。そして母を安堵せしむべし。」（久留田巌遺稿）

同じ人間によって記されたこのような思考の乱れは、そのまま現在のわれわれが生死の境におかれた時に示すであろうのと同じ錯乱ではないであろうか。そこには戦争から戦後にかけて、日本人の生命の理念を規定したいくつもの契機がひしめいているといえよう。それはある意味では固有信仰の原理を保存し、ある意味で何らの安心をも見出しえないでいるものである。

しかしその多くのものが、ほとんど絶叫のように訴えかけているものは、やはり「家」と「子孫」への帰依と共生の念願であるといえよう。

「最後に久子に大切なことを願う。聞いてくれ。夫の貞次の体を取返す最良の手段は、三人の子供を殺さぬことであるぞ。良く聞いて呉れ。頼む。（略）これで一切を固く信頼して、永久の眠りにつくことができる

であろう。」（平松貞次遺言）

私のいいたいことは、これらのいたましい遺書に示された死生観の錯乱は、かつて、明治国家の創設した「靖国」の体系の潰乱にほかならないということである。日本人は、あの戦争の過程において、とくに敗戦の事実性によって、自らの霊魂の回帰すべき場として、もはやただ固有の祖霊信仰しかもちえなかったということである。「祖国」といった場合も、それはむしろ己の墳墓の地のイメージの拡大として描かれているのではないだろうか。それどころか、場合によっては、自らの帰着すべきところに無関心な拒絶を示したと思われる死生観さえみられる。

「ホッとした。これで気がせいせいした。何故だか知らないが非常に自分はうれしい。私は生きる喜びをはじめて知って嬉しい。唯皆と別れるのが一番悲しい。」（和田実伝言）

このように言葉をのこした二十三歳の元憲兵は、刑場に赴く途中、小川を渡るとき、教誨師に次のように尋ねたという。

「この川は何処へ流れる川ですか。」

この時、かれは何を信じていたのであろうか。かれは自らの霊魂の行方にもはや心を煩わさなかったのではないだろうか。

3

明治維新から敗戦にいたる歴史のサイクルは、日本の超国家主義形成に有力な役割を果たした天皇制の変革とともに、靖国神社の地位の変化によって端的に示される。本来、靖国神社は、天皇自らが「今ヨリ後弥遠永ニ怠ル事無ク祭給ハントス」の祭文の約束にしたがい、国家の重大事件にはそのつど礼拝と報告とが行なわれたものであった。たとえば日露開戦に当たっては「海路陸路ニ射向フ寇等ヲ速カニ伐チ平ラゲ、食国ノ大御稜威ヲ天下ニ照リ輝カシ、平和ヲ弥遠長ニ克復サシメ、常磐ニ堅磐ニ守リ幸ヘ給ヘト白給フ」との天皇の依命が護国の霊に向かって告げられている。しかし、戦後はもとよりそのことはなく「現人神」と護国の「英霊」との交流は断たれている。「国民統合の象徴」たる天皇の依命によって「護国の鬼」とその子孫たちが国を護るのではなく、国民の統合はただ国民によって護られるほかはないというのが現代日本の基本原則である。靖国の「英霊」は超国家主義から解放されたわけであり、そのことの意味を別にいいかえれば、殉国の理念は、かつて必然的にはらまねばならなかった倫理則との矛盾から解放されたということでもある。

靖国の理念が、倫理則との微妙な撞着にぶつからざるをえなかったということの例として、吉野作造の筆禍問題をあげることができる。かれは、大正九年十二月号の『中央公論』に「神社崇拝の道徳的意義」という論文を書いた。そこで提起された問題は、ある不道徳な悪党が神として靖国に祭られており、天皇の礼拝をうけることに疑問を感じた一人の子供の質問に対して、その父親が答えに苦しんだという内容のものである。この論文は、のちに「帝国新報」によって国体侮辱の理由で攻撃されたといわれるが、そのような問題が生じえないのが現在の憲法の原則である。それは「人類の多年にわたる自由獲得の努力の成果」たる基本的人権の倫理則に矛盾することのありえないものである。そして、それを犯す者を、決して神（信仰の対象）として祭ることのない原則を根底としている。

このようにして、日本人はその霊の帰着と存在形態に関して、自由な信仰をいだきうることとなった。そして、そのことこそ、実は、日本の右翼テロリズムの思想的根拠を奪うべき変化であったはずであり、同時にまた、戦後派テロリズムを生み出す新たな状況の出発点ともなったものである。ここにわれわれは、改めて戦後日本国家の変質と、その中から生まれる「愛国的」テロリズムの問題にゆき当たるわけである。そしてその場合、最大の問題点となるものは、戦後日本社会の変化過程において、日本人の霊魂の形成と消滅の単位的場面となる「家庭」が、その伝統的な固有信仰をどのように変質せしめ、そこに新しいテロリズムを培養しつつあるかという問題であろう。たとえばラスウェルは、その『精神病理学と政治』において、政治的テロリストのケース・スタディによって「父親憎悪」をテロリストのパースナリティにおける一般的モチヴェーションとして指摘している。そのような事情が戦後日本社会にも指摘されうるとすれば、そのようなパースナリティ形成の契機と、これまでに述べてきた日本人の固有の「神学」とは、どのように関連するであろうか、が中心的問題となるはずである。

4

戦前の右翼テロリズムが、国体＝天皇信仰をその正当化の根拠としていたことは前に略述した。そのことは、別にいいかえれば、その信仰の客観的・社会的正当性を究極的に決定する主体の所在が不明であるという日本の国家原理のもとで、テロリストが一個の求道者として現象することを妨げないということであった。われわれは、日本の右翼テロリストの主流が、パースナルな見地からはむしろ純情な型に属しており、しばしばなんらかの信仰（とくに法華経）に参入した求道者のタイプが多いという事実をやはり見のがすことができない。それはヨーロッパのテロリストのメンタリティといささか異なった伝統をつくっているといえないであろうか。かんたんに類型化することはもとよりできないが、ヨーロッパの、たとえば帝政ロシアのテロリズムが固有のニヒリズムをその理由とするのに対し、日本の、とくにファシズム前期のテロリズムは、それによって究極的価値（＝国体）の「真姿顕現」を達成するという志向を広範に示していた。もとより、日本の「国体」思想は、特有の意味で日本のニヒリズムをあらわしている。それはなんらかの実体的な価値ではなく、しばしば「無」として象徴することのできる否定的な無限者の意味をもっていることは、ここでくわしく説明する必要はないであろう。ただ、その「真姿顕現」のための行動が、いかに「国体」という奇怪な幻影の作用によって、悲劇的な錯乱に終らざるをえないかを示そうとするならば、二・二六の青年将校の場合を見るに如かないであろう。

二・二六のテロリズムは、ある意味では日本固有のテロリズムの伝統を集約し、その「神学《カテキズム》」を限界にまで推し進め、その論理をほとんど教理問答に近い形態にまで展開し、そのことによって、最後に「国体」という奇怪な絶対者の決定によって挫折したケースと見ることができる。それは日本テロリズムの可能性の極限形態を示したものであり、極端にいえば、日本国体思想という曖昧な「神学」に対して、論理的に可能な、もっとも明確な定式化を提示したものであった。それはいわば明らかに神学的な「異端」の例であり、そのことによって、逆に日本の正統的な国家神学の本体を明らかにしたといいうるものであった。日本のテロリズムを追求する場合、神風連とならんで、どうしても見のがすことができないのが、二・二六の思想である。われわれは、そこに、日本テロリズムのメタフィジクともいうべきものを明瞭に見ることができる。そして、とくに、あらゆるメタフィジクにともなう究極的な二律背反、逆説の凄まじい肉体化をそこに見ることができるであろう。二・二六の青年将校の思想ないし信仰は、とくに磯部浅一、栗原安秀、村中孝次らの獄中遺書に鬼気をはらんだ姿で示されている。例えば磯部の遺書はあたかも大魔王ルチフェルのごとき呪詛と反逆のパトスにあふれ、村中のそれは冷徹な異端神学者の弁証によってつらぬかれている。そして、彼らの灼熱した頭脳から奔流する思想は、いずれもある絶対的な二律背反に激突して黒い焔の中に挫折している。

彼らの厖大な遺書が多少とも北一輝の『日本改造法案大綱』によって打ち出された国家批判の方法につらぬかれていることはいうまでもないが、全体として、その観点にもとづく熱烈な護教論的調子のものである。それは行動の弁明や弁解を全く意図しておらず、むしろ激しい攻撃的批判の趣きをそなえている。たとえば『世紀の遺書』などと全く異質のものであり、日本人の遺書としてはほとんど稀有のものとさえいえよう。かれらは己の刑死を陰謀による虐殺として、絶対に容認していないのであり、何らの意味でも承認しようとはしていない。かれらの遺書にあふれる阿修羅のような気魄は主としてそれにもとづいている。

問題は彼らのテロリズムの正当性の根拠である。その点について、磯部は書いている——

「死刑判決主文中の〈絶対に我が国体に容れざる〉云々は、如何に考えてみても承服出来ぬ、天皇大権を干犯せる国賊を討つことがなぜ国体に容れぬのだ、剣を以てしたのが国体に容れずと言うのか、兵力を以てしたのが然りと言うのか

天皇の玉体に危害を加えんとした者に対しては忠誠なる日本人は直ちに剣をもって立つ、この場合剣をもって賊を斬ることは赤子の道である、天皇大権は玉体と不二一体のものである。（略）忠誠心の徹底せる戦士は簡短に剣をもって斬奸するのだ。（略）天皇を侵す賊を斬ることが国体であるのだ、国体に徹底すると国体を侵すものを斬らねばおれなくなる、而してこれを斬ることが国体であるのだ、云々」（傍点引用者）

遺書全体をとおして、国体擁護の求道的行動が、なぜ

テロリズムを正当化するかという点については、ほとんど論証されていない。わずかに磯部がここに記したていどの暗示しか見られないのであり、むしろ「斬奸」は自明のものとして考えられていたようである。同じ磯部の手記の中に、同志の河野寿が語った思い出が記されているが、それは少年の頃、天皇の行幸を迎えた時、もし天皇に危害を加えようとする人間が飛び出したら、お前たちはどうするか、という河野の父の問いに対して河野もその兄も答えなかったところ、その時は飛びついていって殺せ、という教訓が与えられたという話である。なぜその場合個人的テロリズムが許されるかについて、河野は「私は理窟は知りません。しいて私の理窟を言えば、父が子供の時教えて呉れた、賊にとびついて殺せと言う、たった一つがあるだけです」と語ったといわれている。磯部はこの話を録したのち「其の信念のとう徹せる其の心境の澄み切ったる余は強く肺肝をさされた様に感じた」と述べている。

磯部自身のテロリズムの考え方もそれと同じ起源をもっている。しかし、前掲の文章の中に含まれる一種の逆説は、何人にも明らかであろう。つまり、彼は一面では自然人としての天皇（＝玉体）の擁護を理由とするテロリズムの積極的容認と、理念としての「国体」擁護の現実的多義性との間にある亀裂を感じとらねばならなかったはずであり、それ故にこそ、天皇大権＝国体という客観的理念と「斬ることが国体」という強烈な主観性との矛盾をそこにあらわすことになっている。いわば、自然人としての天皇擁護が、かえって恣意的な国体にもとづく一切の行動（テロリズム）の容認として理念化されるという矛盾がそこにある。

ここに孕まれた悲劇的矛盾は、二・二六の行動に対する権力的処理の明確化の後に、もっとも激烈・凄惨な姿であらわれている。つまり、ほとんど宗教的情熱にもとづく求道として追求されたまさにそのもの（天皇）の名によって、かれらの行動全体の絶対的拒否が表明せられたとき、そこにいかなるドラマが生じうるかということである。そこにはほとんど神学的な問題が含まれる。たとえば、一生を賭して善行を追求した人間が、その生涯の終りにおいて、神であれ、何であれ、ある絶対者によって徹底的に拒絶されるというカルヴァン的な問題にそれは似ている。磯部の獄中の手記が、ほとんど『ヨブ記』を思わせるような凄まじい呪いを奔騰させており、悪鬼羅刹の面影をあらわしているのは理由なしとしない。

それは、日本の国体論者が、その限界状況において、かえって致命的な国体否定者に転化する劇的な瞬間を記録している。磯部の手記を読むものは、あるいはそこにドストエフスキーの「大審問官」の問題を感じとるかもしれない。いわば絶対の探求者が、その絶対者によって徹底的に拒絶され、断罪された場面をそれは示している。

「陛下が私共の挙を御きき遊ばして
〈日本もロシヤの様になりましたね〉と言うことを側近に言われたとのことを耳にして、私は数日間気が狂いました
〈日本もロシヤの様になりましたね〉とは将して如何なる御聖旨か俄かにわかりかねますが、何でもウワサによると、青年将校の思想行動がロシヤ革命当時のそれであると言う意味らしいとのことをソク聞した時には、神も仏もないものかと思い、神仏をうらみました
だが私も他の同志も、何時迄もメソメソ泣いてばかりはいませんぞ、泣いて泣き寝入りは致しません、怒って憤然と立ちます
今の私は怒髪天をつくの怒にもえています、私は今は、陛下を御叱り申上げるところに迄、精神が高まりました、だから毎日朝から晩迄、陛下を御叱り申して居ります
天皇陛下、何と言う御失政でありますか、何と言うザマです、皇祖皇宗に御あやまりなされませ」
「恐らく陛下は、陛下の御前を血に染める程の事をせねば、御気付き遊ばさぬのでありましょう、悲しい事でありますが、陛下の為、皇祖皇宗の為、仕方ありません、菱海（磯部の戒名──引用者）は必ずやりますぞ
悪臣どもの上奏した事をそのままうけ入れ遊ばして、忠義の赤子を銃殺なされました所の陛下は不明であられると言うことはまぬかれません、此の如き不明を御重ね遊ばすと、神々の御いかりにふれますぞ、如何に陛下でも、神の道を御ふみちがえ遊ばすと御皇運の涯てる事も御座ります」
「何にヲッ──、殺されてたまるか、死ぬものか、千万発射つとも死せじ、断じて死せじ、死ぬることは負ける事だ、成仏することは譲歩する事だ、死ぬものか、成仏するものか、悪鬼となって所信を貫徹するのだ」
ここに含まれる痛烈な、悲惨な逆説は、実はすでに北一輝の国体論そのものに含まれていたといえよう。久野

収が書いたように、北の思想は「伊藤の作った憲法を読みぬき、読みやぶることによって」(『現代日本の思想』)その革命的性格を鮮明にしたものだが、磯部はその思想のもっとも忠実、熱烈な使徒であった。(同志中の理論家村中孝次はかなり異なった思想をもっていた。)そして、部分的には、北の思想をさえふみ破るほどのラジカルな行動に突入している。それは資質的なものかもしれないが、たとえば兇変の開始を告げる最初の銃声を聞いた時、磯部は「勇躍する、歓喜する……とに角言うに言えぬ程面白い、一度やって見るといい、余はもう一度やりたい、あの快楽は恐らく人生至上のものであろう」というふうな感想をあけすけに記しているが、北はもとより、村中ならそうは記さなかったろう。ともあれ、磯部に象徴される二十年前の青年テロリストの悲惨な姿はそのようなものであった。そして、そのテロリズムの正当性の追求が、天皇と国体の原理をめぐって行なわれたこと、そして、それがある必然的な逆説を孕んだことは改めて述べる必要はないであろう。

なお、いうまでもないが、天皇は、もっとも早くかれらを叛徒の名で呼び、ためらうことなくその鎮圧を命じた一人であった。それは敗戦時における天皇のイニシャティヴとならんで、日本現代史を理解する重要な鍵であるとさえ私は考える。日本のテロリズムを、さらにはその宗教的根源を探ろうとする場合、われわれは、二・二六を無視することは絶対にできない。しかも、少なくとも私の眼には、二・二六が日本近代思想史の中で深くとらえられているようにも思われないのである。たとえば、先頃北一輝の著作集がその全貌をあらわしたとき、現代日本の右翼者の中には、その思想をもはや全く理解することができず「かかる不逞不敬の人物を尊崇した不明」を痛恨したものもあったという。私は、右翼者にとってもそれは後退であると思う。北を否定し、二・二六を否定するためには、そのようないんきさは許されないはずだからである。

5

敗戦後の日本の社会は、もとより暴力やテロリズム一般を培養する幾多の要因を含んでいた。しかしまた、日本国家の正統性の変転に対応して、かつてのような国体論的テロリズムはその跡を断ったかに見えた。たとえばかつては天皇の御真影を延焼から救うために、多くの校長がその生命を失わねばならなかった。もしそれを逃避したならば、かれはあらためて「愛国的」テロリストの脅威にさらされねばならなかっただろう。そうした状況のもとで、完全に恐怖から免れるためには、己自身を小型のテロリストとして登録する以外にはなかったかもしれない。日本的画一性《コンフォーミティ》は、いわばそのような残虐のシステムを意味した。

しかし、戦後はその事態は変ったとされた。天皇は自ら人間を宣言し「朕と爾等国民との間の紐帯は、終始相互の信頼と敬愛とに依りて結ばれ、単なる神話と伝説とに依りて生ぜるものに非ず」という思想が公然と述べられた。そのことによって、天皇がもし肉体的に亡びるならば、それとともに自分も死のうと考えて天皇が見守っていた少なからぬ「臣民」たちも「人間」に立ちかえることができた。もはやそこでは、自他の生命に対する国体信仰のテロリズムはその正統化原理を喪失し、人々は新たに「自由」というよりいっそう苛酷な責任の中に進入したかに見えた。サルトルのいう「自由への断罪」の状況がそこに始まり、それに応じて、戦後のテロリズムもその原理を変えたかに見えた。たとえば、戦前のそれと対照的な意味で、戦後テロリズムの正統的形態の一つを例示してみよう。

「俺が欲しかったのは、俺が再度、この人間の世界へ決定的に還って来て結びついたと言う実感だった。その満足を与えてくれ得る何かだった。或いは、肉親が一人でも生き残っていたなら、それは容易に得られたものかも知れない。がともかく、高倉が俺に呉れた仕事にはそれがあったのだ。人間を殺すと言うこと。そこにはひとつの行為の完全な帰結がある。俺のやったことは、きりなく掘る俺と、きりなく運び出されて行くだけの鉱石との組み合わせとは違って、一人の人間の体を通りその男へ完全に俺を結びつけ、俺に還って来る。一人の人間の死に立ち会い、それを与えることの出来た、言わば親近感の密度を超えた絆だ。倒れた男を眺めながら、この男は死に、俺は、此処ででも生きているという自覚だ。俺は殆ど奴らを愛した。その時俺はようやく何処かへ失くして来た自分をやっと捉えきれ、ようやく一人前の人間として出直して行けるような気がしたんだ。」（石原慎太郎『亀裂』）

これはある戦中派の殺し屋の言葉である。鉱石というのは彼が中共軍の俘虜として働いていたことを指し、高倉というのは彼の雇い主の名前である。もちろん、これはお話であり、作者の不器用な幻想にほかならない。ただ、テロリズムの戦後形態ということを誇張していえば、それはこのようなものであろうというまでである。それは、神風連はもとより、二・二六とももちろん次元を異にしている。第一、それは政治的テロリズムでさえなく、ただの殺し屋の独白にほかならない。それは、山口や小森という十七歳のテロリストとさえ、何ものをも共有していないかに見える。ちょうどそれは、作者の石原が描いた『殺人教室』の青年たちが、二・二六や大東塾の青年たちと少しも似ていないのと同じである。にもかかわらず、私は、戦後テロリズムの原型がそこにいくらか生硬で、図式的な姿ではあれ、示されていると思わざるをえない。少し先走っていえば、そこにあるテロリズムの思想はきわめて孤独な、審美的な性質のものであり、戦前派テロリストの政治的ないし倫理的な性質のそれと顕著な対照をなしているということである。そして、それこそがまさに戦後派テロリズムの基調ではないかと私は考える。

ここで石原がぎごちない形で描いた一人の「殺し屋」の心情は、現代人にとっては、ある意味ではあまりにも自明のものといえるであろう。社会学者や心理学者は、周到精密にそのメカニズムを説明してくれるであろうし、マス化した現代社会における「孤独なる大衆」の一人としての人間の疎外と「漠然とした不安」をその深層において解明してくれるはずである。たとえば——

「私はサディズムとマゾヒズムのどちらの根底にもみられるこの目的を共棲（Symbiosis）と呼ぶことにしたい。心理学的意味における共棲とは、自己を他人と（あるいはかれの外側のどのような力とでも）おたがいに自己自身の統一性を失い、おたがいに完全に依存しあうように、一体化することを意味する。サディズム的人間は、マゾヒズム的人間が対象を必要とするのと同じように、対象を必要とする。ただかれは、抹殺されることによって安全を求めるのではなく、他人を抹殺して安全を獲得する。」（フロム『自由からの逃走』）

石原の描いた殺し屋をそのような形で説明することももとより可能である。かれは己の孤独な、空虚な「自由」にたえきれず、殺人による「共棲」の中にその安心を見出そうとする。それはいわば相手を無とすることによって、その原因である自己の無意味を確証しようとする。無意味の確定もまた一つの意味にほかならないという立場である。古来、暗殺者《アサシン》はその語源の示すように、麻薬《ハッシーシ》に酔える者という意味をもった。その種の殺人者は「けっきょく一つのことをねらっている。それは個人的自己からのがれること、自分自身を失うこと」（フロム、同上）にほかならない。そして、その場合、自殺もまた同じ意味の行動であることは、フロムの指摘をまつまでもない事柄であった。

しかし、そのような説明は、一般にサド＝マゾヒズムの潜在的衝動を解明するかもしれないが、なんら政治的暗殺の特殊性を明らかにするものではない、といわれるかもしれない。それはそのとおりである。たとえば、二・二六の青年将校たちの行動の動機を、その種の社会心理学で説明しようとすることがナンセンスであることはいうまでもあるまい。ただ、しかし、戦後の政治的テロリズムに関しては、その種の解明は必ずしも無効とはいえない。なぜなら、少なくとも天皇信仰とテロリズムの神学的な関連が解消した状況のもとでは、天皇の名による政治的暗殺の個人性ははるかに強化されていると推定されるからである。

ある社会において、個人のパースナリティがその人間の政治関与をいかに規定するかについては、前に記したようにラスウェルの研究がある。そこでは、たとえば政治的テロリストについて次のような分析が見られる。それは多数の政治的ノン・コンフォーミストに関するケース・スタディの後に述べられたものである。

「情動がとくに激烈にあらわれているそのようなケースの歴史を見るとき、政治的暗殺者はその父親を異常な辛辣さでもって憎んだ人間であるという結論にみちびかれる。E・J・ケンプはその精神病理学において、ガーフィルド大統領の暗殺者ギトーと、リンカーン大統領の暗殺者ブースについての歴史的証拠を吟味したあげく、次のように述べている。――私は、父親もしくはその等価への憎悪にもとづく少年期の苛酷な愛情の抑圧が、すべてしまいには暗殺ないし反逆の衝動にみちびくというのではない。ただ、そのような愛情の抑圧は革命的な性格を作り出すということ、そしてそれは、もし成年期においてなんらか適当な抑圧的環境が与えられるならば、容易に暗殺的行動に集中するであろうということをいいたいのである。少年期において、やや特殊なこの型の愛情の抑圧を経験しないものは、その後において暗殺への暗示にかかることはないはずである、と。」

この分析は、少なくとも精神病理学の意味ではかなりな説得力をもって述べられている。こうした説明をどのように評価するかは各人の自由であるが、少なくとも私は、戦後日本のテロリズム一般について、問題を「神学」的に考えるよりも、心理的ないし「審美」的に考えることにいっそうの適切さがあるように感じる。それというのは、戦後の日本社会の構成は、かつてのような宗教＝政治的原理の枠組を取り払った、契約原理にもとづく様相をあらわしているからである。そこでの政治的テロリズムは、原理的にはもはや天皇（＝国体）信仰の行動としてはあらわれえない。前に述べたように、戦前の右翼テロリズムは天皇＝国体の求道者的追求を根源的衝動としていた。その場合、神風連の思想と二・二六のそれとの間には、ある決定的な差異があったと思われるが、いずれの場合にも、それが国体の「真姿顕現」を追求する行動であったことは同様である。敗戦時における最後のテロリズムは、一方では八月十四日の近衛軍の暴動にあらわれ、他方では大東塾や尊攘義軍、明朗会等右翼の集団自決事件にあらわれている。後者はもちろんテロとはいえないが、たとえば大東塾の場合は一時戦争指導者の斬殺が考えられ、一転して自決に定まったということから見ても、その行動は上述した日本右翼のテロリズム信仰の脈絡で考えうるものであろう。ただその場合も、さきに二・二六について見たように国体と天皇の存在をめぐる原理的葛藤がそれぞれの行動の根源となっていたわけである。

戦後の政治的テロリズムの原理は、国体批判の倫理的追及などとかかわりなく、たんなる反共、反労働の動機にもとづくものと見てよいであろう。その場合、個々的な「国体」信仰の追求者は、何よりも敗戦の事実性と日本憲法との批判を通り抜けねばならず、それなくしては、およそいかなる右翼テロリズムの正当化にも到達できないことは明らかである。そして、その弁証はきわめて困難なはずである。私は、比較的純粋と見られる右翼においてさえ、昨年来のテロを容認する安易な空気があることに疑問をいだかざるをえない。

ところで、戦後の「右翼的」テロリズムの背景は何であろうか。それはいかなる動機によって培養され、いかなる条件によってその志向を政治的なるものに転位し、さらにいかなる合理化をその中に含んでいるであろうか？　この問題については、必ずしも実証的な解明は与えられていないはずである。事態を独占資本の赤裸々な反攻態度に帰せしめることは、いささか行きすぎておかしい。事態は昭和初年のそれとは異なり、不況と失業、恐慌と絶望の状況があるわけではない。何よりもまた、そうした大衆的幻滅感を強力に集中し、指導する軍部に当たるものも存在してはいない。もちろん現在の独占体制と経済的繁栄の強固さにもかかわらず（かえって、それ故に）、ムードとしての不安と自棄は明らかに存在する。いわば現代社会の残酷さは、白日の下の残酷さともいうべき、明けっぴろげの無残さを本質とする。社会的に自明とされる規範の体系、信条のシステムは必ずしも安定せず、いわゆる新憲法感覚はなお社会の底辺に確固と根ざしてはいない。戦争の危機感と世代（＝親子）間の亀裂は、その定着をたえず妨げる作用をいとなんでおり、個人はその帰属すべき価値の所在に自信をもつことができない。

　このような状況、かんたんにいえば現代の高度の独占状況の中で生まれる個人の不安感は、必ずしも日本社会にのみ見られるものではない。そのような不安感は、しばしば社会的地位《ステータス》の意識と結びつくことによって、擬似的な保守主義の培養基となり、もしくはいわゆる権威主義的性格への帰属をひきおこすと考えられているが、そのような状況は、たとえばアメリカ社会においては、次のような形であらわれるものである。

「不況と経済的不如意の時代には――また、概して国家的非常時には――政治は、もちろん社会的地位の意識がなくなる訳ではないが、よりはっきりした形で、利害の問題である。ところが繁栄と物質面での一般的安定の時期には、大衆の間の社会的地位意識が、政治により大きな比重をもつことがある。」（ホーフスタッター『えせ保守主義者の反抗』）

　ホーフスタッターによれば、現代アメリカの右翼的人間像の形成にとって、社会的地位の意識に含まれるさまざまな動機と欲求のダイナミックスが重要な要件と考えられている。たとえば、いわゆる地位の欲求不満（ステータス・フラストレーション）をいだいている親と子の関係は次のように一般化されて示されている。

「親達は、しばしば、満足されることのできない、ないしは例外的な精神的負担をかけてのみ満足し得るような社会的地位欲を抱いている。彼らの子供たちは、親の欲求不満を解消し、その生活を買い戻すことを期待される。子供は、そうした目的のための操り人形になる。途方もない出世がかれらに期待され、それに伴って、社会的に同調《コンフォーム》し、尊敬されるための、ものすごい努力が期待される。子供にしてみれば、こうした期待は、敢えて疑ったり拒否したりできない絶大の権威をもった要求である。ギヴ・アンド・テイクの形での適当な吐け口をもたないので、抵抗心や敵意は内面的に抑圧されねばならなくなり、しばしば内的な破壊的憤怒となってあらわれる。権威にたいする敵意は、意識することを許されないので、強い権力にたいする文句なしの屈従というかたちにみられるような行きすぎた代償行為をよびおこす……つよい人種的偏見とえせ保守主義的性向をもっているもののなかでは、親たちの社会的落伍を正当にかつ穏かに批判する能力をもたない連中、現実生活によくある、思考や感情がはっきり割り切れないことがなんともがまんならない連中が高い比率を占めている。」(同上)

ホーフスタッターの指摘したこの種の右翼的パースナリティに含まれる性格的特徴と、そのイデオロギーや行動様式を考慮し、それらを前記のラスウェル流の分析と結びつけるならば、われわれは、日本現代の右翼者もまた、ある共通の基盤の上に立っていることを認めたくなるであろう。とくにわが国の場合、急激な社会構造の変化に対応すべき明確な社会的ヴィジョンの創出機能が不満足であったことと、企業と雇用関係の固定性のために、社会的地位に関する抑圧の意識はいっそう増幅される傾向がある。そして、とくに敗戦による地位関係の広範な断絶によって、かつての被追放者、旧職業軍人、神道関係者、旧右翼等々の年齢層においては、その欲求不満には一種の政治的・倫理的合理化が与えられており、そこに大衆的な不満感に対する触媒的な機能が発動しやすいという構造をもつ。たとえばいわゆる「進歩的文化人」に対するかれらの反感は、その外見的な社会的ステータスへの大衆的反感と容易に結びつく可能性をもつ。かつてわれわれは、昭和十年前後の天皇機関説攻撃の場合と、戦争中の文壇・論壇に対する右翼的攻撃の場合とを通じて、不純な個人的嫉視や地位的な不満感がいかに強力に働いたかを経験した。そして、多くの大衆は、そこに純粋な動機のみを見て、知らず識らずそれらのデマゴーグに利用される結果になった。そうした事情は、現在もまた再現していると思われる。とくにマスコミの機能の拡大によって、そのような欲求と不満とのダイナミックスは、より広範な規模を与えられているはずである。

このように見てくると、現代日本の「右翼」は、その主観性においてはともあれ、一般的にいえば、日本独自の思想と機能とを打ち出す可能性は少ないといえよう。そのおかれている問題状況は、左翼と比べてももっと困難ではないかと私は考える。日本の左翼がその挫折の歴史から何を学びとったかは必ずしも明らかではないが、右翼もまた、その挫折(二・二六を思え!)から何を学びとったのか、少しもハッキリしないように私には思われるからである。

現代の右翼テロリストは、まさかその行為を天皇によって賞讃されるとは期待していないだろう。では、国民によってか? 現代日本において、天皇は国民の天皇であって、その逆ではない。いわんや、天皇は「右翼」の天皇でないことだけは明白であるはずだ。

(初出『思想の科学』一九六一年三月号・四月号/『橋川文三著作集5』筑摩書房所収)

失われた怒り

——神風連のことなど

「テロリズム信仰の精神史」と共に三島由紀夫に重要な影響を与えた一文。現代人は騒然と怒りの情念をまき散らしつつ、かつての神風連や二二六事件の古風な「怒り」を致命的に見失っていないか。それこそが歴史意識の欠落なのではないか、という問いは重い。

1

わが国の近代史において、怒りという言葉があてはまるもっとも典型的な形象の一つが神風連ではないかと私は考えている。そこには、日本人の怒りに含まれるさまざまな特質が、ある深い根拠の暗示をともなってあらわれているように思われるからである。しかし、まずはじめに、怒りの本体ともいうべきものについて、走り書的な感想を述べることにしたい。

怒りはある侵害された正義の意識において生ずるといってよいであろうが、そこでは、そのいわゆる正義の意識の社会性ともいうべきものと、その個体性というべきものとが深い意味をもってあらわれるといえよう。たんなる他者からの攻撃や侵害は、憎しみや軽蔑、嫌悪や憐れみの情をよびおこすことはあっても、それはただちに怒りをよびおこすとはいえない。怒りの中には、いわば怒るものの絶対的な個体感情のトータルな、デモーニッシュな爆発が含まれねばならず、ある非合理な自己主張の意味が含まれねばならない。

キリスト教国においては、Ira Dei（神の怒り）という思想が厳存する。しかし、人間の怒りにおいても「神の怒り」はつねにその範型をなしているはずであった。「神の怒り」の神学的解釈はさておいて、いわばその文学的表現の壮絶な例として、たとえば『ヨブ記』における怒れる神の姿を思い浮かべることができよう。そこでは「怒り」はまさに創造者の怒りとして描かれている。万物を創り成したものの怒りという思想の不合理性の中にこそ、怒りの感情のもっとも深い秘密がこもっているはずである。神は「つむじ風の中から」ヨブを詰っていう――

「……我なんぢに問ん、汝われに答へよ、地の基を我が置《すゑ》たりし時、なんぢは何処にありしや、汝もし穎悟《さとり》あらば言へ、なんぢ若《もし》知んには誰が度量を定めたりしや、誰が準縄《はかりなは》を地の上に張りたりしや、その基は何の上に奠《おか》れたりしや……」（『ヨブ記』第三八章）

　ここでは神は、あくない《ママ》追及者として、人間に答うべくもない問いを次々にヨブに向かってあびせかける。「なんぢ海の泉源にいたりしことありや、淵の底を歩みしことありや、死の門のなんぢのために開けたりしや、云々」と。しかも、そこで神は、自ら創造した草木・鳥獣の名を次々にあげ、あたかも居丈高で高慢な庇護者のように憐れむべきヨブを糾弾する。それはほとんど大人気ないほどであり、また、神ともあろうものが、その憤慨の表現において、あたかも自ら陶酔せるもののように、理不尽にさえ見える。しかし、その理不尽と見えるところにこそ、怒りがもっとも深く個体存在の意識から噴出するものであることが示されている。そこでは怒りは、ほとんど啓示の意味をさえおびる。すなわち、神はその怒りにおいて、自己を一個の人格者として示すことになる。たんなる「正義」の法則理念ではなく、一個の人格であることがその怒りにおいて明らかになる。

　そのような神の怒りは、また人間においても同様の構造をもってあらわれる。人間の怒りにおいても、人間としての個体性の意識が、もっとも深い秘密をそこに示すことになる。

「怒りとは我々の憎む人に対して、憎み心から、害悪を加えるように我々を駆る慾望である」というのはスピノザが『エチカ』で下した定義であるが（スピノザは別に「憤慨」という概念を区別し、それを「他人に害悪を加えた人に対する憎しみである」と規定している）、憎しみといい、加害の欲望といい、その意味はむしろ神のものというより人間そのものの本性に関連するが、ひとしくもっとも極端な人間個体の存在意識にかかわっている。

　しかしここでは、もちろん「怒り」の一般的な感情的起源をデカルト＝スピノザ風に考察することが問題ではない。ただそれが、「神の怒り」においてであれ、人間のそれにおいてであれ、個体保存のもっとも深奥な秘密に通じることを示しておけば足りるのである。

ところで、そのように考えられた怒りは、当然にいちじるしく個性的であり、人間性の最高の規定という意味で「性格」的なものであることはいうまでもないことだろう。われわれの日常生活においても、たとえば多年つきあっている友人が何かのことで突然怒りはじめたりするとき、われわれはある奇妙な、珍しいという印象とともに、人間存在の根底にふれる粛然とした感動を与えられる。そのとき、かれは不思議に孤独な存在としてわれわれの前にあらわれる。三木清はそのような印象について「怒る人を見るとき、私はなんだか古風な人間に会ったように感じる」と述べているが（『人生論ノート』）、そこでわれわれに「古風」な感じを与えるものこそ、日常的な平準化と法則化の中で見失われていたその人間の「性格」にほかならないであろう。

「怒り」の基礎がそのような「性格」に求められるとするとき、われわれは、われわれ日本人における性格の思考にみちびかれることになる。そしてそこから、われわれの怒りを考察するための手がかりをつかみとることになるであろう。前に言及した「正義の意識の社会性」という問題も、実はこの点に関連してくるはずである。

2

一般に日本人には本来の「性格」というものがないといわれる。たとえばルース・ベネディクトの『菊と刀』においてもそのことが指摘されているが、種々の文学・芸術の作品においても、われわれの有する主人公たちの中から、たとえばマンフレッドのような、ドン・ジュアンのような、モンテ・クリストのような性格をさぐり出すことは容易ではない。われわれがはじめて西欧の文学作品になじむにいたる少年期に、ある焼きつくような衝撃をそれらの作品がよびおこすのは、主としてそこに登場する男女主人公の強烈な性格のためであり、平穏温順なわれわれの生活環境からは想像もできないような、かれらの思想と行動の硬質さのためであるといえよう。たとえば私は、はじめて『ミカエル・コールハース』を読んだときの戦慄を忘れえない。どうしてあのような、天に冲《ママ》せんばかりの怒りが人間にとって可能であるのか、その悚然たる思いを私はながく忘れえなかった。そして、そのような印象をよびおこすような「性格」こそ、われわれの文学作品のなかにきわめて稀れなものである。

　このことは、G・サンソムのいわゆる「かれら（日本人）は悪の問題と正面からとりくむことをしない」という精神構造、もしくは価値意識の内容に関連していると考えることができる。強固な「性格」は峻烈な善悪の対立観念を前提としており、究極的には前述のような「神の怒り」の理念につながるべきものであろう。そして、日本人の精神においては、そのような前提は概して欠如していたと考えられるのである。

　われわれに無限の痛恨をよびおこすとともに、われわれの怒りの原型に対する啓示を与えるものの一つとして戦没学生の手記を集めた『きけわだつみのこえ』がある。それはある閉鎖的状況における純粋な精神現象の記録であり、日本人の感情と理性についての証言であった。しかし、われわれはそこでも、いわば「日本的な」という形容詞を冠すべきある種の無性格を認めざるをえない。その点に関連して、かつて唐木順三が次のように書いたことがある。

　「生死を眼前にひかえて、しかも兵馬倥偬の間にもなお自己表現をせずにはいたたまれない春平の沸騰した心が、何にしても、ともかく、というような、曖昧な言葉に逃げてゆくこと、そぐわない十七文字や三十一文字をつづることによって、思索の線をたちきり、自己をそこへ放棄してしまうこと、ここには、我々の国民にだけみられるような、一種の特殊性がありそうである。」

　たとえば、みずみずしい情感と、清潔な思索にあふれた感想文が「何にしてもただ命あるままに、大君のみことのままに進むだけのことです」と結ばれ、「ともかく、我々は、我々にきまったように力一ぱい働くのみ」というエポヘ（判断中止）に帰着するといった例を唐木は指摘しているのである。そこでは国家権力と戦争一般に対する若い生命の疑惑ないし憤怒の迸りが、滑らかな皮膚を透かしてみえる鮮血のように、いたるところに激し、あふれているのが感じられながら、結局それらの感情は、ある性格的なものと結びついた強力な激情にはなっていないのである。

　たとえば、私はその中の田辺利宏の詩が好きである。そこには人間の絶望も虚無も、愛も忘却も、友情も残虐も、すべての人間存在を最後に待ちぶせする運命的なるものが一種の壮美の姿で歌われている。私はその中に、まぎれもない戦争への、歴史への、国家へのどすぐろい怒りのうねりを感じとる。このすぐれた詩の作者が、しかし、その「夜の春雷」の結びで「明るい三月の曙のまだ来ぬ中に　夜の春雷よ、遠くへかへれ。友を拉して遠くへかへれ」と歌い、血にあえぐ無数の死者たちに鎮魂の調べを送るとき、私はふと、はぐらかされた思いがしないではない。そこでは、怒りは暗い三月の天空にさまよう「護国の鬼たち」の「人の言葉とは思へない流血にこもつた喘ぐ言葉」として歌われている。しかし、その鬼たちの怒りは、かえって「悲しい歴史」の中で、生きている作者の存在と同一化されることによって宥められる。作者の心には怒りや、憎しみや、呪いを、神に向かって（歴史に向かって）叩きつけるあのヨブの個性はやはり認められないのである。

3

怒りにはなにか古風なところがある。中野重治の詩の中に、そのことを巧みにあらわしたものがある。「豪傑」という詩がそれであるが、われわれはそこに、すでに存在しなくなったある種の人間像をまざまざと感じとる。「むかし豪傑というものがいた……後指をさされると腹を切つた／恥しい心が生じると腹を切つた／かいしやくは友達にしてもらつた／彼は銭をためる代りに溜めなかつた／つらいという代りに敵を殺した／恩を感じると胸のなかにたたんで置いて／あとでその人のために敵を殺した／いくらでも殺した／それからおのれも死んだ……」という調子のものであるが、日本の近代史において失われた人間像は、まさにこのタイプの人間にほかならなかった。ただし、正確にいえば、このタイプの人間は、現在もなお生きてはいる。中野のいうように「生きのびたものはみな白髪になつた／白髪はまつ白であつた／しわが深く眉毛がながく／そして声がまだ遠くまで聞えた」という形において、現代の日本になお生存していることはたしかである。たとえば、私は、八十幾歳のある老人が（この老人は、かつて幸徳秋水の影響を受け、天皇暗殺を前提とする革命に参加しようとしたことがある）、最近の年賀状に次のように記しているのを見た。

「（前略）老いたりと雖も元気は少しも衰えません。自殺が道でないとすれば全く生命をもて余します。何か用いる処はありますまいか。必要とあれば放火、殺人、強盗、強姦、何でもやります。(下略)」

いいかえれば、この老人の中にかつて幸徳たちをあの無謀な衝動に駆りたてたどすぐろい怒りが、そのまま残っているのである。そのことは「無政府共産主義」思想が現在全く影響力をもたないではないかというようなことと関係がない。理論や法則概念の継承などという問題ではなく、そこにある不条理な個性の形において、現在は考えられぬ種類の怒りがその原型をとどめているということである。スピノザのいう「憎む人に対して……害悪を加えよう」とする欲望がその発生期の要素をそのままに残しているということである。

この種の怒りの形象として、私はかねて神風連の人々に関心をいだいていた。以下においては、かれらにおける怒りの意味を考えてみたい。

神風連の「古風さ」については、すでに定説のようなものがある。それは明治新政権に対する士族反対派一般とその反動性を共有しながらも、さらにある異質な要素をおびることによってきわだっている。E・H・ノーマンも士族反対派の中の最右翼にこれを置き「かれらはあまりにも奇怪な因習にとらわれ、またあまりに党派的であり奇矯であったため、不平士族の大多数を引きつけることはできなかった」と述べている。しかし神風連のあまりな古さということは、後世史家の診断ではなく、当時の「開化」の中心である東京の諸新聞の論調にすでに歴然と示されていた。前年の佐賀の乱に対する論調に一種の真面目さがあったとすれば、神風連暴動に対するそれは一種の軽蔑と嘲弄の筆致が目立つように思われるほどである。「又一説に云く、熊本士族中に曾て一派の神風連なる者あり……然れども此連中は……とても大事に志すほどの奸計はあるまじきなり」「蓋し熊本の賊徒は……叛民の名を与えんよりは寧ろ草賊と唱えて適当なるべし」「実に此の神風連の一党は最も頑固極りたる者ども斗にて千石の硫酸を頭上から浴せかけるとも容易に溶解すべき輩に非らず……然れども此輩は決して大なる望ある者どもには非らず、只一己の私憤を快くする迄の事なるべし」「暴徒の兵営を焼きて切り入る時には、神楽を奏して進退の期を指したりと云うは尤も笑うべし」等々、いずれも当時の御用紙「東京日日」の記すところであった。それはすでに絶対主義確立の戦略的見とおしをつかみとり、神がかり的な不平士族の小暴動のごときを眼中におかなかった明治政権の見識を反映したものであったにせよ、まことに堂々たる進歩主義の立場の表明というべきであった。しかし神風連の怒りの中にある「正統性」の意識は、そこではまるきり無視され、黙殺されていた。神風連の「暴発」は、その形がいかに暴発的であるにせよ、まぎれもなく政治と思想における「正義」の意識につらぬかれたものであった。その点を考慮しないならば、かれらはたんなる頑固党として、開化期の人々に物笑いの種を提示したにとどまることになる。

神風連の政治思想を見るのにもっとも適当なものは、一党の副首領として太田黒伴雄と併び称される加屋霽堅《はるかた》の「廃刀奏議書」ではないかと私は思っている。私がこの忘れられ、無視された思想集団に関心をいだいたのは『神風連烈士遺文集』(荒木精之編、昭和十九年刊行)に収められたその意見書を読んでからであった。それは明治九年三月の廃刀令に対する抗議を述べたもので、全文は四百字詰に直せばおよそ百枚にもちかい長文のものであり、この種の奏議書としても珍しいものかもしれない。加屋はこの文書を完成したのち、出京して元老院に上書し、聴かれなければその門前に割腹して諌奏しようと考えていたといわれるが、脱稿前に事をおこすことになり、未完成のままにおわったものである。

この文書の与える第一印象は、一種の奇怪さの印象であろう。その印行本で八十頁におよぶ文章は、最後の四、五頁をのぞいて、ほとんどが日本における刀剣の歴史を述べたものである。「伏惟我神武ノ国刀剣ヲ帯ル事ハ綿邈タル神代固有ノ風儀ニシテ……」に始まるその論述は、記紀をはじめ和漢の典籍からの博引旁証をきわめ、ほとんどその古典的引用の圧倒的な量のみによって、廃刀の不可を主張し、説得しうるものとしているかのようである。われわれは、はじめその考証の厖大さにうんざりし、一種の衒学的独善をさえ感じかねないが、やがてその錯雑煩瑣な行文をたどってゆくうちに、しだいにその論旨にひかれるというよりも、そのような無意味に全身的エネルギーを注入したであろう加屋の精神構造の奇怪さに、奇妙な関心をいだかずにはいられなくなる。そこには、ともあれ歴とした信条体系の展開が見られ、むしろその神学的・解釈学的正統性は、当時における絶対主義イデオロギーのそれよりも、整合的であったとさえ思われるからである。しかし、何よりもわれわれをおどろかせるのは、廃刀反対の抗議文書でありながら前記のようにその全文のほとんどが神典的引用で埋まっていることであろう。あたかも、聖書の解釈によって万物の起源と運動法則とを明らかにしうるとした西欧中世紀の神学者と同じように、加屋はただ神典の解釈と伝承によって現実政策の得失を論じうるものと考えているかのようである。このような精神は、もちろん、たんに不平士族の利害関心に帰せられるはずのものではないであろう。

神風連蹶起の心情はかなり簡明であり、すべてその後の日本政治史にあらわれた武力的蹶起の場合と同じように、概して無計画的であった。(とくにかれらの場合、自分たちの行動を不平士族の政治的行動と同一視されることを警戒する気味さえあったことは、たとえば福本日南の『清教徒神風連』によっても知ることができる。かれらは、隣接する薩南の鬱勃たる封建反動の勢力に対しても、かなり批判的であったように考えられる。)

例えば一党の一人緒方小太郎は獄中記に次のように記している。

「今の世活眼というものを見るに、老もせぬに目に眼鏡をかけていたく人を見くだし、頭より足さきに至るまで身に附る物はすべて舶来品ならざるなく、大方耳目にふるる物西洋品ならざればこころゆかず、故にかかる人々は遂に彼に化せざるを恨み、其結果人種改良をいい、或は楠公の忠死を権助の首くくりとののしり、或は史乗に歴然たる忠臣をたやすく抹殺し、又は申すも恐しき事ながら、皇祖皇宗を外来の如くに論ずるなど、実に常人の沙汰とも思われず。是ぞ一朝事あらんか鋒をさかしまにして外艦をむかえ、あるは其犬ともなりかねぬ奴原なりける。世の活眼者ばかりおそろしきはあらざりけり。」

要するにそれは典型的な尊攘感覚であり、「新論」的な段階でいだかれた現実感覚のそのままの継承である。このような守旧的イデオロギーが熊本に久しく残存したのは、幕末＝維新期における藩の政治的位置が中央から疎隔され、藩の古典的イデオロギーが現実政治の局面でいくたびもの屈折をやむなくされるという経験をくぐらなかったことと、なまじっか熊本における学問研究の隆盛であったこととに原因するように思われるが、ともあれそれは粗樸な尊皇攘夷思想の明治期への伝承にほかならなかった。

しかし、かれらはその思想をたんに神典によって正統化したばかりではなく、維新政府の公式声明によってまた正統化されたものと考えた。(もしくは、そのように考えることを欲した。）前掲「廃刀奏議書」の末尾において、加屋は明治五年十一月の徴兵告諭を引き「全国四民男児二十歳ニ至ル者ハ尽ク兵籍ニ編入シ以テ緩急ノ用ニ備ウベシ郷長里正厚ク此御趣旨ヲ奉ジ徴兵令ニ依リ民庶ヲ説諭シ国家保護ノ大本ヲ知ラシムベキモノ也」というその一節に付言して、「嗚呼朝旨ノ明了タル其如是。苟モ遵守服膺スル者、我神国ノ霊物長技タル刀剣ヲ廃テハ皇道何ヲ以テカ興復スベキ」云々と論じている。要するに加屋は、初期の明治維新政権の国家組織論の中から、その復古的祭政一致的側面のみを感じとり、それをまっすぐに神典的理念に結びつけることによって、自己の政治思想の全体像を正統化していた。具体的には、徴兵令が武士階級に対する徹底的な批判と攻撃の意味を含みながら、絶対主義形成の強行手段として打ち出されたものであることは、加屋にとって理解しえないものであった。加屋の理念においては、すでに徴兵の詔書によって「古昔郡県ノ制全国ノ丁壮ヲ募リ軍団ヲ設ケ以テ国家ヲ保護ス」という古制復帰の方針が明らかにされた以上、軍隊にのみ兵器の携行が許され、一般士人にはそれが禁止される、ということは明らかな矛盾であった。かれは廃刀令が「陸軍長官某公」の奏議に出たものであり、その長官の意見は「軍隊ノ外兵器ヲ携ウル者アルハ、陸軍権限ニ関係スル又浅尠ナラズ」というにあるという巷説を引き、このような無知な議論は必ずや「忠勇英武ノ良将」たる某公の意見ではなく、デマにすぎないはずだと断定している。加屋によれば、二十歳以上のものがすべて国民軍を構成するとすれば、「仮令兵器天下ニ充満ストモ、其実陸軍ノ兵権ヲ強クシ……緩急実用ニ備ウル」ものであり、陸軍の権限を減殺するなどはありえないことである。それよりも「彼外蕃ノ兵ヲ皇国内ニ備ウルガ如キ」こそ、真に陸軍の権限にかかわること重大ではないか、と逆襲している。（これはいうまでもなく当時の開港地における外国軍隊の駐留をさしたものである。）このような意見は、当時の士族反対派の最低綱領的見解ともいうべきものであったが、ただ神風連においては、かれらの職業的な神典研究と信仰の深さとによって、たんなる政治的反動に要約されえない行動様式を規定したのである。

いわばその政治思想は、たんなる王政復古を目ざすものではなく（すなわち、それを絶対主義形成の方向にとらえるのではなく）、「神武創業」の古典的理念によって、「神政復古」の方向においてとらえたものであった。福本日南がかれらをピューリタンに類推し、その神権政治《テオクラシー》に当たるものを神風連もまた追求したと考えたのは必ずしも不当ではないかもしれない。要するにかれらの政治思想は、明治維新政府の中に必ずしも存在しなくはなかった国家組織論上の方向模索に関連し、それが絶対主義として凝固し、停滞してゆく過程において生じたある悲劇的な形象であったといえよう。（いくらか恣意的な連想をここに述べれば、国家権力がその国家理念の模索過程にあるとき、もっとも純粋な政治思想がある悲劇的暴発をひきおこすことは法則的なのでないかと思われる。現代日本の独占資本の政治構想が、ほとんど維新政府と同じように一種徹底的な「開国」を意図しており、しかもその構想にある大きな盲点が含まれている場合、いわば神風連に類推しうる純粋な政治理念の行動が生じることは不思議ではないはずである。）

　はじめに述べたように、怒りとは存在の個体性にふかく関連した精神の作用である。それは社会的には、しばしば身分的な自尊（Stolz）と結びついてあらわれ、身分的抵抗の形をとることが少なくない。そして、その場合においては、怒りはある永続的な形態に転化する。しかし、それはかりではなく、怒りはその究極的根底を何らかの普遍者——絶対者の理念においている。神風連においては、その信仰対象としての神々がそれであったが、かれらが一挙の直前に神意をたしかめる手つづきをくりかえし、その許諾をまって即座に行動をおこしたことの中に、かれらの怒りのある微妙な特性がある。そして、そのような特性と様式とは、実はその後の「右翼的」思想の中に目だたない形で継承されている。戦争中に神風連がかえりみられたのもその一つの例であるが、またたとえば大東塾の志士十四人が敗戦時に集団自決を行なった手つづきなどは、かなり明瞭にその様式をつたえたものであった。

　そして、そのような異常な形をとった怒りの内容は、やはり今は失われた古風な「神の怒り」の日本的実質を含むものであった。

（初出『思想の科学』一九六〇年三月号／『橋川文三著作集3』筑摩書房所収）

アナーキズム断想

橋川にはアナーキズムへの共感が一貫してあった。しかしそれは国家廃絶型とも自生的秩序型とも微妙に違った。神秘思想や国学的神権政治とも近接するような危うい アナーキズム。アナーキズムが再び流行中の現在、この短いエッセイは重要な視座を提示するだろう。

アナーキズム研究のスタンダード・ブックといわれるエルツバッヘルの『無政府主義論』によれば、ゴッドウィン、プルードンからトルストイにいたる無政府主義思想家の間には、たんに未来における国家の否認という以外に、なんらの共通性がないとのことである。これもはなはだ頼りない話だと思われるが、事実たとえばカール・シュミットのごときは、アナーキズムをもって本質的に政治思想とみなすべきものではないといっているくらいだから、政治思想史の方面の研究に、あまり本格的なものがないのも当然かもしれない。日本でも同様で、アナーキズムは、むしろアナーキストの人間像への文学的関心から調べたり、書かれたりすることが多いように思われる。尾崎士郎、高見順、江口渙といった人々の仕事がそれである。

アナーキズムの本質について、私がもっとも簡潔明晰な分析だと思ったのは、フランツ・ノイマンがその遺著『民主国家と権威国家』(The Democratic and the Authoritarian State, 1957)で述べているものである。そこでノイマンは、アナーキズムをプラトン、アリストテレスに始まる西欧政治思想史の文脈において、レッキとした政治哲学的構造をもったものとしてとらえ、その構造的特質の一つをエピキュリアニズムの政治態度に、一つをアウグスチヌスのそれに関連させて規定している。つまり、プラトンにおける人間＝政治的人間というポリス的政治認識に対する巨大な反措定としてのアウグスチヌスの思想――すべての政治権力はその起源においても意図においても悪であり、人間は政治に無関係に生きねばならぬという思想の系列にアナーキズムを含ませている。そして、このアウグスチヌスの政治態度から、「二つのラジカルに異なった、しかも内面的には深く結びついた二つの態度」――一つは無差別なコンフォーミティ、一つはアナバプティスト運動にみられるような終末論的破壊主義の態度が生れるように、アナーキズムの場合も、一方では享楽派的無関心、他方では政治的テロリズムやプッチ主義という両極端の行動が生れるというのである。

ところが、エピキュリアニズムとの関係でいえば、いずれもがここでもプラトンに反対という点で共通している。プラトンによれば、政治は人間活動の部分ではなく全体であるが、エピキュリアンもアナーキストも、政治を人間活動の一部分として多様な他の社会的活動から区別されたものとして考える。要するに政治権力は、個人生活をいとなむに必要な最小限の外的秩序を保障するだけでよいというのである。（この点、一見リベラリズムに似ているが、後者の「法の支配」という理念が前者には欠けている点で、区別されねばならない。）

ノイマンによれば、心理的結果としては、アナーキズムはエピキュリアニズムに通じるものとされる。悪は政治権力にあり、社会と人間は本来善であるというオプティミズムがその基盤となっている。

ここまでがノイマンの分析であるが、アナーキズムとアウグスチヌス思想との異同は必ずしも明らかにされていない。そして、歴史的にいえば、この両者はしばしば区別しにくいような形であらわれたのではないかと私は想像する。もちろん近代アナーキズムはそれなりの系譜をもつかもしれないが、案外にその人間論的基礎には、宗教改革以前に多様なあらわれを示した神秘的アナーキズムと同一のものがあったのではないかと思われる。たとえばノーマン・コーンがその『千年王国の追求』（The Pursuit of the Millennium, 1961）であげているおびただしい異端の神秘主義者たちは、財産はもとより、性的関係においても徹底したアナーキズムを主張し、実行したものが少なくないが、その思想の根底には、もはや罪を犯すことがありえないほど人間が神と一体化しうるというアモラルな神秘主義が共通している。これはキリスト教の終末思想から流出した一種のメガロマニアにほかならないが、それは近代アナーキズムでは、いわば自我礼拝という形で継承されたものと同じものであろう。実際、コーンの引出している中世の諸記録にあらわれた堂々たる異端者の風貌の中には、たとえば大杉栄から和田久太郎、ないしは谷川雁（?）にいたる日本アナーキストとそっくりの姿を幾つか見出すことができるであろう。

しかし、日本アナーキズムには、別にいわば公権的な基礎とでもいうべきものがありそうである。明治国家制作の当事者であった山県有朋の人間論は「政治上ノ問題ハ、決シテ人類ノ感想ヲ全括スルモノニアラズ」というものであり、政治に無関係な人間活動のアナーキスティクな、ないしはエピキュリアンな領域を承認するものであった。大逆事件に対する山県の異常な怯えは、もしかすると、彼自身のドッペルゲンゲルに直面した怯えであったかもしれない。

（初出『現代日本思想大系』第一六巻「アナーキズム」月報5／『橋川文三著作集6』筑摩書房所収）

「戦争体験」論の意味

すでに終わった戦争体験よりも現在の過酷さを正視せよ、と挑発する、座談会「怒れる若者たち」での石原慎太郎への論駁。たんなる「世代論」ではない。若さや新しさに居直る感性を超えて「体験」を「普遍化」するためにこそ、歴史意識が必要となる。今こそ必読。

1

先日、石原慎太郎、大江健三郎、江藤淳、浅利慶太、村上兵衛の諸氏と座談会を行なったとき、冒頭、私と石原の間で、戦争体験をめぐって議論がおこった。この座談会は『文學界』十月号（昭和三十四年）に掲載されているが、同誌の整理は必ずしも適切でないので、私の記憶をもとにして、そのときの論旨をまとめてみると、およそ次のようなものになるであろう。

私は、石原が、戦争体験などということにいつまでも拘泥しているのは、女々しい無能さのあらわれにすぎないと何かでいっているのを思い出したから、改めてかれの戦争に対する考え方を聞いてみた。かれのいうのを私流にいいなおせば、戦争体験論というのは結局回顧趣味であり、かつて生甲斐を見出したところのものに惑溺する現実逃避にほかならない、それよりも、現在のこの現実の苛酷さを正視するがいい、女々しい懐旧趣味にひたる余地はないじゃないか、ということであった。そこから、かれは、「戦争と現実といずれが苛酷であるか」という迷問を私に発した。この反問は内容的に無意味であったから、同席者の多くから排斥されたが、ともかくも石原の論旨は、かえってそこに明らかに示されていた。

つまり、石原によれば、現に存在しない戦争の苛烈さをいうことは、それが実在しないというだけの理由でそれ自体無意味であり、生《なま》な感性的現実に孕まれるあらゆる苛酷さを無視しようとする意味で、ひっきょう現実に生きようとしない怠け者の弁だということになる。

この「現実の苛酷さ」という言葉は、「価値紊乱者」とか「兇器」とか「殺意」というようなこけおどしの言葉と同じく、いかにも石原好みの言葉であるが、その内容にいたっては必ずしも明確ではない。いわばそれはすべてを放りこむことができるような空疎な概括であるか、もしくは、石原のもっとも感性的な感性のみが、その燃焼の刹那を感じとることができるような孤立的実感であるか、のほかはないようなしろものである。ほんらい、現実という概念そのものが広範な攪乱と解体にさらされている現代において、現実の苛酷さなどと安易にいうことは、むしろ知的な怠惰にほかならないのである。

それはともかく、私はそのような石原に対して、吉本隆明も指摘するように、必ずしも有効な反撃を加ええなかったが、私の論旨はこうであった。

現実の苛酷さをいうことはよろしい、しかし、およそ、いついかなる時に現実がそうでなかったことがあるか、人類史とはいわないまでも、日本近代史においていつの時代の日本人が苛酷な現実の中で、漱石のいう「涙を呑んで」押し流されなかったことがあるか、もしくは、どこで、どのくらい押し流されたかを測定する不動の基準をつかみとろうとしたことがあるか。私の見るところでは、石原もまた「現実の苛酷さ」を唄いながら、気楽に日本の現実の流れに流し去られてしまうだろうことは、ほぼ疑いがない。私たちが「戦争」をいうのは、そのようにして流されないがためである。回顧でもナルシシズムでもない、それはたんなる歴史年表の一時点への素朴リアリズムめいた固執ではない、いわばそれは、メタ・ヒストリイク（歴史意識）の立場においてとらえられた「戦争」であり、流され、移動するにすぎない日本の現実の中での「歴史意識」としての戦争なのだ。流されること、変革でなくして移動にすぎないこと、それを明確な意識においてつかもうとするのが「戦争体験」論の意味なのだ——というのが私のいいたかったことであり、しかし不十分にしかいいえなかったことであった。

私の発言は、少し混乱もしていたし、それ以上に、こうした立場は石原には通じにくかったかもしれない。江藤淳のような聡明な人間にもわかりにくかったらしく、「どうもよくわからんな」という声がそこここからおこった。そして「一体、戦争がつづいた方がいいというの?」という、まるでとぼけた質問が、浅利慶太あたりからとび出す始末になったのである。

ここで私は、改めて「戦争体験」の方法論を説明しなければならないと考える。素朴リアリズムの陥穽が双方において認められるとすれば、そのことをハッキリさせておかないことには、戦争体験論のすべてがますますその希望しない結果のみをあらわすことになるであろうからだ。

「戦争体験」論に関して、もっとも多く提出される疑問は、それが「回顧趣味」ではないかというものである。これは実に興味ある疑問のパターンであり、あらかじめいってしまえば疑問者の思想的な低さをも示すものである。さきの座談会では石原のほかに大江健三郎も同種の疑念を表明したし、また、たとえば「わだつみ会」(日本戦没学生記念会)の再発足にあたって、全学連系統の人々から出されている「同窓会趣味」という批判にもそれは認められる。私にいわせれば、そのような批評・思考形式のおどろくべき陳腐さに、かれら自身はおどろかないのかというおどろきがある。

しかし、そのことの一半の責任は体験論の側にもある。否、むしろ、後に述べるように、戦争体験論自体の質的な低さに問題があったし、あるといえるであろう。そして、その両者に共通するある怠慢のために、問題は一歩ふみこまないところで停滞しているのではないだろうか。

まず、そのような批評の一つ一つに対する弁明から始めることにしよう。その一つ——戦争体験論が回顧趣味でないのはなぜか? この弁明は簡単である。「回顧趣味」とは、一種の嗜好(Geschmack)にほかならないが、およそ趣味・嗜好とよばれるものにおいては、人間の主体的責任の問題が介入することは原則的にありえない。趣味としての回顧は、実質的に一個の心理学的カテゴリイに属する作用であり、それは人間における歴史的認識と責任の追及とは全くカテゴリイを異にする。しかし、戦争体験論は、まさにその責任意識において成り立っているものにほかならない。

このことをもっとわかりやすくいうために、たとえば「しにしこ、かおよかりき」という『土佐日記』の一句をとってみよう。それは死児の齢《よわい》を数える愚痴な親の「回顧趣味」であるか、それともその親の「死児」に対する歴史認識であるか？　こういう発問は一般には奇異に思われるかもしれない。というのは、一般にわれわれの間では、歴史における「過去」の考え方が、明確な歴史哲学を媒介として成立していないからである。「過去」はつねに「趣味化」されるか「文学化」されてあらわれ、かつて、明らかな歴史認識－歴史意識の問題として定着することはなかったからである。いいかえれば、われわれにおいては、かつて「歴史意識」という精神能力の側面が、十分に成熟することがなく、したがって、およそ歴史的時間の中の過去が問題となるときは、つねにそれは「回顧」として、ないしは好古的な「史癖」として、もしくは情緒化された「繰り言」としてのみ語られ、同様に、そういうものとしてのみ受け取られる傾向があったということである。本来の歴史意識の問題として、われわれの過去——ここでいえば「戦争」が問題となるということがはじめから了解しにくいような精神風土がそこにはあった。いわゆる「戦争体験」論はそのような意味で、わが国の精神伝統の中に、はじめて「歴史意識」を創出しようとする努力の一環として考えられるものであり、それ以外のなにものでもないのである。

しかし、このような考え方に対しては、おそらく左翼派から反論が出るであろう。もし戦争の歴史意識における定着ということが問題であるとすれば、それはすでにマルクス主義史学によって余すところなく遂行されているではないか、「戦争体験」論の究極的帰結は、それが帝国主義戦争であったことを、その全文脈において承認する以外の何ものでもあるまい、ことさら「戦争体験」というカテゴリイを立てようとするのは、明らかに無用であるばかりか、問題の本質を曖昧化し、場合によっては、戦争解釈の反動化をもたらす恐れさえなしとしないであろう——このような反論が予想されるのである。「戦争体験」論の一部門に対する全学連あたりの批判には、その含みがあるといってよいであろう。要するにあの戦争を肯定するのか、否定するのか、また、その認識の必然的コロラリイとして、現在における「労学同盟」と反帝闘争の立場に賛成なのか、反対なのか——こういう批判がそれである。

しかし、われわれの考える戦争体験と歴史意識の問題は、そのような反問によってはとらえられないであろう。なぜなら、根本的くいちがいは、戦争体験をマルクス主義のシェーマにあてはめることは、それはそれで一種の精神的作業にほかならないが、少なくとも、その作業は歴史意識形成の努力とは無縁だというのがわれわれの考えだからである。われわれは、マルクス主義の知識の中に、すでに歴史意識が与えられているという考え方に全く対立するのである。そして逆に、マルクス主義を含めて、わが国の思想伝統に、歴史意識が付与されるための最初の可能性こそ、戦争体験論の中に含まれると考えるのである。

この点をさらにいえば、いわゆる世代論の視角を含めて問題を考える必要が生じる。これも、戦争体験の方法論において、抜きにできない論点を含むものである。なぜなら、戦争体験論の本来めざしている歴史意識の形成を、いわばなしくずしに阻害しているものの一つが、わが国の「世代論」であると私は考えるからである。なぜそうなのか？　この点を明らかにすることによって、戦争体験論はより普遍的な基礎の上におかれるであろう。

しかし、ここでは、世代論とその根底にある世代哲学ともいうべきものを、一般的な思想史の文脈で規定することから始める余裕はないから、いきおい論点は当面必要なことがらに限定されることになる。

2

まず、しばしばいわれるように、わが国において、いわば世代の周波が極度に短いことが注目される。たとえば、「私たちがちょうどある時期の最後の世代だった」とか、「私たちのすぐあとからは、まるでちがった教育が始まった」というような発言が戦前・戦中・戦後の各世代を通じて、まるで符節を合わせたように発言されて不思議とされない場合が少なくないことはその端的な例示であろう。それを聞いていると、あたかも、生年が一年異なるごとに、それぞれの人間がある異なった極限状況におかれたかのように思われるほどである。そこからして、通常三十年で数えられる一世代を、日本では十年、あるいはそれ以下に短縮せねばなるまいという提案が行なわれたりするのであるが、それが極端にすすめられれば、ついには、世代とは生年の意識だというところにまでゆきかねないわけである。

なぜ、このような状態が生じたのか？　この問題は、従来まともに論じられることは意外に少なかったと思われる。たしか梅棹忠夫が、チベットにおける体験をもととして、日本民族における異常な年齢意識の過剰を指摘したことがあったが、問題は、そのような比較文明史論の立場からも考えられるであろうが、ここではそのような年齢コンプレクスを、もっとも一般的な人間論のタームで考えてみよう。いいかえれば、現代日本人が、何においいて、自己を確認し、位置づけるかという一般的枠組の問題としてである。

かつての日本人の自己確認体系は、しばしば指摘されるように「天皇への距離」の意識としてあらわれた。天皇があらゆる価値の実体的独占者である以上、それは当然のことであった。そして、実は、天皇信仰に内在する日本人の原哲学ともいうべきものの中に、年齢という生物学的理念の優越する契機も含まれていたと考えられる。その契機を抽象していえば、それは価値認識における有機体説的思考の伝統ということができよう。それは、アニミズムやシャーマニズムの諸形態をともないながら、すべて世に存在する諸形象をその年輪によって価値づける精神形態を生み出したのであり、政治原理としては「家族国家観」に独特のあらわれを示したのである。「皇紀三千年」がそれ自体なんらかの誇るべきものとして、国民の信条体系を深くとらえていたことは、そのあらわれであったし、「神州不滅」という非合理な信念も、同様のメンタリティにおいて疑われなかったのである。

ともあれ、このような思想的背景をもった自己認識様式は、その生活体験の理念化においても、ある独自の様式を示すこととなる。その一つの特徴的なパターンは、いわゆる「私小説」に典型化された意識の形である。周知のように、それは即自的な個人の生活過程そのものの中に、自己確認のための究極の正統化契機を認める哲学を前提としている。自然的時間の中で営まれる私生活の過程は、なんら超越的契機を必要とすることなく、そのまま、ある普遍的意味をおびるとされるのである。そこでは明らかにある特徴的な人間論が存在した。たんに自己の生存過程を記録し、公表するという行為が問題であって、その行為そのものの意味と、行為によって制作されたものの内容とはいずれも問題とはされない。そこにおいては、人間存在の基本理念は即自的な生そのものとしてとらえられており、時の流れの中に生きることそのものが価値化されている。この私小説の発想が、ある意味で日本の精神風土の必然的所産であったことはしばしば説かれているが、日本的世代論との関連においても、この発想に含まれる価値観はかなり深い交渉をもっていると私は考える。そして、その点に、本来特殊な歴史意識の形態としてあらわれた世代論の、いわば日本的変質があると考えられる。その点を新たに少し立ち入ってみよう。

世代という系図学的ないし生物学的カテゴリイが、歴史認識の問題に関連してあらわれたのは、やはりフランス革命後のことであろう。かつて私は、世代概念の展開に関して、次のような要約を記したことがある。

「……世代意識の形成が、断絶した歴史と自己との関り方を批判的に再構成しようとする意欲から生まれ、そこに一種の歴史認識論といった内容を含んだことは推定するにむずかしくはない。

このことは、ヨーロッパにおける世代意識の形成過程とも対応しており、その意味で、それは近代的自己批評様式といいうるものであった。つまり、ヨーロッパにおける世代の意識は、やはりルソーとフランス革命という大断層期に始まり、ドイツ・ロマン派において最初の明確な意識化を与えられ、一八四〇年代の〈時代精神〉の主張をへて、第一次大戦後のいわば実存的世代論ともいうべきものに多様な表現を見出した、と要約されよう。」(「日本読書新聞」昭和三十三年一月一日、『橋川文三著作集』第四巻所収「世代論の背景」)

つまり、世代意識は、歴史に対する自己の様式(スタイル)の主張としてあらわれており、いわばヘーゲル的な汎歴史主義に対する状況的な微分として考えられるものであった。もちろん、世代意識は、直接に歴史意識としてあらわれるのではなく、かえって歴史からの断絶を主張する形をとっている。それは、その生物学的発想に明らかなように、歴史に対する自然の契機を強調するものであり、ロゴスに対するパトス、精神に対する身体の要因に深く交渉する理念であることは否定できない。そこから、およそすべての世代論に、「肉体」の重視と、生理的実感の強調とがあらわれることになるのであり、その点において、『ルチンデ』の作者（フリードリヒ・シュレーゲル）と『太陽の季節』の作者との間に何のちがいもない。

しかし、世代意識が、そのようなものとしてあらわれながらも、結局、歴史的存在としての意識にふかくその根を下ろしていることを無視することはできないはずである。ランケの有名な「すべての時代は直接神に属する」という言葉をもじっていえば、世代意識の純粋化は「すべての世代は直接普遍者に属する」ことを認めうるはずである。そのような意味で、世代とはかえって深く歴史の立場に通じるものということができよう。

しかし、私がこのような展望をこころみたのは、われわれの周辺に見出す世代論の多くが、いかにそのような本来的世代意識と無関係であるかをいわんがためであった。一言にしていえば、わが国の多くの世代論者には、歴史に対する感覚がいちじるしく稀薄であるか、もしくは欠如しているということが注目されるのである。したがって、その主張の多くは、むしろ擬世代論というほかはないのではないかというのが私の考えである。なぜなら、そこには、歴史意識が落丁になっており、世代意識の本来的ダイナミックスを形成する基盤が欠けているからである。わが国の世代論者が、たんに自己の年齢上の若さのみを呼号するという、価値的には無意味な主張をくりかえすにおわっているのも当然なのである。世代という考え方は、前述のように、歴史における様式の自覚であったが、年齢的な若年ということは、なんら様式的価値に値しないからである。

このようなわが国の世代論の特質は、かんたんにいえば、やはり日本人の精神構造における歴史意識の存在形態と関係して考えられる。いわばそれは歴史意識のない世代論であり、その外観のどのような多様さにもかかわらず、「俺達は若いんだ」という形式的な自己主張が反覆的に主張されているにすぎない。若い人間が自己を若いということは内容的なトートロギイ《ママ》にほかならないだろう。

ところで、問題は、さきほどからしばしば言及される「歴史意識」とは何か、ということである。また、わが国の思想伝統の中で、いったい、歴史意識の問題はどのような意味をもつかということである。そして、とくに、いわゆる戦争体験論の構造との関連において、歴史意識の問題はどのような意味をもつかということである。「戦争体験論の方法」の核心問題は、まさにそこにあると私は考える。

3

私は、戦争体験論が、わが国の思想伝統において、歴史意識の形成・変革のための唯一の機会であるという趣旨のことを、これまでにも述べ、また他の機会にも言及することがあった。そのことを以下において、二つの視角から説明してみたい。

第一の視角は、一般に歴史意識の存在論、その思想的意味の問題である。第二の視角は、日本近代史におけるいくつかの戦争体験と、太平洋戦争のそれとの質的差異の視角である。

一般に歴史意識とよばれるものは、巨大かつ急激な社会変動の場合に発生すると考えてよいであろう。しばしば、歴史意識を欠くといわれる古代ギリシアの思想圏においても、ヘロドトス以下の歴史家の歴史記述は、やはり、戦争、天災等の異変に対する直観を動因としている。

しかし、西欧において本来的な歴史意識―歴史主義の成立するのは、マイネッケがその『歴史主義の成立』で明らかにしているように、啓蒙主義とフランス革命の衝撃によってもたらされ、それへの反動としてあらわれた個体思想の形成過程に対応していた。フランス革命が、ラジカルな合理主義と、メカニカルな組織論によって、身分的・伝統的な諸制度と思考様式を破砕したとき、社会的発展の立ち遅れていたドイツでは、ジャコバニズムに対する観念的な共感の昂揚が思想界を席捲し、ルソーやロベスピエールの観念的等価が幾人もの哲学的巨人にその表現を見出すことになった。のちにメッテルニヒ体制の走狗となるにおわった反動主義者も、一七九〇年頃においては、あたかも転向前の日本共産党員と同じく、熱狂的にフランス革命万歳！　を絶叫していたのである。

しかし、第一帝政から王政復古にいたる期間に、そのような熱狂は影をひそめ、一種独特なムードがヨーロッパにひろがっていった。ドイツ・ロマン派を代表的なものとする反動的・復古的な中世讃美の傾向がそれである。いわば過去に対する全く新しい感覚がこの時期に生まれるのであるが、それは啓蒙史家の軽蔑した過去の未開の中に、近代の見失ってしまった固有の価値を感受し、いっそう豊かな感情をいだいて、中世的・身分的共同体のエートスの中に没入しようとする傾向であった。この時代において、歴史の相貌はまるで異なったものとしてあらわれ、マイネッケのいう歴史的個体の意味が、新しい感情の対象としてあらわれるのである。

すべてこれらのことは、いわゆる歴史主義の問題として周知のことであろうが、ここで、一つだけ注意しておきたいことは、このような「反動」が、心理的・思想的にはむしろ啓蒙的合理主義によって啓発された新しい自我の意識を前提としているということである。そのことは、たとえばルソーによる原始社会の発見と讃美が、いかに強くルソー自身のパースナリティに規定されていたかということ、そして、そのような新しい自我による過去の照明方法が、いかに深くドイツ・ロマン派の人々に作用していたかということを見るだけで、理解されよう。いわば自我意識の相互浸透が前記のような中世志向の内面規定をなしていたのである。それは当然、社会的現実の激動を避けて、「月光に照らされ、惑わしにみちた中世の夜」の中に惑溺しようとする姿勢を含み、現実に対する無能力とイロニイの感情をともなっていた。そこから、周知のようなゲーテのロマン派嫌悪、ヘーゲルのロマン派罵倒が生まれてくるのであるが、しかし、歴史意識に関する限り、ロマン派の方法はその一部を占めるにすぎない。むしろ、それは、広範な社会変動にともなう身分的・伝統的なるものの解体、階級変動、職業内容の変化、イデオロギーの分裂と再編、等々の過程の中において、その過程の意味に対し、「魂を開いてあること」という、歴史意識の一般的な基本形態に関連して位置づけられるのであり、特殊にロマン派的思考様式そのものに積極的な意味はむしろ認めにくいのである。

ところで、日本近代史において、そのような歴史意識形成の可能性がもっとも普遍的にあらわれた時期は、いうまでもなく幕末の「開国」と「維新」の時期であった。この時期において、社会の基本構成とともに、それに対応したイデオロギー体系は大きく震撼され、それ以前の「静学的」に停滞した制度と人間精神の領域は、はじめて「動学的」な流動の中に投入された。そのことが「閉じた社会」の中に封じこめられていた日本人のエネルギーを急激に解放したこと、そして、それが明治初期の「文明開化」にほとんど猥雑なまでの様相を与えたことはここでいうまでもない。人々はそこにおいて、社会と精神の枠組が変化しうるということ、従来、規範的意味をもった信条体系の動態化によって、人間の根本的意味と機能とが変動しうることを身をもって知ったのである。そのことを、もっともみごとに表現したものとして福沢諭吉の「一身にして二生を経るが如く、一人にして両身あるが如し」という言葉は有名である。これまで述べたことに関係づけていえば、前半の生に対する疑いもない体験と、後半の生に対する同様に明白な実感との間に生じるダイナミックス――それが本来の歴史形成の動因となるのである。福沢という卓越した啓蒙主義者において、『文明論之概略』以下のすぐれた歴史記述があるのは不思議ではないのである。

私は、別の機会に、この開国期における歴史意識の根本的性格について述べ（筑摩書房『近代日本思想史講座』第七巻、『橋川文三著作集』第四巻所収「歴史意識の問題」）そこに真の意味の歴史的個体の意識は形成されなかったと考えた。つまり、開国＝維新による衝撃は、フランス革命における場合と同様に伝統的な身分社会の構造をつきくずし、新たな自我の感情をよびおこしはしたが、二つの理由によって、歴史的個体の発見は十分には達成されなかったと考えた。

その理由の一つは、幕藩社会体制の内部において、身分的・共同体意識がすでにその本来的機能を失いかけており、開国という外部変化に対して、有効なリパーカッションをひきおこすほどの実体性をそなえなかったということである。マンハイムの指摘するように、本来的な歴史意識は「直接に現存するもの、実践的具体的なものへの執着」によって基礎づけられ、「旧身分的世界感情の追体験」を主要動機として展開するのであるが、幕末においては、すでにそのような身分的実体は、かなり広範に弱体化をたどっていたと考えられるのである。もちろん維新変動に対する旧身分的反抗は西南戦争までくりかえし行なわれているが、そのような武力抵抗の敗退とともに、そのイデオロギーも無力となったばかりか、その運動は、そもそも有効な保守のイデオロギーとして形成されるいとまをもたなかったのである。そのことは、第二の視点との関連で説明されるであろう。

開国期における歴史意識形成の不徹底の第二の理由となるものは、明治国家のレーゾン・デタに関連したものである。かんたんにいえば、明治国家は歴史的個体の意識として定着するはずの国民諸階層の精神的エネルギーを、もっぱら「国家」「国体」のシンボルのもとに編成したということである。しかもそのさい、上からの「文明開化」—「富国強兵」のアピールによって、歴史意識は一方において「万国に冠絶する」「国体」の理念に、他方において歴史的進化の理念に、両極的に集中せしめられ、個体存在のユニークな意識は、なんらの役割もわりふられることなく無視されたのである。そのことをもっとも端的に示す事例は、国民の土着的生活体系の中に含まれるエネルギーを、集権的・絶対主義的権力体系の中に吸収、編成するためにとられた種々の地方制度に関する措置であり、地方エリートの天皇制身分体制への吸収をはかった文官任用令であったといえよう。これらの制度を通じて、明治国家は、歴史意識の中に含まれる個体価値の意識を集合的な国家価値に結合化し、その国体シンボルを世界過程の中における個体として押し出すことによって、早熟的に明治ナショナリズムの成立を促進したのである。その場合、本来の歴史的個体意識は、個体としての国家意識の中に埋没し、国家過程を阻害しない限りにおいて種々の民俗的伝承としてのみ残存することになった。このことは、日本社会の近代化–資本主義化の論理構造の文脈においていえば、前近代的諸要素は、それが資本主義化の過程において有意味である限度において、温存利用されたということと対応するであろう。

4

以上、概括的に近代日本の歴史意識構造を述べたが、いったいそれが戦争体験論とどういう関連があるのかを次に見なければならない。また、近代史上のいくつかの戦争の中で、とくに太平洋戦争が歴史意識の問題に深く交渉する意味も、あわせて考察される必要があるだろう。

ここでは、まず、太平洋戦争の特異な歴史的性格を問題とすることから始めよう。そして、そのために、ある時、私が江藤淳と交わした対話に端緒を求めることにしたい。

その時の話題の一つは、流動的な現実の中で、何が超越的な価値として、日本人の精神的エネルギーに原理とフォルムを与えうるか、というような問題であった。私は、そこで、次のような趣旨のことを述べた。

しばしばいわれるように、われわれの精神伝統の中には普遍者−超越者の契機が認められない。存在するものはただ感性的現実であるか、それとも、それと全く関わりない純粋な理論の体系のみである。意味はただ「手足をバタバタさせる」ような実践の中か、演繹的な理論体系への信仰の中にしか見出されない。それは、実践と理論とが、普遍者と主体との緊張関係によってうらづけられるときにのみ、統一的な原理として機能しうることが無視されているからである。そのために、われわれの中に、普遍者の意識を創り出すことがどうしても必要である。

しかし、伝統としてのそれが存在しない場合、いかにして普遍者の形成が可能であるか。ヨーロッパにおける歴史意識は、しばしばいわれるように、歴史過程の弁神論的直観を動機として生まれている。それは、世界過程と神との深い交渉様式の認識という精神の作用であった。しかも、そのような意識が成立したのは、歴史的事実とみられたイエスの磔刑に対する深い共感の伝統によるものであった。世界過程を、イエスの死の前と後に分かつというような啓示的発想は、まさにその死の超越化によって成立したのである。

私は、日本の精神伝統において、そのようなイエスの死の意味に当たるものを、太平洋戦争とその敗北の事実に求められないか、と考える。イエスの死がたんに歴史的事実過程であるのではなく、同時に、超越的原理過程を意味したと同じ意味で、太平洋戦争は、たんに年表上の歴史過程ではなく、われわれにとっての啓示の過程として把握されるのではないか。

もし戦争体験ということを、たんに歴史過程としての戦争と結びつけるならば、それは勿論「回顧」の意味しかもたないであろうし、戦中世代の独占的な体験範疇とみなすほかはなくなるであろう。そこからは戦争体験論は、ナルシシズムとなるか、ルサンチマンの反覆となるほかはないであろう。しかし、鶴見俊輔や藤田省三、安田武や私などのいう戦争体験論は、全くそのような構造とはかかわりないのである。私たちが戦争という場合、それは超越的意味をもった戦争をいうのであって、そこから普遍的なるものへの窓がひらかれるであろうことが、体験論の核心にある希望である。感傷とか、同窓会趣味とかには縁もゆかりもない。もしイエスの死のアナロジイを応用するならば、キリスト教における普遍の意識は、イエスの死に対する回想的感傷の集合でないことは明白であろう。それと同じように、私たちは、戦争体験にこもる個々の感傷の集成ということを、戦争体験論の課題とは考えないのである。ことばはややおかしいが、「超越者としての戦争」——それが私たちの方法なのである。

そのようなことを、私は江藤淳に語ろうとしたのである。この場合も、私は十分に意をつくすことができなかったし、江藤もまた、戦争過程の中に原理過程を求めようとする私の方法に、けげんな表情でむくいたのみである。そして、逆に、かれは、歴史はいかなる意味でも普遍者になりうるものではなく、むしろ「言葉」こそが、その役割をなすであろうという思想を提示した。私の理解するところでは、その意味は、芸術的言語(ないし表現)に普遍者の意味を付与しようというものであり、それ自身は、現代思想における有力な思想の一つたることを否定できないものであった。[1]

しかし、ここで問題となるのは、なぜわれわれが太平洋戦争の体験のみに超越的契機をさぐろうとして、他の戦争にはそうしないのか、もしくは、なぜ一般に戦争という歴史過程に注目して、他の歴史的事件にはそうしないのか、という疑問であろう。はじめに述べた座談会の場合にも「もしそういうことなら、明治維新という歴史的事件をもとにしても、一向かまわないじゃないか」という意味になる発言が浅利慶太から出されている。たしかにそのとおりである。もしそのような歴史過程が他に求められるならば、われわれはなにも太平洋戦争にのみ超越化の契機を求めようとはしないであろう。そうして、戦中派というような誤解の多い名称をも避けえたはずである。われわれは日本の思想伝統の中に、普遍者の可能性を見出すための方法を求めているのであって、あの戦争のことを語りたいのではない。私のいままでの経験したところでは、この点については不思議なくらい理解されないようである。私たちはもし年齢的に戦後派であろうとも、やはりあの戦争の意味の追求に邁進するであろうということが、なかなかわかってもらえないのである。そして幾度も、例の世代論として問題が押し流されるのが常であった。[2]

ここではじめにふれたように、太平洋戦争という歴史過程が、なぜ特異な体験を意味するか、それは、その他の歴史的体験と、どこが異なっているかを明らかにする段階に到達した。

戦争＝敗戦過程のもつ歴史的意味に匹敵しうる国民的体験は、近代史上では開国＝維新過程以外にはないといっていいだろう。丸山真男のいうように、敗戦はまさにもう一つの「開国」だったわけであり、巨大な国家的変革がひきおこされた意味でも、人間の信条体系の急激な転換が行なわれた意味でも、この両者は、日本近代史の円環を閉じるにふさわしい体験であったことは多言を要しないであろう。

前に述べたように、そのような変化としての開国＝維新は、本来的な歴史意識の形成に寄与すべきはずであった。すなわち、フランス革命の衝撃が、後進ドイツの内部に歴史的個体の意識をよびおこしたように、それは日本の内部に歴史意識をよびおこすべきであった。しかし、それがそうならなかったことは、わが国における近代的主体の意識の形成が不十分であったことのほかに、そのような意識形成の条件となる身分的実体の基礎が微弱であったことと、維新指導者による国民意識の国家主義への誘導操作が成功したこととによって前に説明した。同じことを、別の視角からいえば、日本近代化の早急な要求によって、あらゆる文化意識は、十分に定着するいとまもないままに、時代の帝国主義的進展に即応しなければならなかった。そのため、福沢諭吉のいわゆる「未だ新の信ず可きものを採り得ずして早く既に旧物を放却し一身恰も空虚なるが如くにして安心立命の地位を失い」（『学問のすゝめ』）云々の状況が一般化したのである。そのような状況においては、歴史的個体に対する人間の固執的エネルギーは、到底明確な形態に定着することは不可能であった。

そのような問題関連においてみるとき、太平洋戦争の過程はどのように意味づけられるか。それが明治維新とさえ区別されるなんらか決定的な歴史的意味をもつとすれば、それはどのような点に求められるか。

われわれは、十五年前の八月十五日に、国民の少なからぬ部分が「戦争も終ることができたのか！」という、今から思えば異様な実感をいだいたのを思い浮かべることができる。この実感はさまざまな問題をはらんでいると考えられる。もちろん、終戦の日の一日も早からんことを希望し、その見通しについても、ほぼ明確な判断をいだいていた人も少なくはなかった。しかし、国民の戦争に対する意識の核心部分をなしていたものは「神州不滅」の理念であり、戦争体制はほとんど自然の秩序のように疑うことのできないものとしてそこにあった。

丸山真男は日本の超国家主義の論理構造について「天皇を中心とし、それからのさまざまの距離に於いて万民が翼賛するという事態を一つの同心円で表現するならば、その中心は点ではなくして実はこれを垂直に貫く一つの縦軸にほかならぬ。そうして中心からの価値の無限の流出は、縦軸の無限性（天壌無窮の皇運）によって担保されているのである」（「超国家主義の論理と心理」）と述べているが、そのような国家存在の論理構造に対応して、国民の心理においては「縦軸の無限性」への依存が、一種の無限戦争のイメージを作り出していたと考えられる。事実、心理的にみても、昭和六年に始まる十五年戦争の推移は、戦争の終結に対する感覚を麻痺せしめるに足りたであろう。私の個人体験に即していうことを許されるならば、たとえば満州事変は、太平洋戦争開始の時点において、すでに遠い昔の絵草紙の世界のことのように思い浮かべられたものである。戦争は日常心理の中に定着して一種の自然となり、歴史は自然としての戦争そのものを意味するように思われた。そして、神州不滅は、その論理的根拠をなすものとみなされた。

私は、たとえば日清・日露の両戦役において、それがいかに国家存亡を賭けた戦争として意識せられていたにせよ、右のような心理状態をつくり出すことは決してなかったと信じる。戦勝か、敗北か、いずれにせよ、そこには明確に限定された時間が想定されていたはずであり、結果の判断におけるリアリズムが貫いていたことは疑えないと思う。しかし、太平洋戦争だけは、その点で異常な戦争であった。たんに戦争目的とそのための手段の曖昧さということばかりではなく、おそらくいかなる戦争にもみられないであろうような、奇怪な心理状態がそれにともなっていたのである。そのような心理は、現在もなお、ルバング島の日本兵に、ブラジルの一部邦人にその残影をとどめている。このような戦争心理は、果たして歴史上他に類例を求められるであろうか？

　このような事態を、これまで述べた歴史意識の問題と関連させるならば、太平洋戦争期の体験の意味は、ほぼ次のように考えられるであろう。

　第一に、太平洋戦争は「無限の縦軸」としての国体理念が、そのまま戦争体制として凝結したことを意味した。さきに明治維新において、国民諸階層のエネルギーが個体としての国家に集約したと述べたが、その観点からすれば、敗戦は、国体という擬歴史的理念に結晶したエネルギーそのもののトータルな挫折を意味した。そのことは、いいかえれば、開国＝維新過程において一面においては開かれ、他面においては閉ざされた本来的な歴史意識のための、本当の解放がはじめてもたらされたことを意味する。

　第二に考えられることは、国体理念の解体によって、日本の精神構造は、はじめて「甲羅のない蟹」の状態におかれた。いうまでもなく「国体」は最高の価値シンボルであり、普遍者の擬制的代位者にほかならなかった。あたかも、摂理の理念が西欧において歴史理念としてあらわれた意味で、それは閉ざされた日本社会における歴史の最高のカテゴリイをなしていた。その解体は、全く新たな普遍者の形成を要請することになる。

　ここで、太平洋戦争の過程を、歴史過程としてでなく、超越的な原理過程としてとらえようという提言の意味を改めて考えてみたい。私のいう原理過程というのは、まさに歴史意識における普遍理念、もしくは絶対者の機能に関する意識に対応するものにほかならない。もし太平洋戦争における無数の体験集合を戦争体験の基本要素とみるならば、そこからは戦争の全体的意味はかえって明らかにならないだろう。そのような個々の体験が、構造的に国体論的存在論の規定をうけている以上、国体論的歴史を超越した視野は開かれることがないだろう。その意味でも、新たな原理の観点の樹立と、戦争体験の超越化とが見合うことになるが、その場合、原理形成の根源的エネルギーとなるものは、原理存在の意識と、原理喪失の意識との間に生じる緊張以外のものではないであろう。

　いいかえれば、あたかも福沢が「一身にして二生を経る」がごとき原理的矛盾の中から、その事態を「再びうべからざる僥倖」としてとらえなおすエネルギーをつかみとったのと同じように、普遍理念としての解体と無原理状況の矛盾の中においてこそ、かえってわれわれは個々の体験を越える「僥倖」を期待しうるであろう。その方法はさきにふれたように、一人のナザレ人の愛憎にみちた生涯の終焉から、福音の原理を構成しえた方法とかわらないともいえるのである。*

* この点で、最近再出発した「日本戦没学生記念会」(「わだつみ会」)の基本理念について、安田武は、それを一種の信仰(信念)集団と規定しているが、私もまた、ほぼそれに近い意味をそこに認めている。もしそこから、たとえば絶対的不戦(＝徴兵拒否)の運動がおこるならば、それは、私のいう戦争体験の超越化の一例となるであろう。それは世代論と全くかかわりない原理転換の問題であり、また、反戦政治闘争の次元ともカテゴリッシュには異なった思想伝統形成の問題である。

注

1 この対話趣旨は、流産におわったある座談会の記憶からとったものであり、私なりの解釈でまとめたものであることをおことわりしておきたい。しかし要旨はこのとおりであった。そして、ここで江藤のいう、「言葉」の意味は、人間の「表現」に対する信頼を指すと考えてよいであろう。この思想は、たとえば小林秀雄の「様式」に対する信頼や、ドイツの詩人ゴットフリート・ベンの「註釈ではなくて形態であるような言葉」の規範化などに相通ずるものと思われる。

一般に、そのような思想は、「知識人の最後の信仰」とよばれる「歴史」を超越しようとする意向として、現代思想の中にかなり強くあらわれているものである。

しかし私は、日本の現代史を超越する契機は、やはりむしろ歴史意識の中に含まれるとする立場をとるだけである。

2 戦争体験が、戦争世代の独占的な発想源であるという考えは否定されねばならない。そのためには、戦争体験論という用語も、それに結びつきやすい戦中派という用語も、いずれも不適当であるように思われる。もし他に適切な言葉があるならば、それらは置きかえられるのがよいと私は考えている。たとえば、私は、ここで述べているような私たちの立場を、たんに「歴史派」という名でよんでもよいと思っている。それはいわば「世代派」ともいうべきすべての態度のアンチ・テーゼとしてである。

(初出『現代の発見』第二巻、春秋社、一九五九年/『橋川文三著作集5』筑摩書房所収)

竹内 好×橋川文三
革命と文学（抄）

橋川の「師」竹内好の逝去直前に行われた対談である。多様な論点を含むと同時に、橋川が竹内から何を学ぼうとしたか、歴史の何を語り直してほしかったか、橋川自身が今後何を「ライフワーク」にしようとしていたか、その切迫感に重要な示唆がある。

（冒頭略）

近代文学史への疑問

橋川　ぼくの個人的な感想でいうと、近代文学の通史ってのは、まあ日本の場合は相当通史は発達してると思うんですけど、それでもやはりちょっと困る。やっぱりいま近代日本文学史を書く人たちが、どうしても自分たちの青年期のいい意味でも悪い意味でもバイアスをもってて、それで歴史が描かれる。まあよかれ悪しかれ代表的なのは、たとえば平野謙さんが「現代文学史」を書く、これはもうそのとおり信じていいという気持をもつんですけど、なにか残っちゃう。なにかやはり一面的じゃなかろうか、というふうに。

それが中国の場合になるともっとはなはだしい。われわれ第三者に近い素人がみていくと、えらくこまかいことを論じている論文もあるし、それから通史らしきものもある……しかしそれもさまざまに改訂々々というふうに書きかえられてるようなものですね。とにかく多岐亡羊の感じがするわけです。

それでそんな清末から云々というふうな大きなものじゃなくて、せめて「文学革命」以降ぐらいをこちらに考えさせてくれるような……ある一定の図式で書かれるんじゃなくて、考えさせてくれるように日本人の書いた近代中国文学史がないか、という気持をよくもつわけです。

というのは、たとえば魯迅の場合にはとくに関心が日本の知識人には強いだけに、案外狭い座標で見てるかもしれないなという妙な危惧感がある。もう少しなんかがあるんじゃないかという……まあ漠然とした感想ですけども。だから同じように、たとえば中国三〇年代文芸が問題になるにしても、その意味をどう捉えていいのか、さっぱり勤勉なる日本知識人たちも群盲象をなでるようなことになってるんじゃないかな、という気がしてはなはだ居心地が悪いわけですよ。魯迅とか、中国現代文学とか、いろいろ読んだり読まされたりしていながら、なんか居心地が悪い。この居心地が悪いのはどうしてだろうかということも、べつの問題なんですけども……。

竹内 漠然とわかるんですけどね。日本文学史でも、近代文学史がたくさんある。教科書的なものもあれば、もっとその……。

橋川 情念をこめたやつもある。

竹内 あるけども、それでしかし満足しますか。満足っていうとおかしいけどさ。それぞれ違う、その違うなかには自分に触れ合うようなものもあるわけね。

橋川 それはあります。

竹内 それが中国に関してはないというわけでしょう。

橋川 非常に少いわけですね。で、なんか魯迅だけもてはやされるのが逆に危いぞというような気がしなくもないんです。

竹内 それはそのとおりなんで、戦後、というより人民中国になって以後、五〇年代に日本語に訳された浩瀚な現代文学史があるのよ、王遥っていう人のね。日本語訳は五冊本になっていますがね。ほかにもあるが、これが一番詳しい。もとは二冊ですけどね。

橋川 いま一冊本で出てるやつじゃないですか。

竹内 その文学史は全くあなたの言うように魯迅中心なんですよ。魯迅を軸にして、それにいろんなものをつけ加えた形の文学史。これがオーソドックスな文学史観だと思うし、当然そういうものが出てくる理由はあるんだけれども、余りに視野が狭い、ということは言えますね。

橋川 王遥という人は左連時代のいろいろな論争に巻き込まれたことのある人ですか。

竹内 巻き込まれたというんじゃなくて、もうちょっと距離のある人じゃなかったかな。

橋川 でも同時代の人ですか。

竹内 大体そのくらいでしょう。あれは一度改訂してる、例の批判問題のあとだから、丁玲とか、一連の作家がやられ、そのあとすぐ胡風批判になった。もっとあとになると逆に胡風をやっつけた周揚がやられたがね。ちょうどその時期ですから、そのために改訂した。日本訳ではその改訂をくっつけてありますがね。

橋川 それどこで出ました?

竹内 河出書房(一九五五~五六)だった。四、五人の共同訳で、われわれの昔の仲間では実藤恵秀や千田九一も入ってる。千田が死んでから、もう十年になるから、あの本も市場にないかもしれない。

日中戦争と三〇年代文学

竹内 魯迅のような大きな存在だったら、新中国になってから、相当な改訂をしなきゃいけない、ということは当然起るだろうということはわかるんですけどね。ところが日本の中国専門家の人たちは、それをフォローするのに精一杯という感じになっちゃって、結局あれよあれよでしょ。ぼくなんかには、そういうとこがなんともまた居心地が悪いわけですね。だから一つの工夫としては、ぼくらが日本の三〇年代を見る……自分たちのことは一応知ってるから、その感覚を精一杯拡大して、顕微鏡風というか望遠鏡風というか、とにかく神経をうんと拡大して、あの時代あるいは魯迅を捉えるというふうな、個々人の内部の工夫になっちゃうんですよ。そんなよけいな工夫をさせないでいいようなスカッとしたものがない……ないようにみえるんです。そこのところあたりが一番気になってることなんですがね。

これはなにも文学史にも魯迅問題にも限らないんで、ぼくは日中戦争史というのをライフワークのようにして書きたいなと空想してるんですがね。もう間に合わないかもしれないけど。

いや 間に合う。ライフワークでやるべきだ。

橋川 そういうときにその問題意識があるわけです。だから改めて三〇年代文芸が気になってくる。あれはなんでしたっけ、「三〇年代文芸の栄光」じゃなかったですかね、どういうふうに批判が出されてましたっけ。

竹内 いや、それは知らないよ。そういう言葉あるの。

橋川 たしか「三〇年代文芸の栄光」、つまりその表現自体が問題になったわけでしょうかね、胡風から周揚批判のもとになった……。

竹内 あそこで問題になるのは三〇年代というよりもむ

しろ四〇年代ね。三〇年代というのはわたしの理解でいうと、二〇年代に全面的近代化した中国文学が世界的な同時代性を獲得する時期だと思うんですよ、プロレタリア文学を媒体としてね。その点で日本とは非常に密接する。日本の場合だったら、まあドイツとそれからソビエト、ソビエトは文芸政策のうえでのラップからの影響関係になるがね。それがまがった形で中国にもあって、中国の場合には日本からも影響を受けてるし、直接にラップからもきてる。

そこで同時代性をもつんだけども、同時に微妙な食い違いも生じるのね。

橋川　そのあとの問題ですが、さっきの問題ともつながるんですけど、その同時代性が形成されるプロセスと構造、これの微妙なずれ、これが日本人の眼で、中国の三〇年代を日本人の三〇年代と総合して捉えたいというときにやはり問題になってくるのも、そのずれですね。あれがわからないからとても困っちゃう。

竹内　それが起るのは三〇年代というより二〇年代の終りだね。二〇年代の終りから三〇年代の初めにかけてということですね。三一年に満洲事変、これはすでに戦争の勃発なんだけども、なんといっても東北は辺境だから、文壇の中心部のほうにはすぐショックはいかないわけでしょう。余裕があるんですよ。たとえば魯迅にしても日本語で、日本の雑誌に書き出すのはその頃だからね。そういう非常に複雑な動きがある。中国でいう三〇年代ってのは、後半はやっぱり抗戦の時期になりますね、抗日統一戦線の結成にむかって全体が動いているというのが一番基底にある特徴じゃないかね。そこから食い違いが起るわけで、三七年の蘆溝橋、これはもう決定的なんだけど、それ以前から動きがある。統一方針をめぐる論争が起って胡風と周揚の問題というのが発生するわけ。そのころ日本ではプロレタリア文学は弾圧されて、事実上なんにもなかった。生き残りはいて、いろんな屈折した形でやってはいたけれども。たとえば鹿地亘のような人が中国へ一種の亡命のような形で行く。行くとそこで胡風との連絡がついて、そこから改造社の「大魯迅全集」なんてのはその協力で出るのね。

そういう複雑な動きをカチっと押えるのは、なかなか難しいけどね。ともかく事実だけでも出すのがいいと思う。そうすると日本と中国との関係で、三〇年代文学を両方を含めて考えることが可能になるね。

橋川　いや含めて考えないと、ぼくとしては日本の文学史もまあ駄目だと思う。それから中国のことになると、むこうの人にはわかってもぼくらにはわからんのだから、やっぱり具合悪いんじゃないかと思うところがあるし。いろいろヒントを与えられるだけでね。

竹内　いまヒント以上のものはなにもない。

（中略）

「大魯迅全集」の頃

竹内　わたしの『魯迅』は書いたのは四三年で出版されたのは四四年末、殆ど紙のないようなときに最後に出してもらえた。このときはじめて魯迅を通読した。あの本では引用を多くしたの。というのは改造社の「大魯迅全集」は出ているけども、当時から非常にいいとはいえない。だから別に自分の訳を出したいという気はそのときからあったわけ。ただし急にはできないから見本のような形で出してみた。あのときの訳はいま見ると、自分でもそう悪くないですね。語学力はそんなにないはずなんですが、戦後にわたしがやった長たらしい訳よりは、はるかに簡潔でいい。

橋川　あの『魯迅』の文体というのは、竹内さんの戦後の訳の基礎になっているということと、もう一つは改造社の「大魯迅全集」のほうは、ぼくは戦後になって人から借りて見たんですけど、あれの文体と明らかに違う文体で魯迅を捉えている。あの「大魯迅全集」しかなかったら、魯迅像ってのは日本の読者のイメージではあのままになっちまったかもしれない。あれを変えたのは竹内さんだと思うんですがね。いや、われわれに入ってるのも竹内さんの文体で入ってますよ。

竹内　そういう意図もあったし、それに「大魯迅全集」は非常にレベル低い。

橋川　しかし、死んだらすぐ全集を出すというそういう、熱気がありながらね、受けとめる日本側に。それでどうしてああいう文章しか翻訳でできないのか……。

竹内　あれにはいろんなものが混在してる。去年だか、山上正義宛の魯迅の詳しい『阿Q正伝』の註が発見された。丸山昇君が幸運にも発見したんだが、「大魯迅全集」の『阿Q正伝』訳はそれを使ってる。そのほかに佐藤さんの訳も使ってる。そのほかは既訳は少いんで井上紅梅の訳がその前にありますが、これはハシにもボーにもかからんもんだが、それでも手を入れて使う。あの「大魯迅全集」は個々には訳者の名前は書いてない、共同の連名だけしかないですが、専属の編集は増田がやったらしいですね。それで今まである訳を使うけれども、それには増田が手を入れた。そのことでだいぶ鹿地亘なんかから文句を言われたそうだがね。鹿地さんは当時もう上海へ行ってるでしょう、胡風と組んでね。評論の選択やったのは胡風ですよ。それを訳すのは多分鹿地さんでなくて誰かが下訳をやってるとわたしは推察しますね。鹿地さんにしろ、当時の鹿地さんの奥さんである池田さんにしろ、中国語が訳せるとは思えない、当時この二人の名で出ているのはひどいものだった。だから、これは誰かがやってると思う。これからの研究者が調べるといい。江藤淳式にやることもわたしは賛成しますがね。

橋川　ぼくは「大魯迅全集」は、第一ろくに魯迅の名前も知らなかった頃で、戦後潮流社にいた頃ですが、瓜生忠夫さんのところへ行って全部借りてきてずっと読んだんです。それでぼく個人が古本屋で見つけたのは『大魯迅全集』の第一巻だけですね。第一巻ってのはわりかし厚くて、初期の代表作みたいのが入っていた。しかしそれによって魯迅てのは凄いなとかなんとかっていうイメージを抱いた憶えがないんです。それと竹内さんのが出たのと、前後関係よく憶えないんですけどね。やっぱり竹内さんの『魯迅』というのは生きたやつとして……。わたしの『魯迅』を。

竹内　あなたが読んだのはいつですか、

橋川　いや、それもあんまり憶えないんですよ。本を見てもね……最初の日本評論社のやつはそのころ見てません。創元文庫、これは持ってます。戦後一番早いのはなんですか。

竹内　最初の版は戦災で焼けたんですよ。戦後に日本評論社が東洋思想叢書のなかでガンジーと魯迅だけを〝叢書〟の名前をはずして新組にして出した。わたしが復員して帰って来る前にすでに進行してたんです。というのは、あのときにはどの出版社も占領軍の印象をよくするために苦肉の策を弄した。日本評論社も例外ではなく……これはわたしの解釈ですよ。あの叢書のなかでほかのはまずいけども、これを出しておけばいいだろうというので選んだのが、蠟山芳郎さんの『ガンジー』とわたしの『魯迅』だろうと思いますね。それが進行してたの。だから帰ってきたら、これはもう進行してるんだから訂正しないでください、と言われた。そのかわり、お金を先払いでもらって随分助かった記憶がありますね。この改版が出たのが四六年です。でもそれはそれほど部数は出ていないはずです。そのあとに創元文庫に入って、こちらも創元社はわりに早くつぶれましたから、そんなに出てないでしょう。で、ずっと途絶えてたところ、未来社の松本君から声がかかって未来社へ入れた。そいつが細々と続いてるという状態ね。

橋川　じゃあ創元文庫ですね、ぼくが最初に見たのは。

上部構造的文学史の限界

竹内　いまはね、三〇年代論をやれとか、魯迅の本質論をやれとかいわれても駄目なんだ。もっぱら訳に追われてる。訳文の訂正もあるがね、今度は註を入れるんで、それに追われてて、もうなんとも切羽詰まった感じだね。

橋川　中国版でつけている註は、もちろん参考になるけども……。

竹内　参考にはするけどね。出典やなんか、いちいち調べなくてもわかるから、その点はありがたい。ただわたしの註は専門家用ではないから、出典は詳しくしないつもりです。普通の知的レベルの人がどのくらい予備知識があるかってことを想定して、それに役立つものにしたい。といっても、こちらも知らないんで、おぼろ気に知ってるつもりでもいざ註を書くとなるといちいち確かめなきゃならない。それが非常に面倒ですね。簡単にできると思ってはじめたところが、そういかなくなったんで、しまったと思ってます。乗りかかった船でね、やるよりしようがないんだけど。

さっき話に出た文学状況っていうやつね、二〇年代でも三〇年代でもいいけど。それは説明してみても、いわば上部構造なんだよね、文学史ってやつが。いったいそれでいいのか、という疑問があるのよ。へんな言葉を使うわけだけどね、土台がわかんなくて上部構造だけをずっと辿っていいかどうか、という疑問があってね。

橋川　その上部構造論になると、ある古典に註をつけるときに上部構造論だけで押せるというやり方をすると、まあ戦争中なんか日本にあったように、テキスト自体が間違ってるときめつけて、テキストをいわば上部構造的に歪めちゃうという可能性があるわけなんです。

竹内　それはどこにもある。中国の考証学はそうだし、それを受け継いでいる京大の考証学もその気味がある。

上部構造とか、土台とかこんなの不思議な用語だけどさ、それをもう少し意味を変えていった場合に、つまり普通の社会状態、普通のっていうのは民衆の生活の様式とか慣習とか、そういうものが土台としてある程度の理解がないのに、それと無関係に、まあピークだけをつなげるような形での文学史が書けるかどうかという疑問なんだね。日本の近代文学史について言っても、伊藤整がやって、いま瀬沼さんがあとを継いでいる『日本文壇史』、わたしはあれは非常に役に立つ。つまり底辺の日常性への配慮があるんだね。あれは元があるらしいんだけどね、西洋に。

橋川　そんな感じしますね。ぼくもあんまりよくイギリスやアメリカの文学史、思想史をじかに読んだことないんですが、どうも向うのは違いますね。

竹内　そういうものをやりたいんですよ。魯迅の書いてる文学史は、彼は古代から清末まで系統的な歴史をやってますが、それは全くそういうものでなくて、厳密な書誌的考証と、ひかえ目な評価ですね。自分をそれに限定してやってるんで、それはそれでいい。だけども彼が生きていた清末からの同時代のことを系統的でなく断片的に書いたり喋ったりしたものについていうと、非常に日常性への配慮が働いてるね。それが当然だと思うんですよ。

橋川　その当然というのをもう少しあれこれ敷衍して……。

竹内　最初に話に出たナチの研究の新しい傾向〔編注：ヒトラーなどではなく地方の共同体や集団、組織を調べる〕ね、そのときパッと思いついたのは柳田国男ですね。日本での柳田ブームってのは、いろんな複雑な動きがあるだろうけども、まあ柳田さんの学問というものの動機はそうでしょう。動機だけじゃなくてね。つまりイデオロギーのほうを禁欲してるわけだよ。そういうのが生き返るというか、改めて読まれるような風土・気候というか、それが相当ほうぼうにあることの例になるかもしれないね。

橋川　竹内さんがこんど魯迅を改訳されるときの気持のなかにそういうものがあるということと、魯迅自体が文学史をやるときには、もっとある意味では禁欲的、ないしは古い学問のスタイルに寄っかかったということと、つながりがあるということなんですか。

竹内　有名な広東でやった講演があるでしょ、魏晋の世相と酒と薬の問題をやってるのがね。あれなんか上部構造だけやっている人にはああいう着眼はうかばない。だからあッと言わせたわけね。しかしそこに彼の、歴史の見方の特徴的なものが出ていると思うね。むろん官憲の目をたぶらかすためにやったという理由もあるでしょうが、絶対にそれだけではない。やはり文人の生活のほうから逆に文章を照らし返すという方法が、彼の本質としてあると思うんですよ。

橋川　それに関連するんですけども、日本でいうと大正末期に北京から逃げ出す。逃げ出すまでに、これはたしか竹内さんも書いておられたと思うけど、なんかあの頃金石文なんかに凝っちゃうっていうか拓本ばっかし集めたりしてる。あの時期の魯迅なんか、ぼくなんか非常に興味があるわけです。つまりああいう生き方ってのは日本だって江戸時代なら江戸時代からあったような気がするし、そんな意味でも興味があるわけですが、そういう場所から広東ですか、南へ逃れて、魏晋の酒と薬の話をする、というところにつながってくるということはわかるように思うんですが、それとわれわれがいま魯迅として捉える魯迅イメージとの連続ないし非連続というふうにいえば、やはりなぞめいた感じがどうしても伴う。要するに魯迅は一体なにものだということになるわけですけども、そういう意味では全体像としての魯迅が竹内さんのなかで、最初に『魯迅』を書かれた頃と、いま改訳されているときの現在のイメージとどういうふうに絡み合ったり分離したり、あるいはやっぱり一緒になったり……そういうことを聞ければ一番いい、これだけ聞きゃ、今日はぼくはいいと思うんですけど。

竹内　いまやってるのはそれではないんで直接には答えられないがね。いずれそういう集大成がなされる……わたしの力では及ばないと思いますが、でもいずれはそうなると思いますがね。そのための基礎づくりを今やってるの。

革命は一回では成功しない

竹内　それはどういうことかというと、清末から三六年までの、これはほぼ五十年、前後入れればもうちょっとになりますね。この期間に清朝を倒す革命があって、その前後に何回かクーデターがあって、それから国民党による一応の全国統一、国民党による国家建設があって、しかし同時に国共対立が内在していて、それが進行する。一方では外圧が、日本の侵略というものが圧倒的な力でかかってくる。そのなかから新しい革命が成功するというひとつのサイクルがある。それを理解する方法はいろいろある。どういうアプローチでもやれるんだけども、政治的アプローチだとイデオロギーが絡んでくるんで、それにはタッチしたくないの。

それを理解しないと魯迅は規定できない。しかし規定する前に、逆に魯迅を使ってできることがあるだろう。それをやりたいということですね。一つ例を挙げればいいんだが、たとえば官制の変遷、これが実に厄介でね。清朝でもいろいろ変ってますが、ことに清末から民国にかけては変化がはげしい。清朝の最後では、立憲政体への準備が一応あって内閣制ができるし、議会の萌芽みたいのができるわけでしょ。ところがそれが間に合わなくて辛亥革命になる。辛亥革命そのものが実にわかりにくいけどね。わかってたつもりでいても、いざ註を書く段になるとこれまでの知識では間に合わないのね。

橋川　ぼくが、さっきから性急にうかがおうとしているのは、わかった気持に早くなりたいんですよ。いつまでもわからないものがあるとしんどいと、まあ簡単に言えばそういうことなんです。

竹内　いや、それは駄目だ。（笑）それはちょっと棚上げにしてもらいたいんだ。

あのときに、たとえば都督っていうのができる。武漢で革命……あの革命ってものは非常に面白いもんだね。これは司馬遼太郎の領域だと思うんだけど、とても手に負えないね。黎元洪が都督に担ぎあげられる。都督っていうのは独立政府の元首、軍政府の長官でしょ。あの都督ってのが、どういうものかっていうことがわからないね。

橋川　だからね、こういうことになるんです。さっき三〇年代中国をわかるためには、ぼくならぼくは三〇年代日本を理解して、それの類推とか拡大とかっていうふうに考えたいと思うんですが、いまの辛亥革命のときの都督っていうのがよくわからんといわれる。そうなると日本の場合とはたしかに違うと思う。日本の場合には古代天皇制から律令制になり、さらに武家の社会になり、それから徳川幕府の封建的中央集権になり、明治維新になる、しかし一貫して官制の問題、官職とか位階とか、これを理解するために、たとえば便利なアンチョコみたいな『読史備要』みたいなのがある。それによって大体類推がずっとつながるような政治であり歴史だったわけです。中国の場合、そういうものがあるかどうか知らないけども、ああいう歴史的国家ですから、おそらく大部分がわかるようなものがあるとは思うんですが……。

竹内　それはある。

橋川　そういうものでも間に合わないということに、辛亥革命前後からなるわけですかね。

竹内　大雑把なことは字引を見てもわかるよ。でもこまかなことはわからない。日本だって、最初は太政官制になるでしょう。あとで内閣制ができる。その辺の大雑把なことはわかるけど、そのときにどういう名称が採用されるかということね、これは細かく見ていったら、よほど専門家に聞かないとわからないじゃない。太政官制のときに大臣という名が復活する。左大臣、右大臣、太政大臣だね。それが内閣制に移行したとき大臣という名前がそのままになったのはどういうわけ。

橋川　それはおそらく連続はしてないわけでしょうね。

竹内　中国でも大臣という名前は昔からあるが、欽差大臣っていうやつで、臨時職だね。ところが清末に官制改革があって、それまでの尚書が大臣と改名された、多分そのへんのところは日本の内閣制をそのまま採用したんじゃないかという気がする。しかし大臣という名前はこのころだけで消えてしまう。民国では総長、国民革命のあとは部長になった。といっても、皇帝制、日本でいえば天皇制だが、その意識が辛亥革命で共和制になったからといって、一挙に消えたわけではない。民衆の意識のなかではまだ残っている。だからその後に袁世凱の帝制があるし、張勲の復辟もある。その頃はもう大臣というものは残っていないが、復活する可能性はあった。その可能性が完全になくなるのは国民革命以後でしょうね。

だから革命というものは一回じゃ成功しないと言えると思う。辛亥革命は国民革命でやっと革命として歴史に定着したと、こう言ってもいいぐらいじゃないですか。だからその後の人命革命ね、四九年の新国家の建設によってそれ以前の国民革命が歴史に定位されたといってもいいと思う。ただ、いま中国ではそういう解釈を認めない。国民革命が全国を統一して新しい国家をつくったということはね。つまり国民革命の成功という時代区分は認めない。それは当然なんですよ。いまの中国の歴史区分からいうと、それは第二次内戦の時代なんだから。

もしね、こんなことを言ってはまずいんですが、空想的に言うとすれば、仮にこの次もう一度革命があるとすると、そこでは国民革命を認める歴史観がよみがえる、そういう関係になると思う。

魯迅と毛沢東

橋川　それでなんとなく思い当るのは竹内さんがよく三

○年代、いわゆる国民革命、国民政府ですね、これをちゃんとやらないといかん、ということをおっしゃってましたが、その感じはぼくもわかると思うんですよ。しょっちゅう鼻面を引きずり回されて、隣りの国のことをあでもない、こうでもないということをいわれるより、もっとこう民衆レベルで、ああいうものだと肚の底で大体みられるような、そういう基礎があればいいんでね、隣りの国がどう変ろうと。とは思うんですが、それがないから、しょっちゅう騒がんといかんし、まあそれは隣りの国の政治が大きな影響を与える、これはどこの国でもあることで、それでいいとして、しかし、たとえば魯迅イメージがいつまでも動揺するとなると困るなあと思う。それを竹内さんやっておられるというんですから、これ以上言うことないんですけどね。

竹内　それはどういう意味かわからないな。

橋川　簡単にいえば、つまりこの人をつかめば中国はわかるというくらいの存在なんですよね。魯迅はいつの間にかそうなってる。その魯迅を本当にわかれば、枝葉末節はともかくとして、そんなに日中友好関係のなかで大混乱を起さないでいい、というくらいのことなんですがね。

竹内　それは無理だ。魯迅だけをわかるということはできないね。

橋川　いや、それを含めて魯迅が、まあ虚像実像ってのがあるかもしれないけども……。

竹内　日本にはそういう人物、ちょっといないでしょ。

橋川　これはもう昔から言われることですね。世界中の民族の象徴になるような連中を、ハンス・コーンというナショナリズムの研究者がずらっと挙げてるんですが、日本は全然あげていない。中国の場合も、ハンス・コーンの場合は抜けてるんですが、おそらく魯迅で代表できると思いますよ。

竹内　そうかなあ。

橋川　いや、孫文でもいいですよ、コーンが挙げたレベルでいえばね。日本はそれ以前でぜんぜん出てこないんですよ。

竹内　日本はいい国だよ、英雄いらないんだな。（笑）

橋川　だから日本の場合は、あげるんなら明治天皇しかないということになるわけです。

竹内　そりゃそう思うね。明治天皇しかいない。日本の明治天皇は中国でいえば、やっぱり孫文プラス毛沢東だろうね。魯迅はちょっと違うよ。文化のシンボルと権力のシンボルと、そのへんは違うな。明治天皇は歌はたくさん作ったがね、文化のシンボルはちょっと無理でしょうね。日本浪曼派は大変高く評価するけども。

橋川　たしかにそれはちょっと難しいですがね。いまのお話にちょっとからめてみますけども、後醍醐天皇時代のことを勉強せんといかんのです、ぼくはいま。後醍醐天皇は明治天皇が民族のシンボルだとすれば、過渡期における旧時代の文化全体のシンボルになるらしいんですね。北畠親房流に考えれば、武家支配が浸透する以前、摂関政治以前の純粋な王朝文化の伝統があそこに集中されている。だから歌はもちろん、工芸品までに影響するというような言い方を誰かしてましたね。ひとつのシンボルだったということで。明治天皇は、もう少し悠々とやれたわけだから、まあ歌だけですんだんでしょうね。

というのは魯迅の問題に返って、最も卑近な言い方をすると、毛沢東のヘゲモニーというか、彼の神聖なる権威というもの、これと魯迅とは直接には切れてるという点では……。

竹内　関係はあると思う。毛さんの魯迅論はいいですからね。

橋川　しかしまとまったものはありますか。

竹内　まとまったものはない。

橋川　見るところは見てるという……。

竹内　毛さんはむろん、全部読んでるとかそういうことではなくて、見るところを見ているというか、核心をつかんでいる。延安で魯迅の名前をつけた学校をね……。

橋川　魯迅芸術学院。

竹内　つくっているというのは、むろん国民党に対する対抗という一面はあるけれども、それだけではないと思う。そのへんの解釈はむつかしい問題なんだが。

橋川　国民党が否定したというのは公式的な意味ですか。

竹内　そうですよ。国民党側は魯迅を全的に認めない。文学的に認めないだけじゃなくて、政治的に敵対関係にある。露骨に弾圧した。魯迅の出版は三〇年代以降は殆どアングラですからね。

橋川　でも戦争中の国共合作時代には、重慶、成都、桂林、香港、上海などで魯迅の三周年か四周年の記念会がかなりさかんに行われている。そこに国民党の文化特務が妨害に入ったりするということは日本側の記録にも出ていますが、しかし正面切ってという感じじゃないわけですね。つまりそこに集まってる赤がかった連中に対する嫌がらせであって、魯迅そのものを否定するという姿勢なのかどうか、そこぼくにはよくわからないんですがね。イデオロギー的にいえば当然そうでしょうけども、ちょっと簡単には否定しきれなかったんじゃないですか、とくに戦争中ですしね。

竹内　あのときは国共合作の初期で、一時よかった。武漢時代までの、ごく短い期間。台湾じゃ今でも魯迅は禁書です。名前を口にすることも危険ですよ。

橋川　台湾の目から見たらかつてのソビエトのドストエフスキーでもないが、なんかそういう感じに映るわけでしょうかね。

竹内　ドストエフスキーじゃないね、もっとちがうな。ドストエフスキーは、政治的なものであるよりも、もっと文化レベルの問題でしょ。だから、復活してもおかしくない。マヤコフスキーとかエセーニンとかはもっと前に復活してるからね。それと同じじゃない。魯迅は毛さんが聖人だと言ったわけね。だからどうしようもない。台湾から見たら毛さんと一体だものね。

橋川　そうなると孔子と魯迅が二十何世紀を隔てて格闘することになりそうですね、二人の聖人が。

竹内　いやいや、孔子は古代の聖人である、魯迅は現代の聖人であると毛さんは言ったわけよ。孔子批判の時代には説明を加えないとまずいんですけどね。

保田與重郎と太宰治の魯迅観

橋川　松本健一さんの『竹内好論』のなかにあるんですけどね、保田與重郎が戦後出した『日本浪曼派の時代』ですか、その中に、魯迅がとにかく一遍に嫌いになったということを書いています。つまり「私は魯迅の一つの文章の中で彼が孔子のことに触れているのを読んで非常に不愉快な感情を味はつた」と。

竹内　それは戦争中でしょ。たぶん魯迅が「改造」に日本語で書いた『現代支那に於ける孔子様』を指すんじゃない。

橋川　ああ、あれを読んでですか。いや、しかし、松本君のを読むと……。

竹内　いや、保田は時空を超越してるから（笑）、それでもいいよ。

橋川　「いま保田が不快に感じた魯迅の文章及びその翻訳者について詳かにすることを得ぬが……」と、まあ松本君のは続いてるんですが、これはいろんな意味でちょっと意外なんです、保田の問題に限っていえば、そんなに孔子様が大事だったのか、ないしは書き方が嫌だったのか、それともそういうものを紹介する日本の翻訳者の気心、裏心が嫌だったのか、よくわからないんですがね。保田はしかし国学の系統を引くとしたら、ちょっと孔子に対し嫌味を語ったって、そんなに気にする必要はないと思う。むしろそういうものを喜んで翻訳し紹介し、ないしは喜んで読む、その連中に対する嫌悪というのならわかるんですがね。

竹内　それは戦後にそう言ったのなら、まあそのときに昔の記憶がよみがえったのか、あるいはいま読んだか、多分ごっちゃになってるかと思いますが、孔子を批判したから嫌になったということは、かりに保田がそう言ってもおかしくはないね。だけど魯迅の場合は、孔子をからかってはいるが、否定してるわけじゃない。あの『現代支那に於ける孔子様』という文章にしてもそうですよ。わたしが太宰治の『惜別』で不満なのも一つはその問題ですね。

橋川　それは確かにそうですね。

竹内　魯迅が書いてるのは、日本に来たのは孔子が嫌で……孔子という場合は孔子そのものというよりも儒教体制、日本でいえば天皇制ね、それが嫌で来たのに、日本へ来て嘉納治五郎が院長である弘文学院に入ったところが、きょうは孔子の記念日だから湯島へお詣りに行こうといって全員引率されて行った、それでがっかりした、ということが非常に軽妙なタッチで書かれている。

それをどう見るか、保田の場合は知りませんが、時代背景だけいうと、そのころ維新派と革命派がものすごく対立していた。一種の近親憎悪でね。その維新派が孔子をかついだ。紀元にしても維新派は孔子紀元を使った。それに対応して革命派は黄帝紀元を使った。そういう政治の渦の中での孔子というものは、維新派にとっては神聖なシンボルだから、よけいに革命派のほうがそれをからかいたい気分になる、あの頃はね。魯迅がこの文を書いたのはずっとあとですから、もう少しゆとりをもって書いてますけどね。

橋川　そういうつまり当事者でなければわかりにくいような状況がある。あとから書かれたものを通して当時を想像するともっとわかりにくくなる、ということももちろんあるわけですけども、それともう一つぼくらに一番わかりにくいのは、ちょうどいわゆる同時代史が成り立ちかかったまさに三〇年……二〇年代の末でしょうか。

たとえば左連というものができる。それはまだいいとして、例の国防文学論争ってやつ、あれがさっぱりわからない。今村与志雄さんなどもどうもピンとこないというふうに書かれていたんで、やっぱりその点は同じだなと思うんですが、あそこで起ってる問題と、いまの近親憎悪みたいなものとつながるのかつながらないのか。違うような気もするんですけどね。

竹内 いや、つながるとこは大いにある。あの問題は、まだ今のところ未解決ですがね。国防文学と民族革命戦争の大衆文学という二つのスローガンの対立、これはスローガンだけじゃなくて、背後にもっと深い対立がある。そして戦後にまで尾を曳いた。人民中国以後にね。この問題は、それを全的に理解することはできないけど、整理をすることはできると思うんですよ。

橋川 整理してほしいんですがね、専門家に、ほんとに。(笑)

竹内 その要求を特筆大書してください。まあ、専門家は駄目だという説もあるけどね、そういう基礎的な整理ぐらいはやれるし、やる任務があると、思うんです。わたしも専門家の一はしくれとしてそれをやろうと思ってるんですがね。その問題はとても手に負えないけど、いろいろやらなきゃいけない。

橋川 あれがわからなくて、魯迅がいくらブームになったって困る。つまり全く純芸術派的な文学鑑賞の立場から魯迅をみるというのならわかるかもしれないけど。

竹内 いや、そんなのはいない。

橋川 そりゃ無理ですね。翻訳で全部読んでるんだから。

竹内 翻訳だってね、まあ鶴見俊輔流にいえば誤解は創造の源泉になるんだから、それでもいいと思うんだよ。

プロレタリア文学とはなんであったか

橋川 こういうことを大雑把に考えるんですがね。日本でいうと大正の末頃から、中国の文学もプロレタリア文学が登場してから、さかんに日本と同じような政治と文学、芸術と生活、イデオロギーと創作、というのをめぐる論争が起ってきますね。

竹内 あるねえ。

橋川 あるところまで同じなんです。類推できそうです。まあ時間的ずれはちょっとあるんじゃないかと思うんですが。

竹内　あるね。

橋川　しかし国防文学論争、あれはむこうだけのもので、日本にあれに相当するものがあるのかという感じがするんですが。

竹内　そりゃない。

橋川　ないと考えていいですか。そうするとますますこちらには内容理解が難しくなるわけだな。……なんかありそうな気がするんですがね、あれに相当したものが。

当時の論争集がたくさん出ていて、それが今、あれは香港辺の海賊版ですか、どんどん入ってきてて、ああいうのみるとぼくは本当に関心があるんです。日本のほうもさかんに大論争やるでしょう。ちゃんと幾つもの論争史にまとめられている。あそこらから入っていけばわかるような気がするんですがね。

竹内　そうかもしれないね。しかし大変な手間がかかるね。

橋川　ええ、厳密にフォローするんだったら大変手間がかかる。日本の文学史家が日本の文学史をつくるのに大変な手数がかかるようなもので。ただぼくらが知りたいのは、いわゆる専門の中国文学研究者から与えられている魯迅像というか中国文学像じゃなくて、すぐ隣りだから、つまり同じ時代の人間が同じように生きて、同じような大ヘマをやったり、すばらしいやつはすばらしかったり、そういう理解のリズムは同じだっていうことね。理解のリズムっておかしいんだけども、同じ問題に同じような方法とか武器を使ってしか取り組めなかったのがあの時代の中国人であり日本人である、というぐらいには納得をしたいわけです、ぼくは。

竹内　プロレタリア文学の整理ってやつはあの同時代、まあ同時代でなくても今の人でもいいんだけど、もう少しきちんと整理をしてもらわないと、わたしなんかもやっぱり困るね。中国文学との関連で困る。日本の近代文学史にプロレタリア文学という項目を立てることは必要か必要でないか、これは問題じゃないかということを、わたしは十年前に発言したんですがね。きいてもらえなかった。項目を立てる人と、無視する人とが相互に無関係に仕事をやっている。

（この辺、きわめて舌足らずである。国防文学論争は、それ以前のプロレタリア文学論争と無関係ではないことを言いたかった。竹内追記）

歴史過程のなかの魯迅

橋川　ぼくは魯迅については李長之の『魯迅批判』なんか面白いんですよ。それから例の瞿秋白の魯迅論、瞿秋白は何か問題があって、今じゃ否定されているわけですか。

竹内　いや否定はされていない。

橋川　それから李長之も、これもなんか消えちゃってるようですね。

竹内　李長之は消えてはいないだろう。

橋川　なんか、ある時期までは戦後も活動したけども、三〇年問題が出てきてから書かなくなったというふうに記憶してますがね。ぼくはそれでいいと思うんですよ。つまり同時代の証人として、なんか考え方が足りないとか、能力が足りないとかってあってもね、ちゃんとした証言になっているという気がするんですよ、瞿秋白もね。

魯迅の場合にはどう消そうとか歪めようとかしようにも、普通の歴史家とか文学史家には消しようのないものをもっているはずなんですよ。そこがとくに問題になるんじゃないですか。それは一体なんでだろうかということですね。

ごく常識的にいえば、彼は中国史においても世界史においても、大転換期である三〇年代の文学者ですね。それで古いものから新しいものへの架橋というか、革命ということを人間に考えさせる存在として、しかも何らの私欲とかそんなもので歪められない、そういう姿としてあるから、どっちから自分のほうに引き込もうにも簡単には引き込めない、そういう存在としてあるから、偉いんだというふうに思うんですがね。

いや、こんなことをぼくが言うのは、竹内さんにもっと話してほしいんですよ、何十年後に改訳してる間に改めてどういうことを感じたかということを、ね。

竹内　偉いか偉くないかはべつとして、いまあなたが魯迅の特質として挙げたのはそのとおりだと思う。それはなにかということは問題になるね。なにかというのは、まあ彼の存在がそういうものであるわけでしょう、書いたものを含めて存在自体が。そういう人間がどういう条件で生れるかということがわたしのいまの関心なの。いや、どうして生れるかというよりも、そういうのは歴史には幾つも例があると思うよ。だけど魯迅だけについて言っても、なにも自分が意図してそうなったんじゃない。

おのずからそうなった。歴史のなかの存在のひとつの形態であって、ある意味では歴史を超えている存在、そういうものはどういう条件でつくられるかということがわたしのいまの問題なんですよ。自由意志でそうなれるかといえば、なれるとは思わない。いろんな偶然の作用があってそうなってると思うね。偶然でなくて必然かもしれないけどもね。つまり条件は複雑である。複雑であることを、人がいろいろ考えるでしょう、その材料を提供したいというのがわたしのいまの立場なんだ。自分で理論構成をやるのは、とても力が及ばないからね。

橋川　いまのお話を聞いてるとまるで、『資治通鑑』、あれの方法論に近いような……。

竹内　そうなんだ。『資治通鑑』ですよ、歴史は教訓であるが、教訓であるためには実証が基礎になきゃいかんというのが彼の立場でしょう。それに近いんですね、わたしは。もう青年じゃないからね、わたしは。理論は青年がやるべきなんだ、どういう暴論でもいいから。ただ、それを出すための基礎史料は、できるだけ固めたいわけだね。あまり雲の上のような浮いた議論では困るということね。

橋川　そうすると、そういうのはこんど改訳をされてて、訳文をつくるという実際の作業から生れた考えなのか。それとも、べつに魯迅に密着しないで離れて、ずっと三〇年代以降の、自身の生きてきた経験、そういう次元でそうなるんでしょうか。

竹内　両方ともじゃないね。一番大きな条件は齢とったってことですよ。老境に入りますとね、どうしても整理のほうに行くのよ。好事家ってものがあるでしょう。齢とってくると考証が好きになるというのはそういうタイプね。タイプというか、大体まあ人はみんなそうじゃないかと思うんですがね。特別な人はべつですよ、政治家とかね。

考証学の成立基盤

橋川　その考証の問題ですがね、この間杉浦明平さんと対談したときに、幕末というか、幕末に行く前の文化文政以降の学界、芸術界の雰囲気というのは、もう今さら朱子学でもない、かといっていわゆる自由放蕩な戯作者風の、ボヘミアン風のダンディズムだけでもない。なんていうか全部定型が崩れるわけですね、かつての儒者というイメージが。

竹内　化政っていうのはそういう時期だよね。

橋川　そのときにしかし、考証学が発達するわけですね、なんでもかんでも記録して、なんでもかんでも考証して、一種の雑学的な百科全書ふうの学問が流行ってきますが、あれは一体どういうことだろう、ということになったんですがね。要するに時代がある壁にぶつかったときに、そういう現象が起るんだろうと。

竹内　時代が齢をとってるんだ。

橋川　そういうことか。なァんだ、御自分が齢とってるようなこと言ってられるから。(笑)

竹内　いや両方ですよ。それはそうなんだ、それがまた、面白いんだな。わたしもね、日本の随筆類をだんだん見たくなってきた、ディテールだけで大局を全部シャットアウトしたやつをね。

橋川　明平さんは今は文化文政とよく似てるっていわれるわけ。つまり随筆風に細かく調べ上げて、ちゃんと記録するという、そういう風潮になってる。「それはどうしてでしょう」ときくと、「いや天皇さんが長生きしすぎてるから」と、こうなったわけ。

竹内　でも、あの頃は天皇はそんな長生きしないよ。あ、あの頃は将軍か、日本では。将軍だってそんな長生きしないよ。中国でいえば康熙、乾隆でしょうね。雍正は短命だけど、康熙、乾隆は長い、合せて百二十年ぐらいですからね。あのときに考証学が出てくる。そういう関係はあるかもしれないね。

橋川　じゃ同じだな。こないだは要するに家斉の十一代将軍が長すぎた、そのせいでああなったんだというふうな話もでましたよ。

竹内　長いって、知れてますよ。

橋川　でもあれ五十年近くじゃないかな。大御所政治は。

しかし、なんかまたちょっと肩すかしくらったみたいな感じがするな。齢をとったからとか、逃げられた感じがするなあ。(笑)もうちょっとなんか言い方ないですか。

竹内　いやね、魯迅なんかあんまり必要ないと思うんだよ。少数者は別としてね。汲みとるべきものは、そんなにあると思わないがね。

橋川　そういうふうに言われると、さっき最初に訊いた、なぜ魯迅になんとなく近づいたか。「東大でテキストに使ったからね」と、あれも完全にそらされた感じですね。

竹内　全集が出てたからね。

橋川　そういうふうに、全く自分で関心ないようなことといって。しかし、それは鶏と卵の、どっちが先か知らんけども、竹内さんのなかに一種のあれがあるでしょう、魯迅の人間形成、作家になる以前のある種の生活環境というか、少年青年にかけての成長期の……あれとなんかあるのかなと思うんですけれどね。ほら、魯迅が初期の作品によく描く青年、仲間たちの群像があるでしょ。もちろん魯迅の精神の反映として……。

竹内　全然そういうことは考えたことない。

橋川　でも、なんかあると思うんですけどね、ぼくは。それは大阪高校時代の竹内さんのイメージについて若干の友達の記録がある、あれを見るとどうも魯迅みたいにこうしおらしくないし、むしろ不遜なスタイルで同輩を圧していたという印象だけども、どうも裏腹に魯迅的なものがあるんじゃないか。『孤独者』とか『孔乙己』とかあったでしょう。

竹内　魯迅の小説のなかではあの系列が好きだという点では共通点があるね。ということはつまり衆を忌む、多数を忌むという気質上の共通点はあるでしょうね。そのほかには、まあ家庭環境なんかではいくらか類似点があるね。彼は没落した家系でしょう。おれんとこは家系なんて大したものないんだけども、子供のとき貧乏して、それが非常に大きな重荷になったというような経験は、似たとこはあるね。ま、それくらいじゃないかな。違うほうは挙げればきりがない。

橋川　一番違うなと思うところをちょっと。あれはとてもできない、おれは違うという、魯迅の生活とかパーソナリティで……。

竹内　うーん……。

橋川　いや本音は出さなくていいんです。

竹内　国会の証言じゃないんだから。(笑) 国会の証言ならもっと誤魔化せるんだけどね、こういうとこは誤魔化せない。

魯迅、柳田国男、マックス・ウェーバー

竹内　魯迅は考証が好きで、若い頃からやってんのよ。『会稽郡故書雑集』ってのを若い頃にやってる。これは自分の名前を出さない。若い頃は自分がやったことでも周作人の名前で出してんのね。これもその一つ。それから小説史の副産物がある。『唐宋伝奇集』っていうテキストと、それを作るためのノートが『古小説鈎沈』。大体昔の本てのは滅んでるわけでしょ。その滅んだやつを

復原する作業を中国の学者は好んでやるの。本は滅んでも、そのなかの断片はあとの時代の類書のなかに残ってる。それをかき集めれば滅んだ本を、全部じゃないけど、ある程度復原できるんでね。あの根気というか、これはとてもわたしの能力では及ばないですね。

橋川　そういうタイプは、まあ魯迅クラスの階層出身者の、魯迅くらいの頭のいい子供たちのなかには大体みんなあったと考えていいんでしょうか。

竹内　やればやれるという素質はありますね。だって昔から伝統としてあるわけだから、日本で、滅んだ本をあいうふうに復原するというのは、何かあるかね。

橋川　各藩の藩校なら藩校、たとえば水戸の彰考館などもその例になるかと思いますよ。史料収集と考証、異本の校訂、そういうことはわりかしさかんにやっている。大体京都の学者を引き取ってからそういう風習がでてきたわけでしょうがね。とくに編纂ものが多いですね。光圀なんかはむしろ『大日本史』を編修するというよりも、そういう史料を収集し、それを整理校訂して、ちゃんとした新しいテキストに組み直すということに力を注いだくらいですから、そういうのは江戸初期からあったと思いますよ。

竹内　散逸して湮滅した本を復原するというのは出てくる?

橋川　水戸はそれに近いんじゃないですか。水戸学の前半の修史作業は、それが非常に多い。

竹内　それはなにからやるの。日本では類書はあまりないでしょ。

橋川　それは六国史が終ったところから。六国史が光孝天皇で終って宇多天皇以降の正史がないわけですから。史料はたくさんある。しかし、それを正史をつくるために整理し収集するという仕事ですね。

竹内　六国史は、本はずっと続いて残ってるわけなの。

橋川　もちろんあるわけです。しかしただ『日本書紀』研究がポピュラーになるのがそもそも徳川の少し前ですから、そんなに一般化はしてないわけでしょう。

竹内　でも、本は残ってるんでしょう。異本はあるにしても。本が滅ぶってことはないでしょう。

橋川　それはないでしょうね。ただ錯簡っていうか、なんか混乱しちゃう。

竹内　そうそう、異本とか錯簡とか、そういうものの整理、それはあるわけだ。

橋川　だから本格的な考証と校勘、史料捜査の技術はスタートしてますよ。近世初期に。だからそういう気風を受けた個人も沢山います。たとえば柳田国男なんかもそうだと思います。柳田は郷土の姫路藩の秋元安民という国学者の伝記を少年時代に書く、そして森鷗外の「しがらみ草紙」に投稿するわけですね。彼はそういう癖があった。そういう癖が一例として柳田国男にあるくらいだから、わりかしそういうのはある。ただ、規模が限られてるとは思いますがね。

竹内　まあ日本のほうが年代が若いからね。大体本が湮滅するってことが、日本では少い。それにひきかえ中国は戦乱の国ですからね。大昔の本は竹簡とか木簡とかで、数が少いし、刊本になってからも、絶えず戦乱があるから。中国で滅んで日本に残っている本がたくさんある。現世の活動に望みを絶った人は、考証とか古書の復原作業をよくやる。その伝統が魯迅までつながってると思うね。

橋川　それと、まさに新中国の聖人という、どっちが本物かというのはおかしいけど――。

新中国の聖人のほうはそれとは無関係なんだよ、魯迅自身は余技と思ってます。役人生活の余暇にやったわけなんでね、そういう条件がなければできなかったかもしれないけどね。ま、わたしは両方あわせて考えたほうがいいと思う。もしああいう「文学革命」が起り、「新青年」で『狂人日記』を書くというようなチャンスがなければ、彼はそっちのほうに埋れたかもしれない。

橋川　李長之も書いてましたね、つまり環境が人間をつくり、しかし人間は環境を選ぶと。なんかそれに似た文句があったと思いますね。それはしかし、ある時代には天がある種の人間を選んでそういうシンボルにすることがある、と言ってもいいんですかね。というのは、これはマックス・ウェーバーについてライナー・マリア・リルケが、言ってるんですが、ある時代が終焉するときの最後の総括者、しかし同時に次の世代に橋をかける総括者としてマックス・ウェーバーを形容してるんですが、そういう人がいるのかな、と思うんです、ときどき。ぼくには魯迅はやっぱりそう見えるんです。（後略）

（初出「ユリイカ」一九七六年四月号／『歴史と精神』勁草書房、一九七八年所収）

（たけうち・よしみ＝中国文学者）

対馬幻想行

生まれ故郷を二六年ぶりに訪れた心境を綴る美しいエッセイ。国家主義に回収されえない「島」のイデアへの愛着を語ると共に、子ども頃に見た幻想的な「海神宮」を探索と知性の果てについに発見する過程は、橋川の思想と文体の秘密をも暗喩的に明かす。

1　漁民の裔

　八月七日午前十一時三十分ころ、日航機は広島湾の南上空八千メートルを西に飛んでいた。倉橋島の上空あたりからは、呉の市街、音戸の瀬戸、江田島の海岸線、宮島の島影がパノラマそのままに眼下にひろがっていた。そして、湾の奥ふかくに、広島の市街が、まるで緑色の陽炎に包まれた水晶のように、霞むように輝いて見えた。

　広島に原爆が投下されたのは二十二年前のちょうど昨日のことであった。原爆を搭載したエノラ・ゲイ号のパイロットたちの眼にも、壊滅寸前の朝の広島市街は、今日と同じように薄緑のエーテルに包まれ、輝くように美しく見えたのではなかったろうか。

　広島は私の育った郷里の街である。しかし、私にはもう一つの故郷があった。その生れ故郷の孤島を訪れるために、私は今九州に向って飛んでいる。博多から海上五時間半、玄海灘のおくに浮ぶ対馬がそれである。私は一九二二年、そこの志多賀《したか》という部落に生れ、数えで四つの年に広島に帰って来た。私が最後にその地を訪れたのは一九四一年春のことであったから、それからでももう二十六年になる。その対馬へ向う途中、空中から瀬戸内海の無数の島山や海峡の地形を眼に収め、また広島の市街を遠望したことは、実はこんどの旅行にとって無関係なことではなかった。なぜなら、対馬東岸の辺鄙な漁村が私の生れ故郷になったというのも、もとをただせば広島に住まう漁師たちが、ほぼ百五十年前のころから、次々と対馬へ渡りはじめたという因縁に結ばれているからである。

広島市の東の部分に仁保町向洋《むかいなだ》というところがある。今は青崎一丁目、二丁目……という名に変っているが、それが私の郷里である。そしてこの向洋こそ対馬の漁業開発のパイオニアとして活躍した漁師たちの発祥地にほかならなかった。

対馬と広島――それは地理的にはいかにも結びつきにくい二つの地名である。対馬漁業への進出ということなら、長崎や五島、長州あたりの漁師たちの方がはるかに地の利をえているように思われるのに、なぜ波穏やかな内海漁業の漁民たちが、はるばると内海を西に漕ぎ下り、玄海の荒波を越えてこの絶海の孤島に渡り、めざましい活躍をするようになったのだろうか。昭和四年、当時の仁保村役場から出された『仁保村志』を見ると、その事情が次のように述べられている。

「本村と対馬とかく密接なる関係を有するに至りし原因は何によりて生ぜしかというに、文化の頃、安芸藩主浅野斉賢息女を、宗対馬守義和に嫁するに際し、今日の如く通信交通の便未だ開けざりしかば、浅野家の年寄野瀬軍次、鈴木勘六の二人をして通信往復の使者を求めしめられしに、たまたま彦右衛門（注――向洋の人、山村屋と号す）その船方を命ぜられて渡対したり。そのさい対馬は鰤、鯛その他の魚族すこぶる多きを認め、入漁方を対馬藩主に請願せしに許可せられざりしかば、帰国のさいその趣を浅野家年寄役に申し、年寄役を通じて宗家に伺いしに、その希望ついに成就したりきという、云々」

『新対馬島誌』その他の諸書もみなこれと同じことを述べている。こうして安芸漁民の対馬出漁が始まったわけだが、明治以前にはまだ定住者はなく、漁師たちは旧の三、四月から年末までを対馬で働き、春の間だけを郷里に帰って暮していた。そのころは鰤漁が主で、向洋だけでも、漁船二百艘、漁師千人以上がこの出稼ぎに従事していたといわれる。

しかし、明治に入ってから、徐々に様子がかわってきた。その契機はどうもイカ漁の発展ではないかと思われるが、『新対馬島誌』は、明治になってからの安芸漁民、とくに向洋漁師の活動の展開を次のように述べている。

「これら広島県人は、明治初期にはイカの一本釣漁業のため東海岸に来航していたのであって、漁獲したイカを現地でスルメに自家加工の後、長崎に運搬し、同地の問屋の手を経てシナ方面に輸出していた。イカ漁業がさかんとなり、長崎・山口・島根・鳥取方面より多くの出漁者を見るに至った後、スルメ運搬業は広島、なかんずく向洋出身者の殆ど独占するところであったが、彼らは更にスルメ製造業にも手をのばし、ついに毎年の帰郷を思い止まり、現地に定着して専門の水産加工業者に転ずるに至った。この定着開始の年代は、佐賀では明治三十年代、鴨居瀬・赤島では明治四十年代である……販路は最初長崎のみで、皮つきのスルメを送ったが、その後皮を剝いだミガキスルメの需要が阪神方面に高まって、ついには阪神の問屋への積出量の方が長崎向けより増大するにいたった。」

こうした定着の経過に関連して、鴨居瀬とか、赤島の名前が出てくるが、これらは、昭和二十五年の日本人文学会の対馬調査（『人文』「特集・対馬調査」）や、翌年の九学会連合の総合調査（『対馬の自然と文化』）に目を通した人々にはなじみの地名であろう。この赤島開発の先駆者となった老漁夫橋本米松もまた向洋の人であったが、その叙事詩的な苦難の物語は、宮本常一氏の聞書を材料として『日本残酷物語』第二部の中に「ある老人と海」と題して収められている。これはきわめて感動的な記録であるが、多かれ少なかれそれは、対馬への初期定住者たちに共通の苦難を暗示してもいるはずである。

こうして見ると、はじめはたんに島人たちよりも進んだ漁業技術の持主として進出した安芸漁師たちが、しだいに運送・水産加工業に手をひろげることによって、従来対馬藩の「宿命的な農本主義」とよばれた自然経済的な生活の中に、新たに商業的流通経済の刺激をもちこんだことがわかる。「外来漁業定着者の増加、来航漁船集団の増加にともない、専業的商家の出現をも見るにいたった……この専業商家もまた、向洋部落出身者が大多数を占めた」と新島誌も述べているが、私の見聞もまたそのことをうらづけている。『仁保村志』では「かくて対州いずれの村にも向洋人を見ざるなく、今日無慮六百戸の多きに達せり」と威張っているが、その活動の実態は上述のようなものであった。

私の家も代々この向洋にあったが、やはりこうした対州進出の潮流にのって、祖父の代に対馬に渡って行ったものである。もちろんそれまでに幾度も往来はしていたろうが、定住の覚悟で出向いたのは、明治三十年代の末頃と思われる。橋本老人の話にもあるように、島民から土地使用権や漁業を認められるのにはきわめてむずかしい事情があったので、初めは峰村志多賀の入江からひと山こえた鹿《か》ノ浦《うら》という無人の入江に漁師小屋を作り、スルメの作業場を作って定着したということである。

はじめは父の弟がよびよせられて渡ったが、その後、父もまた向洋の小学校に入ったばかりのころ、祖父に連れられて渡対した。志多賀に住まいを移したのは、山越えで小学校に通うのはつらかろうという理由だったそうである。

＊

ともかく、そのような歴史を背景として、私は対馬に生れることになった。今、日航機の機上から見る瀬戸内の島々や岬、入江や瀬戸は、かつて私の先祖の人々が、仲間とともに幾度びも往来した海上の道にほかならない。そして瀬戸内海が西に関門海峡でくびれるあたりから、古来荒波で知られる玄海灘がひろがっている。それが、幼年期の私の夢を育んだなつかしい海であった。

2　対馬の渡り

対馬に渡るには、今でも博多―厳原か、下関―比田勝の航路を利用するほかはないが、いずれも日に一回しか往復していない。つい先ごろまでは、大村―竹敷に小型の水陸両用機と、板付―厳原間にヘリコプターが飛んでいたが、どちらも乗客が少なくて赤字を出し廃止されてしまった。六百万円を投じて造られた厳原のヘリポートも無用の長物となって、その転用が問題になっているという。

結果として、対馬への渡航の便は私の子供のころとあまりかわらないことになっている。ただ、船脚は早くなって、昔はたしか八時間はかかったのが、今では博多を朝八時半に出航し、午後二時には厳原に入港する。客室に冷暖房が入っているのも、昔とはちがっていることだった。

私の乗ったのは壱州丸《いしゅうまる》（五八六トン、一五ノット）であった。もう一隻、対州丸という姉妹船が就航しているが、この船とは壱岐の沖合ですれちがった。対州丸の方がいくらか新しくて、モダーンに見えるが、とにかく私はこのくらいの船に乗るのが好きで、いつも勇気凜々という気分になる。

よく晴れた海で、うねりもあまり高くなかった。水平線に薄いもやがかかっていたが、視界は十分にひらけていた。博多を同時に出航して壱岐に向う壱岐丸の船影は、左舷はるかな海上に最後まではっきりと見ることができた。まるで大きな湖上を渡る遊覧船に乗っているような平穏な航海であった。夏季の玄海灘はたいていこんなものらしいが、私が物心ついてはじめて越えたときの玄海灘は、相当にしけていた。私が小学生になったばかりで、初めて父に連れられて生れ故郷に帰ったときのことである。

――私はひどく船に酔って、船室に寝たきりであった。舷側の丸窓の中に、横ゆれのたびに荒れ狂う海面がぐーんと近づき、みるみる窓いっぱいにひろがって船ごと呑みこもうとする。「いまかえる（覆える）、いまかえる！」と私はそのたびにおびえた。枕もとに小さな金だらいがおかれ、その中で私の吐いたどろりとした汚物が船の動揺にあわせてゆれていた。――そんな情景が夢のように浮んでくる。とにかくひどい海だったことはたしかである。そのとき、いつもはこわい父が、人の変ったように優しかったこともありありと憶えている。

今、壱岐海峡の潮流はライト・ブルーの光沢をおびて輝き、その波頭から、飛魚がしきりにとび立っては、とんぼのようにはねをふるわせるかと見ると、ふっと掻き消すように見えなくなる。長崎か佐世保に向うのか、大型タンカーが遥かな沖合を悠々と西航して行く。北方からは少し老朽した韓国船が、博多をめざしてやって来るのにも行き会う。この平和な航海からはあの荒々しい玄海灘のイメージは全く浮んではこない。――

出航して一時間もすれば、左舷はるかに壱岐の島影が浮んでくる。私は甲板の上を右や左に位置をかえて、あくこともなく四方の風景を眺めていたが、ふと船首の方向を東に向って航走する大型船舶に双眼鏡を向けたとき、その船の後方はるかに、まるで薄墨で刷いたように茫乎として横たわる細長い島影をみとめた。私は思わず声に出した。同行者の話だと「見える、見える！　間違いなし！　あの形だ！」とえらくいきごんで叫んだそうだが、それが幾十年ぶりにかみる対馬の島影であった。

　考えてみれば、なにも不思議なことではなかった。晴れた日には肥前名護屋の古城址に立って、壱岐島の彼方に対馬を遠望することができるというから、壱岐海峡の中ほどから、対馬が見えても少しもおどろくべきではなかった。ただ、私には、多年あこがれをいだきつづけたその島の姿が、かくもあっけなく水平線上に浮び上ってこようとは思いがけなかったのであり、しかもその島影が、一目で対馬と私に断定できるとも思っていなかったのである。何しろもう二十幾年も私はその姿を見てはいない。私の記憶よりももっと奥深い何かの力が、私にそれと断定させたのかもしれない。プラトンの想起説を真に受けるならば、対馬は私の故郷のイデアであったのかもしれない。

　対馬の島影は、古代からこの海を渡った人々にとって、きわめて印象的だったにちがいない。『万葉集』巻一に入唐使節団を送る春日蔵首老の歌が一首のっている。

　ありねよし対馬の渡りわた中に幣とり向けて早かへり来ね

「ありねよし」は対馬の枕言葉とされているが、これは海上から対馬に近づく人々の実感をきわめてよくあらわした言葉である。海上十里くらいのところから見た全島の姿（もっとも、上島の方は霞んで見えないのが普通だろう）の中心をなしているのが「有嶺《ありね》よし」と歌われた有明嶽（五五八メートル）である。その左手にやや遠く対馬第一の高峰矢立山（六四九メートル）がそびえているが、これは島の左手に偏っており、稜線が有明ほどに流麗ではないので、船人の眼をひきつけるポイントにはなりにくい。対馬の国府厳原は、ちょうどこの有明の真下にいだかれている。

　船は、壱岐の勝本に二十分ばかり寄港したのち、針路をやや北に向けて、いよいよ厳原に向って直行する。かつてバルチック艦隊が二列縦陣を作って堂々と北上した東水道である。壱岐海峡では明るいブルーに輝いていた海流が、ここではほとんど黒く見えるほどの紺色にかわる。

後方には壱岐の島影がしだいに霞みはじめたのに、行手の対馬の島影はなお模糊として遠いというあたりでは、『夫木《ふぼく》和歌抄』にあるという古歌の心がそのままに現代人にも了解されるであろう。

漕出る対馬の渡り程遠み跡こそかすめゆき(壱岐)の島松

たしかにこの海上では、古代の人々の心がまざまざと想像される。先史時代から日本と大陸とを結ぶ海上交通の要路に当っていたために、「百船の泊《は》つる」津の島と万葉にも歌われたこの島への海上の道を、古来、幾千幾万の人々が渡って行ったかもしれない。三世紀に書かれた『魏志倭人伝』に、この島に夷守《ひなもり》とよばれる国防官庁の支所がおかれていたことが記されているが、その後の遣外使節団の人々も、兵団の将兵たちも、多くはこの海を渡って対馬に着き、浅茅《あそう》湾に船待ちして、やがて外洋へと船出して行ったのである。

こうした海上の往来の途上、おそらくは幾つもの大事件がもち上ったはずである。そしてそれらの事件の記憶は、幾つもの神話や伝説にその姿を変え、それらはさらに複雑に習合しあって、今もこの「神々の島」とよばれる対馬各地の津々浦々にあるおびただしい神社の縁起として伝えられている。また、そのあるものは、歌に詠まれ、たまたま歌集に収められることによって、今もなお私たちの想像力に強い刺激を与えることになった。『万葉集』巻十六に収められた「筑前国志賀白水郎歌十首」なども、海上に起った無数の人間の冒険や悲劇のほんの一端を示すものにほかなるまい。

大君の遣はさなくにさかしらに行きし荒雄ら沖に袖振る

荒雄らは妻子のなりをば思はずろ年の八歳を待てど来まさず

大船に小船引きそへ潜《かつ》くとも志賀の荒雄に潜き逢はめやも

万葉の註記によれば、神亀年間(七二四―七二八、聖武天皇の代)大和朝廷が朝鮮半島に対する国防前線として、また兵站基地として重視していた対馬に、糧食を送る官吏の役目を自らすすんで代行した志賀島の海人荒雄の遭難を悼んで作られた歌である。作者は筑前国守山上憶良とも伝えられているが、こうした海上の悲劇の実感は、現実にこの海を渡るとき、いっそう生々しくよみがえってくる。最後の歌など、この海の澄みきった海中をのぞくとき、むしろ悲痛な凄味をさえ感じさせるであろう。

ともかく、現在考古学的に確認されているところでは、対馬にはおよそ四千年前から人々が住んでいたといわれる。そして、それら先史時代の人々の遺品は、対馬が縄文式文化圏の西の辺境をなしていたこと、つまり、対馬原住民が、早くから日本列島の文化圏に生きていたことを示している。この島に「高御魂神社を始めとして、別天神、神代七代、橘水門、三貴子、綿津見宮、出雲国作り、大八島最初の県直以下の神々が揃いも揃って鎮座せられている。この事実は、実に古事記から見た日本建国の縮図である」(『新対馬島誌』)といわれるのも、いかにもありうべきことと思われる。

対馬に行く人々は、少なくともただ物珍しい辺境の島を訪ねるというのではなく、やはり私たちの祖先の心を訪ねるという気持をどこかにもっている必要があるかもしれない。

3 厳原にて

厳原の町の記憶ももううすれている。ただ、港口近くに巨大な岩石がそびえていたことと、その上空に、とんびがのどかにいつも啼いていたように憶えているだけである。

港口にそびえる立亀岩の姿は昔のままであった。立上った亀の姿を後から見たような形をしているのでこの名があるが、少し意外だったのは、私の記憶の中では、それは港口に近い海中から湧き出るようにそそり立っているのでなければならなかった。いつの間にか私の記憶には微妙な変形が生じていたことになるが、とにかくそれは埠頭背後の高い岩山にすぎなかった。

しかし、こうした記憶の変形にもとづく錯覚は、その後も幾たびも経験しなければならなかった。とくに後にのべる海神の宮の幻想において、私はしばしば当惑と混乱を重ねなければならなかった。

ただ一つ、とんびだけは昔に変らぬ声と姿で港の空を舞っていた。「対馬名物、とんびにからす、又も名物、屋根の石」と民謡に歌われているが、古い旅館立亀荘の落成早々の別館に泊った翌朝、私の眠りをよびさましたのも、そのとんびのいかにものどかな、しかしかなり強い啼き声にほかならなかった。そしてとんびが普通に「ぴーいひょろひょろ」と啼くばかりでなく、ちょうど鶯の谷渡りのように、鋭い小きざみの啼き方もすることを知った。夢うつつの中に、私は今たしかに対馬に来て、寝ているのだということを確かめる心持であった。

厳原といえば、宗家累代の墓所万松院を訪れるのが定石となっている。とくにまたその傍にある宗家文庫は、藩政関係史料としては全国屈指といわれる宗家所蔵史料のうち、もっとも多量のものを収めており、研究者にとっては貴重な宝庫である。万松院の記名帳の中に、この夏一ヵ月にわたって文庫の史料を調査された東洋文庫のT氏夫妻の名前も見られたが、この文庫はまだ目録も作成されていないようである。

しかし、私の旅の目的は、そうした歴史研究でもなく、また民俗的・文化的にもきわめて研究分野の広い対馬社会の調査でもなく、そうかといって、ただの観光でもなかった。私の目的地は上対馬の中部、峰村の東海岸にある志多賀という部落だけであった。それが私の生地であり、そこには私の母の兄が、私たち一族の対馬時代の記憶を伝えてただ一人生き残っている。私はただそこへ行ってみるというきわめて個人的な目的しかもっていなかった。

したがって私は、研究調査のためなら当然に会っておかなければならない人々のところにも顔を出さなかった。船中で偶然厳原町久和中学の心理学者木村騏一氏と知りあい、対馬のことについていろいろ貴重な知識を与えられ、訪ねるとよい人々の名前も教えられたが、今度はその必要はなかった。私はただ私の記憶というあてにならぬ同伴者とともに、かつて私が通ったはずの道筋をたどるだけでよかったからである。

もっとも、厳原では対馬新聞社の斎藤隼人氏を訪ねて最近の新聞をいただいたほか、『新対馬島誌』を一日借りて宿で眼を通した。一般に対馬研究書は東京でも非常に高値になっているが、この大著もまた、今では手に入りにくいものになっている。斎藤氏はその要約を執筆しておられるとのことだが、それだけでも有用な著作となるはずである。この島誌とともに、その執筆者の一人永留久恵氏（今は仁位中学の校長をしておられると聞いた。考古学の業績で知られている人）の、『対馬の古跡』を手に入れて読んだが、それらを通して、私のように日本近代史しか勉強していない者の眼には、対馬の郷土史家の水準はかなり高いものに思われた。昭和二十五年以降、連続的に行なわれた総合調査の刺激ということもあるかもしれないが、私の素人眼からすれば、対馬の歴史や社会が、それ自体いかにも研究欲を刺激してやまないゆたかな資源を含んでいることも、その一つの理由と思われる。そして、このことは、将来、対馬が周遊観光地として発展するであろうとき、かなり重要な問題を提起することになるかもしれない。

ともあれ、厳原の町は、私のおぼろな記憶にあるわびしい港町という印象よりも、はるかに近代的な小都市へと変化していた。私が父とともに何度か泊ったことのあるはずの宿の名前も、その所在も、もはやたしかめるすべもなかった。川端通りの古風な宿屋街の感じは、どこか昔の面影をのこしてはいたが。

4　志多賀の公孫樹

昔は志多賀に行くには、厳原に一泊したのち、沿岸航路の小汽船に乗りかえて行くのが普通だった。私の父の仲間たちは、前の日に志多賀から漁舟を廻しておき、翌日一日がかりで漕いで行くこともあった。地図で測ってみると、直線距離で三二・五キロほどになるから、岬や瀬戸の屈曲を勘定に入れるとゆうに小舟の一日行程に当るであろう。ともかく、昔のこの東岸航路の風光は素晴らしいものだった。蜒々数里にわたって連なる断崖絶壁の下を航行するとき、その眺めの男性的な豪宕さに心を奪われない人はいないであろう。しかし今では島内をバスが走り始めたので、沿岸航路の利用者が少なくなり、やめになっているというが、これは少し残念なことである。

対馬の交通事情は案内書や地図ではよくわからないところが多いので（今、市販されている地図は五万分の一を含めてみんな古くなっている）、厳原から志多賀の伯父に電話をかけて、現地の交通事情を問い合わせたところ、厳原から陸路（バスもある）樽ケ浜へ、樽ケ浜からは渡海船で浅茅湾を仁位に渡り、仁位からはハイヤーで来るのがよかろうとのことだった。仁位からは比田勝まで、上対馬を縦走するバスが出ているが、これは島の西側を走るので、東岸の志多賀には行かない。志多賀の南の漁港佐賀まではバスが入っているが、それよりもやはりハイヤーがよかろうということだった。

　厳原に一泊した翌日、私たちはハイヤーで万関橋を見物したり、浅茅湾内を周遊して遊んだりしたのち、竹敷の沖合に浮ぶ浮島（地図では頭切島となっている）の旅館に泊った。この旅館についてはいろいろ面白い話があるが、本筋からはずれるので省略する。ただ、舟を出してもらって釣をしたところ、面白いようにべらが釣れたことと、夕方の六時ごろ、東の方の万関瀬戸をこえて朝鮮海峡へと出漁するイカ船の大船団が、緑の島影をバックに、青い水面に白い影を浮べながら、何百隻となく西航した光景が画のように見事だったことが印象にのこっている。この船団は、その翌朝早く、まるで戦場のように賑やかなエンジンの音をたてて、こんどは東の方へと帰って行った。

　翌日朝、竹敷まで宿の舟で送ってもらい、桟橋もない岸辺で、樽ケ浜から来る仁位行の渡海船を待ち合せた。浅茅湾の縦断航路は一時間ほどで終るが、この内海の島山の美しさは、おそらく他に比類がないかもしれない。十和田湖のような神秘な幽邃さと、瀬戸内海のような明るさとが浅茅の風光を支配している。ヨット一隻、ボート一艘も浮んでいないだけに、その風光は太古に似た静けさに包まれている。もちろん遊覧船などというものの影は全く見られない。『万葉集』巻十五に収められた幾つもの浅茅の歌は、そのままこの風景の中から生れた旅愁の歌であった。

　竹敷を出て漏斗口とよばれる港口を出ると外浅茅である。

　左手にとおく灰色に突き出した低い岬が見えるが、それが文久元年、ロシア軍艦ポサドニックが不法占拠をこころみた芋崎である。その向うには茫々として朝鮮海峡がひろがっている。

　仁位浅茅はまるで深山の湖水のような感じである。仁位浜に近づくと、右手に有名な和多都美《わたつみ》神社の古色蒼然たる海中鳥居が見えるが、このことは後に述べよう。

　仁位に上陸してハタと当惑したのは、その日は客が多くて、いつ空車が来るかわからないというのである。困っているところに、ちょうど居合わせた自家用車が、比田勝まで帰るところなので、三根《みね》までなら乗せてあげるとのこと、大喜びで同乗させてもらった。この人は、あとで名刺を交換してわかったことだが、上対馬でさかんに建設業をやっている下岸組の代表社員、下岸正敏さんであった。まだ三十くらいの活動的な青年という印象の人である。

三根というのは対馬西岸に深く入りこんだ三根湾の奥にある部落で、峰村役場の所在地である。仁位からここまでの道は、島とは思えないほど深い山岳地帯をこえて走るが、うわさほどの悪路ではなく、しかもいたるところで活発な道路工事が行なわれている。それに、自動車やバスの事故というものは、これまでに聞いたことがないといわれる。これは対馬の人々の好ましい性格につながっているであろう。

三根でももう一つの幸運にぶつかった。三根にもタクシー会社はあるのだが、あいにく本日休業の札がかかっている。下岸さんは、それなら佐賀まで寄り道してあげましょうといわれたが、それもどうかと思っているところに、一台のライトバンが通りかかった。見るより下岸さんが声をかけて、私たちを志多賀まで乗せるようにとかけ合ってくださった。それはちょうど志多賀から三根まで急病人を運んで来た車で、これから帰るというところだった。しかもこの車を運転していたのは、橋本さんといって、父同士のつき合いがあった人の息子さんだった。その兄さんの方は、私と同年で、小さいころには遊び相手であったこともものちにわかった。

三根—佐賀—志多賀の道もかなりよく工事されていた。ちょうどどこか中部地方の山岳道路を走るような感じで、海上交通しか知らなかった私にとって、いささか戸惑うほどであった。志多賀に下ってゆく地蔵峠のあたりには桜の樹が植えられており、玄海灘の遠望とあわせて春はさぞよい風景になるだろうと思われた。

志多賀に行ってみたいという私の気持の中には、あるささやかな願望があった。もちろん、ここしばらく会わない伯父に会って、いろいろと昔話を聞きたいということもあった。青年期には心にもとめなかった父や母のあれこれのことについて、四十すぎた私がまた別の関心をもつようになったとしても当然であろう。それを聞いておきたいという気持とは別に、私はもっとささいな、個人的な記憶を確かめたいという関心をいだいていた。他人が聞いたら笑い出すにちがいないことかもしれないが、私にとっては大切な思い出を確かめたかった。ロベルト・ミヘルスがいうように、郷土感情をよびおこすものは、実にささやかな印象や記憶であることが多いものである。

その一つは、志多賀のお宮に公孫樹がまだあるかどうか、というより、本当にそこに公孫樹があったかどうかを私は切実に確かめたかった。というのは、私が四つの年に広島に帰るまでのある日の記憶にそれは関係するからである。

――ある日、二つか三つの私は、鬱蒼とした森の中の、巨大な公孫樹の下にしゃがんで、まるで宝物を探すように、一心不乱にぎんなんの実を拾っていた記憶がある。その時、まわりに誰がいたかももう覚えてはいない。ただ、その実を拾って帰ったとき、それを喰べると死んでしまうよ、と母におどされたことだけは、はっきりと覚えている。それいらい、今でもなお、ぎんなんの白いからを見るたびに、それが何か不気味な呪力をひそめた木の実に思えてならないのだが、果して私が夢のように憶えている公孫樹の大樹は、実際にあったのだろうか。私はその樹の姿を思い浮かべることもできないし、お宮の森さえもどこにあったか、今では覚えていないのである。(その後、何回か、大きくなってから私は志多賀を訪れているが、その間、不思議にお宮を訪ねたという記憶がない。)

もう一つは、小学校の校庭の片隅にあった井戸のことである。私はその井戸水を飲むことをこんどの旅行の目的の一つとしていた。私にとって、その水は、日本じゅうでいちばんおいしいはずの水だったからである。昔、中学二年の時、肺炎で高熱を出した私の幻覚の中で、ごくごくと飲みあかなかったのも、志多賀小学校のつるべでくんだその井戸水であった。

こんな話は少しバカらしいから、結果だけを述べると、その井戸水は十分に私を満足させてくれた。それは昔にかわらず、冷たく、澄んで、全くおいしかった。

お宮というのは、社殿も小さく、簡素な元村社であるが、進雄尊《すさのおのみこと》、曾尸茂梨《そしもり》、大屋彦神という一くせありげな神々を祀っている。那須加美金子神社というのが正式の名前で、ここから出土した銅矛十三本は、貴重な文化財として知られている。しかし、それよりも、私は社殿の前に青々としげった公孫樹の大樹がそびえているのを見出して、これも何ともいえぬ安堵感をいだいた。やはり、私はたしかに四十年ほど昔、この森でぎんなんの実を一心不乱に拾ったその子供にちがいないことが確かめられたからである。

もっとも、伯父にいわせると、この公孫樹のほかに、もう一本もっと大きいのがあったが、それは切りとられて、お寺の丸柱四本になったはずだという。その時期をきくと私の生れる少し前になるが、いずれにせよ、私はこの社の森に大きな公孫樹がありさえすればそれでよかったのである。

志多賀の入江は昔とかわって砂浜がなくなり、突堤がつくられ、沖には立派な防波堤が突き出している。しかし、朝早く起きて浜に出て見ると、ちょうど帰ったばかりのイカ舟の獲物が竹の桟の上にあげられ、女子供総がかりで皮を剝ぐ作業が行なわれていた。男の子たちはイカのわたに群れてくるうなぎを釣ろうと抜目なく釣糸を垂れてまちかまえており、飼犬までがいっぱし作業を見守るかのように桟橋の上にやってきている。この和気あいあいとした活気にみちた情景だけは昔とかわらなかった。この朝の水揚げは一隻あたり五十ぱい（＝箱）というから、値段にして十万円くらいになるとのことだ。

5　海神宮幻想

しかし、もう一つ、これもまた夢のような記憶がある。小学生の私と、父と、それから誰だったか、櫓の舟でながいながい舟路を行った思い出である。おそらく朝から漕ぎ出して、まる一日はかかったのではないかと思う。どこから、どこまで行ったのかも、今の私にはまるで憶えがない。とにかく、それは子供の私にとって、死にたくなるほど退屈な、ながいながい舟旅であった。そのながいながい舟路の記憶の中から、そこだけ忘却の水底に沈まないで、鮮かに浮かんでくる一つの光景があった。

——どこか、きわめて美しい潮の流れに乗って舟は走っていた。それはまるで清冽な峡谷の流れのように、清らかな浅い川底の上を、すべるように流れていた。紫か、青かの光が水底にゆらめき、迫った両岸の緑の樹かげが水面にてり映えて、子供心にこの世のものとも思えない美しい景色であった。そして何か超自然の力に引かれるように、音もなく迅速に潮は流れていた。

しかし、この夢のような記憶の焦点をなしているものは、その水路がふとひろびろと開けたとき、忽然と眼の前にあらわれたもう一つの光景の神々しいまでの美しさだった。青く澄んだ水の向うに、純白の砂の渚があらわれ、その中央に、こんもりと茂った緑の森が見える。そして、その森の中に、輝くばかりに美しいお宮が鎮まっている。おそらく、ながいながい舟路に疲れはて、私は半ば朦朧とした気分になっていたにちがいない。私はお伽噺の竜宮の幻影をそこに見たのである。

いったい、それはある晴れた凪の日、なかばは退屈して眠ったり、覚めたりしながら、この対馬の海のどこかを、一日中ゆらゆらと小舟で運ばれて行った幼い日の幻覚であったのか、それとも事実であったのかも、私には定かでないほどである。そのことを確かめようにも、父は早く亡くなったし、第一、そんな空想癖を毛嫌いするような人であった。その幻の宮の思い出は、その日以来、私の心の中にだけ、ほとんど神秘化された記憶としてていだかれていた。

志多賀に行って伯父に会うまで、私は少なくとも二回、その幻影の水路とお宮と思われる風景に遭遇した。それは、いずれも浅茅湾を航行したときのことである。

浅茅湾は大きく分けると朝鮮海峡にそのままつながる外浅茅と、仁位浅茅、濃部《のぶ》浅茅、竹敷湾の三つからなる内浅茅とに区分される。このうち、竹敷湾だけが大船越と万関瀬戸によって玄海灘につながっているが、さらにこの湾内の北の側に、濃部浅茅に通じる細長い瀬戸がある。五万分の一地図ではまぎらわしいほど複雑な線を描いているが、これが狭瀬戸《せばせと》とよばれる、まるで川のような浅い海峡である。潮の干満によっては、小型の漁船でも通れなくなるほど、きわめてデリケートな変化をする水路である。(もっとも、こうした微妙な水路は、浅茅湾周辺には他に幾つもありそうである。)

この瀬戸を小さな漁船で通りすぎたとき、私はたしかにこの風景には見覚えがあるように思った。浅い澄んだ瀬があり、丘のようにゆるやかな岸辺が迫って、流れはいくたびも屈曲する。その間を、蛇行しながら船を進めるのだが、その舟行はふと人を幻想的な気分にさそいこまないでおかない。たとえば、高い山頂の人工水路を舟で航行するような気分である。そして一歩その外へ出ると、豪壮な外浅茅の海波が現実の世界へと私たちを連れもどす。

　私は一度は、これが私の幻想の中にあるあの美しい水路ではないかと思った。そうでなくとも、ここを私は一度は通ったことがあるように思った。しかし、それはすべて錯覚であることを、私は志多賀の伯父によって指摘されることになった。小舟で浅茅湾内を通行するなどということは、父や伯父の当時の生活環境からして、全くありえないし、そんな舟遊びをしたこともないというのである。

　同じようなことがもう一度あった。仁位浜に着く少し前、右手に和多都美神社の鳥居と社殿を望んだことは前述したが、その時、私はかなり微妙な困惑を覚えた。私が古い幻想として胸にいだいている幻のお宮に、それはきわめてよく似ていたからである。神秘的な、湖水のように澄んだ緑の海面を前に、鬱蒼とした樹林を背景として、ひっそりと鎮座するこの古い名社は、私の記憶の中の宮にどこかよく似ていながら、また全く別のもののように思われてならなかった。何か、もっと明るく、輝いていたように思われたからである。

　私は、はじめいろいろな案内書を読んだとき、ひそかにこれが私の見たお宮にちがいないと想定していたのだが、実際は微妙にくいちがっていた。志多賀の伯父によれば、私たちの一族が仁位の方に舟を寄せたことは全くないというので、それもやはり私の思う海神の宮ではなかったのである。

旧『対馬島誌』の著者日野清三郎の詩に、次のようなものがあるという。

　我尋ネテ思フ所那レノ処ニカ求メン
　飄然トシテ独リ立ツ海津ノ頭
　遠来訪ネント欲ス竜宮ノ蹟
　神秘深ク蔵ス古対州

　この詩の意味はおのずからまた別のところにあるはずであるが、それはそのまま私の心境をうたったものといってよいように思われた。私がかくも鮮かに記憶している「竜宮の蹟」は、果してこの対馬のどの海辺に実在するのであろうか。——

　対馬のことに詳しい人なら、これまでの記述で、すでにその「竜宮」がどこにあるか、その美しい水路が何と名づけられているかを推定されているはずである。ここに『対馬の古跡』を引いて、種明かしをしておこう。

「鴨居瀬と沖島の間の狭い水道を住吉瀬戸また紫瀬戸という。……紫瀬戸というのは、この水道に紫色の藻が自生するからで、住吉の山の緑を映した水面に、紫色の模様が浮き出て、不思議な神秘感をもりあげる。古来、多くの文人墨客がここを訪れた。

伝説によれば、豊玉姫が鸕鷀草葺不合尊《うがやふきあえずのみこと》を出産したところという。産湯をつかった玉の井もある。一説には、三韓征伐の帰途、神功皇后がここに行宮を建てて海神を祭り、応神天皇を生みたもうたのだという……」

私がそのことを悟ったのは、志多賀の伯父の話からであった。伯父は、もしそのようにながい舟旅をしたとするなら、それは志多賀―厳原の海路としか考えられないといい、五万分の一地図を前にして、その時の舟路と思われるものを示してくれた。

まず、志多賀の入江を出て佐賀に寄り、櫛、賀谷の沖をこいで、猫崎の岬をまわると芦ヶ浦に入る。この芦ヶ浦と沖島の間の狭い水路が紫瀬戸であり、それを抜けるとあの美しい住吉神社の前に舟は自ずと浮び出る。ここから豪壮な断崖と砲台の跡のある黒島の鼻を廻って外洋にのり出し厳原に向うのであるが、地図で見るとそこまででだいたい厳原への半道に当る……というのである。

そういわれてみれば、たしかに私はその舟旅の中途、舟が何か堡塁めいたものの下を通ったのを覚えている。私はながい間、それを竹敷要塞付近のことと思いこんでいたが、前記のように、浅茅湾内を小舟で漕いだことはないと伯父は断言するし、こんど竹敷周辺を航行した時にも、それらしいものは見当らなかった。こうして、私の幻想の海神の宮は、いわば消去法をくりかえすことによって、しだいに住吉神社にちがいないことが明らかになったのである。

志多賀を発った翌日、同じコースを仁位から樽ヶ浜へ引返した私は、雞知《けち》でハイヤーを雇うと、再び万関橋をこえ、玄海灘と浅茅湾をこもごも見おろすすばらしい山頂の道路を鴨居瀬へと向った。いうまでもなく、およそ四十年も私の心にいだかれていた幻想の宮の現実の姿を確かめるためであった。

これも結果だけをいえば、それはまぎれもなく私の幻想の中の風景であった。紫瀬戸の美しさは少しもかわらず、水中に突き出した宮の明るい荘厳さもそのままであった。ただ、居合わせた老人の話によれば、社殿をめぐる椎の大樹が幾本も枯れ、森がさびしくなったことと、もとは輝くような白砂の洲であったものが、今はコンクリートで固められているのがちがっていた。にもかかわらず、私はほとんど喜悦に似た気持で、幼い日私が通行した瀬戸の海面の今もかわらぬ美しさを祝福しないではいられなかった。

それから厳原へ帰る途中、道の傍から一羽の大きなとんびが舞い上り、車の窓をかすめて少し離れた樹の枝に止ると、らんらんたる眼で私たちの方をにらんだ。私はとんびがかくも威厳にみちた鳥だとは思わなかったが、そのこともなんとなく私を幸福な気持にしてくれた。対馬のものなべて美し！　という思いであった。

八日午後に厳原についた私は、十三日の朝、再び壱州丸に乗って帰途についた。この日は豆台風が近づいているとかで曇りがちであったが、壱岐をすぎるあたりで天候は回復し、いったん雲烟の中に見失われた対馬の島影は、再び水平線上にそのなつかしい姿をあらわしてくれた。同行者たちは日焼けしたことをしきりに苦にやんでいたが、私は真黒になったまま、大満足の気持でいつまでもその島影に手をふっていた。

（初出『中央公論』一九六七年一〇月号／『橋川文三著作集8』筑摩書房所収）

橋川文三ベストコレクション◆講演

西郷隆盛と征韓論

中江兆民／福沢諭吉／北一輝／大川周明／H・ノーマンらの西郷論を検証しつつ、「西南」の「島」の人という新たな西郷像を提示し、西郷を征韓論者＝植民地主義者のイメージから解き放とうとする。今現在読んでも極めて論争的な講演の記録。

きょう、私に与えられたテーマである「西郷隆盛と朝鮮」についてなのですが、これは司会者の方が、ある種の想念、ある種の勘を持っておられ、私がこの問題を詳しく調べた上で語るならば、非常にユニークな西郷論といったものが生まれるのではないか、そういった着想のように思われます。私自身も実は、西郷と朝鮮という問題については、強い関心を持っております。しかしながら、司会者の方の狙いとは、ぴったり合わないような感じもしているのです。というのは、私は西郷隆盛という個人についてなら、ある程度は話せるように思いますが、きょうのテーマの一方の対になっている朝鮮に対しては、そうではない。つまり、当時の朝鮮という問題について、私は充分な知識を持ち合わせていないのです。断片的な素材は多少持っておりますが、それらをまとめて考えたことが、まだないのです。たしかに、西郷と朝鮮との問題を真剣に掘り下げていくならば、おそらく正面切った形で、従来にはなかった新しい重要な事柄が出てくるのではないかと……。けれども、いまの私には、準備不足でそれができそうにない。うまく実現しそうにもないわけです。このことを前もってお断りしておかないと、まずいのではないかと思います。

さて、司会者の方がいま、大正九年の孫文の「朝鮮独立論」というものを紹介されました。そして、その三年前の大正六年に、柳田国男が上海で孫文に会ったことを、少し触れられました。二人の会談の内容については、司会者の方がいわれたように、柳田はあまり多くを語ってはおりません。ただ、孫文と会った時に、自分が少し前に喧嘩したばかりの南方熊楠のことを想い浮かべたと……。南方熊楠という豪傑、孫文に劣らぬぐらいスケールの大きい民俗学者、世界的な人間だと思いますけれども、そういう南方熊楠の姿が、孫文を前にして連想された。そう柳田は、彼の記録の中に記しております。と同時に、私はもう一つ想い浮かべたことがあります。それは大正八年に、のちに首相となった近衛文麿が、やはり孫文と会っていることなのです。この年、第一次大戦の講和会議がパリで開かれ、そこに向かう日本の全権委員団の随員として、まだ青年だった近衛が加わっているのです。その時分は飛行機はありませんから、一行は船に乗って、一カ月ほどもかかってパリまで出かけていったわけです。その途中、上海に寄港した際、近衛文麿は孫文に会っている。しかも、強烈な印象、忘れえないような記憶、そういうものを彼が孫文から受けたということが、近衛の当時の紀行文に幾つか出ております。柳田国男は、大正の後半期以後において、日本民俗学の開拓者という役割をはたした、偉大な人間でありますし……。また、もう一人の近衛文麿についていえば、日中戦争を引き起こし、その拡大を阻止できないまま、数年後には日独伊三国同盟を結ぶ。そうした形で、ついには日本の運命を敗戦にまで導いていった、その最高責任者であった人間です。

ところで、この二人に対して、孫文はかならず同じことをいったと、私は思っています。それは日本に対する、孫文の結論といったものだったはずです。孫文は死ぬ前年の大正十三年秋、広東より北京へと赴く際に、日本へ立ち寄りました。そして、神戸、あるいは長崎で、日本人に向かって有名な演説をしております。孫文はそこで、こう語っているのです。日本の将来には、いま二つの選択すべき岐路がある。日本は西欧の帝国主義の真似をするか、それとも、われわれが共同の理想として描いている、大アジア主義の道をとるか。この二つの別れ道があるのだと……。ここで孫文がいっている大アジア主義というのは、のちに日本で、大東亜共栄圏と一緒に盛んに唱えられた大アジア主義とは、その意味するものがだいぶ違っておりますが……。ともあれ孫文は、柳田に対しても、近衛に対しても、この日本のとるべき道としての大アジア主義というものを、しきりに説いていたのではなかろうか。そんなふうに私はみております。いずれにしても、孫文という人物に言及していきますと、西郷と朝鮮というテーマとは、かなり規模の違った問題になってしまいます。しかし、司会者の方が最初に孫文の話を出された意図……。それはおそらく、きょうのテーマに対するある種のヒント、ある種の暗示を与えているのだろうと……。そのように私は思っております。

それでは、本題の西郷さんのほうへ話を移したいと思いますが、その前に、ちょっとお断りしておきたいことがあります。西郷隆盛がどんな人柄であったか、またどのような生涯を送ったのか、そういうことを申しあげるのは、あまり意味がないように思うのです。皆さんの中には、もしかすると、西郷さんについてよく知らない方もおられるかもしれません。しかし、伝記風の話は、きょうはいっさい抜きということにいたします。そこで、一足飛びに話を進めて、けっきょく西郷隆盛という人間は、その死後において、どういう評価を受けているのか、というところから、始めることにいたします。

最初に、西郷さんをもっともほめた人たち、反対に、もっとも嫌った人たち、この両者をあげてみることにしましょう。するとそこには、かなりはっきりとした対照が指摘できるようです。で、西郷さんを最大にほめている人として、まず第一にあげられるのが内村鑑三です。内村鑑三は、その著作である『代表的日本人』の中で、西郷隆盛を、日本人を代表する最良のシンボルだといっております。彼は熱烈なクリスチャンですから、クリスチャンの精神に基づいて、西郷さんはクリスチャンではありませんけれども、西郷さんが耳にしたもの、それは天の声であったろう、といっているのです。ちょうど、イギリスのクロムウェルが聞いた天の声と同じものを、西郷さんは聞いたのだと。そんな具合いに、内村鑑三は西郷隆盛のことを、非常に讃美しているわけです。西郷に対する一つの定まった評価として、彼は侵略主義者であったとする意見がありますが、日露戦争に反対した内村鑑三が、西郷を高く評価していること。これはやはり、相当に注目すべき点だろうと思います。

西郷に高い評価をおく人間ということでは、その前に中江兆民の名があがります。中江兆民は、日本のもっともラジカルなデモクラット、ラジカルなデモクラシーの主張者です。あるいは、唯物論の先駆者として有名なわけです。兆民の場合は、その西郷論自体が一種独特で、大変面白いものです。西郷さんより二十年歳下の兆民は、なにか生き方というか、生活の姿勢がまずくて、良かれ悪しかれ、西郷さんのように大きな姿では死ねなかった。そういうタイプの人間だと思いますが、どこか西郷さんと似たところがあるような気が私にはします。これは冗談ですけれども、明治維新の前後でしょうか、西郷さんにはあるエピソードがあります。西郷さんはその時に大変ご機嫌で、素ッ裸のまま踊りだした。興が乗って、男性のホーデンと燭台のロウソクの火を絡ませて、踊り廻っているうちに、大事な毛を燃しちゃってあわててしまうと……。そうした話がありますが、同じようなエピソードを、中江兆民も持っています。ご存じの方はご存じでしょうけれども、キンタマ酒という奴を、中江兆民はやるのです。要するに、キンタマのすそを拡げておいて、そこにお酒を汲むわけです。そうしてから、満座の一同に、これを飲め飲めと押しつける。そんなふうな変なエピソードがあって、西郷さんとはよく似ているな、と思われるのです。もっとも、こうした逸話から推して、似ているといったところで、まあ、しようがないのですけれども……。ともあれ、エピソードにおいても、西郷さんと兆民とは共通しているわけです。中江兆民という人は天真爛漫で、貧乏というものを全然恐れない。世の中の飾りとなるもの、名誉だとか、社会的地位だとかというものには目もくれない。その代わりに、いわゆる正義と考えられるもの、これに対しては絶対に従うと……。そのあたりもやはり、西郷さんと同じ性格だと思います。

西郷さんと兆民との関係は、奇妙にすれ違いになっていて、明治六年の征韓論の政争に敗れ、西郷さんが鹿児島へ帰ってしまったあと、中江兆民は留学先のフランスから帰ってまいります。そして、西郷隆盛とは大変仲が悪かったという、薩摩の殿様であった島津久光のところへ出かけていく。久光というのは、生涯チョンマゲをしていたような人で、当時の保守派のチャンピオンというか、封建的な考えを一生棄てなかった人物です。その久光のところへ、洋行帰りのデモクラットである兆民が出向いて、意見書を提出する。このあたりにも、兆民の面目が躍如としているようです。で、意見書には、久光が中心になって、大久保利通や岩倉具視らの現在の政府を、ぶったおしてしまえということが書いてあった。久光はこれを読んで、そんなことはできるわけがないと反論します。すると、中江兆民は、いや、それはなんでもないことである。田舎に帰っておる西郷隆盛を呼び出して、東京の近衛兵と手を結ばせる。そうすれば、一挙にクーデタを起こして、成功間違いなしだと……。この島津久光との応答の件は、兆民の弟子であった幸徳秋水が、後日談として語っているものですね。

こうしたエピソードからみても、兆民がいかに西郷さんに惚れこんでおったか、ということがわかります。しかし、兆民の場合には、単に惚れこんでいた、それだけのものではなさそうです。中江兆民には、西郷さんの人物評価とは別に、もう一つ冷酷な目で、権力の構造というものを見抜いていた面があるようです。つまり、権力には、実現すべきある目的、政治の目的というものがある。そして、権力が権力として存在する以上、実現すべき政治の目的というものは、いつの間にかぼやかされてしまうことが多いわけです。なぜかといえば、実際の権力というものは、現実の政治的必要から、いかにも本当らしい政治の目的を掲げる一面では、正義といった看板を掲げざるをえない。けれども他面では、つまり、本当のところは悪いことをやると。そうした権力自体が内在している、必然的な仕組みがあると思うのです。どうも、うまくいえませんが、権力というものは、自分が掲げた政治の目的、いわば追求すべきものを、決して追求できないという性質を持っている。ですから、権力が目的として掲げているものは、権力の本当の目的ではないのだと……。そういうところが、権力の実際だろうと思います。だから、中江兆民の場合、当時の政治状況を脳裡に描き、保守派の島津久光の勢力と、西郷の声望とを結ぶ延長上に、権力顚覆の可能性を読んでいた。要するに、権力のメカニズムというものをはっきりと把握しながら、西郷さんの担ぎ出しを策謀していたのです。兆民は後年、自分を中国の張良をもって任じ、漢の高祖さえありせば、縦横無尽の腕がふるえるのにと嘆じたといいます。そして、自己の才能を発揮させてくれる漢の高祖とは、西郷さんだったといっているわけです。兆民と西郷とを論じますと、いろいろ複雑な問題が出てきますが、いずれにしても、中江兆民もまた、西郷隆盛に惚れこんでいたのは、たしかなんです。

他に、もう一人名前をあげますと、福沢諭吉ということになります。福沢が西南戦争後すぐに書いた「丁丑公論」というもの。これは有名な西郷弁護論です。福沢諭吉は明治三十四年に死んでおりますが、その反響を考慮して、晩年頃まで発表を控えたという、そうした秘められた文章です。福沢の政治的生命というものは、明治二十年代で終わっている、と私は思っていますが……。「丁丑公論」の中で、福沢は「西郷は天下の人物なり。日本狭しと雖も、国法厳なりと雖も、豈一人を容るるに余地なからんや。日本は一日の日本に非ず、国法は万代の国法に非ず。他日この人物を用るの時ある可きなり。是亦惜む可し」と、大変高い評価をしているわけです。福沢諭吉といいますと、ことに戦後の日本では、民主主義の担い手、進歩主義のチャンピオンとして、彼の著書『学問のすゝめ』がどの教科書にも載っている。そういうふうな扱いを受けておりますが、本来福沢は、決して単純な、そういった進歩主義者のタイプとはいえないようです。とにかく、福沢諭吉は、西南戦争当時、政府に便乗したジャーナリストたちの意見とは、まるっきり相反した姿勢で、西郷隆盛を擁護、弁護しているわけです。

さらに時代を下って考えてみますと、北一輝がおります。北一輝の場合は、なにか非常に複雑な意味で、しかも西郷さんを高く評価しています。北一輝は、こんなふうに語っています。西郷が西南戦争で倒れたために、第二の維新というものが実行されずに終わった。現在ある維新体制、いまの日本というものは、この場合は明治日本を指すわけですが、もはや維新の看板を掲げているにすぎない。その本当のところは、伊藤博文を始めとするデクノボーのような連中が、日本を引っぱっているだけである。だから、真の維新精神というものは、すでに失われてしまっているのだと……。ただし、北一輝は、それとはまた別のこともいっているのです。そのあたりが、北一輝の複雑で面白いところなんですね。一方では西郷が倒れたために、第二の維新が実行されえなかったといいながら、同時にもう一方では、西郷が倒されたのは当然だとする。彼の表現でいいますと、阿弥陀如来の如く、その鋭い破邪の剣をふるって、西郷の軍隊をつぶしたのは、明治天皇である、この明治天皇は実に立派であったというわけです。したがって、北の意見は矛盾しているんですね。西郷が死んで日本の明治維新は虚しくなり、反面、西郷軍をたたきつぶした明治天皇の偉大さを、大いにたたえている。これはどうみても、明らかに矛盾しています。歴史家の服部之総なども、この北の矛盾をついて、そこを延長していけば、けっきょく、ああしたファシズムまがいの思想が生まれる、北一輝の国家社会主義は、そこから出てくるのだ、と説明しているわけです。しかし、矛盾は矛盾として、北一輝が西郷さんに深い尊敬の念を払っていたことも、まぎれもない事実だろうと思います。

　ついでにもう一人、名前をあげますと、北とならび称せられる大川周明がおりますね。大川もまた、西郷さんを、日本人の理想の姿として描いています。もっとも、大川の場合、西郷さんへの尊敬は、少年時代からのものです。大川周明は、現在の酒田市の近くで生まれていますが、彼が中学生時代を過したのは鶴岡なんです。ここは昔の庄内藩の土地です。庄内藩というのは、西郷さんの人気が大変高いところなんですね。西郷さんの教えを綴った書物『南洲翁遺訓』が、庄内藩士の手で出されていることは、よく知られているところです。戊辰戦争時、庄内藩は官軍に降伏した際、寛大な措置を受けているのです。実際の敗戦処理にあたったのは、薩摩藩の黒田清隆ですが、その背後にあって、寛大な措置をとるように命じたのが西郷さんだったわけです。以来、庄内藩はずっと西郷さんを応援する姿勢を続けます。西南戦争の時にも、西郷軍に呼応する動き方を庄内藩はみせたりもしているのです。そういう経緯もあって、大川周明の西郷さんへの敬愛には、庄内藩という歴史的背景も加わっていたようです。そんなふうにいろいろなケースがあり、西郷さんを讃美する人たちは、他にもたくさんいるわけです。

　ところが、戦後になって、西郷さんの評価は逆転します。とくに敗戦直後には、軍国主義反対の勢いが大変強かった。そういう時代にあっては、西郷さんは、いかにもその立場が保持しにくかったといえましょう。現在では、さほどでもないと思いますが、まだまだ西郷さんを単純な右翼シンボルとしてとらえる見方が、相当に残っているのではないでしょうか。そこで、西郷さんを非難する側のほうへ目を向けたいと思いますが、ご存じのように、西郷さんを非難する日本人は、これもたくさんいるわけです。日本人に関しては省略しまして、私の印象に残っている外国人の名を、一、二あげてみたいと思います。

私などが最初に、その西郷論を読んで印象深かったのは、E・H・ノーマンのものでした。ノーマンさんはエジプトのカイロで投身自殺をしてしまった、カナダの外交官ですね。彼はカナダ大使として、日本にいたこともあります。アメリカにおける例の赤狩りの風潮が、ノーマンの死には影響しているといわれております。ノーマンの西郷論というのは、非常に正しい姿勢で西郷に対しながら、しかし、これを拒否しているのです。西郷という人間は、一種の野蛮人のようで、しかも男色の趣味がある。三島由紀夫のように、ああいう趣味が西郷にはあった。つまり、ノーマンは、西郷をプリミティブな悪魔的要素のあるタイプとみなし、その考え方のもとで、近代日本のコースには合わなかったタイプだといっているわけです。私は、このノーマンの考え方については、半分賛成で半分賛成できないという感じなんです。

近代、とくに現代の日本において、いわゆるまっとうな紳士というか、本当のジェントルマンといったタイプの人たちは、すべて、いまいったようなプリミティブな存在、たとえば、男色の気があったり、乱暴な振舞いに及んだりする人間に対しては、共感を持たないわけですね。そういうまっとうな紳士であるノーマンの、西郷に対する非難というのは、それなりに私にもわかるのです。ノーマンさんとは会ったこともありますし、私には決して嫌なタイプの人間ではないんです。つまり、普通に日本で、進歩的陣営に属するといわれている学者たちの中に、西郷というのは、どうしようもないといった見方をする人がいる。私はそういう人は、会ってすぐにわかるんです。ああ、この人はただの進歩派だなということが……。ノーマンは、もちろん、そういったタイプではありません。いずれにしても、ノーマンは、西郷の中にある原始的な衝動、あるいは野蛮人的要素、男色趣味といったものを通して、これに否定的な見解を下しているわけです。そして、彼の場合ならば、その意見は私なりに納得できるということなのです。

それから、ノーマンと似たタイプの歴史家で、ストーリイという人がおります。これはイギリスのオックスフォードの先生です。ストーリイはノーマンと同じような考え方で、西郷をやはり否定的にみています。ところで、ノーマンやストーリイ、あるいは、同じような立場から西郷を批判している外国人たちはどこから、その資料を求めているかといいますと、大体、日本の進歩的学者たちの西郷研究を材料にしているのです。

ただ、外国人の西郷評価はそれだけかといえば、これはちょっとおかしいと思われます。というのは、西欧人の一番古い西郷論はなにかといえば、アーネスト・サトウのものがあるからです。アーネスト・サトウは、ご存じのように、明治維新の時に大活躍したイギリスの外交官です。サトウもまた、立派なジェントルマンですが、彼は西郷に対して、ノーマンやストーリイとは、だいぶ違った考え方をしております。現在、萩原延寿さんが、アーネスト・サトウについての連載ものを新聞に書いていますね。萩原さんは何度もイギリスへ出かけて、サトウに関する資料にあたっているんです。彼などは、サトウのことを大変高く評価しております。岩波文庫で出ているサトウの著作『一外交官の見た明治維新』を、ここに持ってきていますので、西郷と会った時の印象を記した個所を、少し紹介してみましょう。慶応元年か慶応二年頃の記録かと思います。「西郷は、一八六五年十一月に島津左仲と称して私に紹介された男と同一人物であることがわかった。そこで、私が偽名のことを言うと、西郷は大笑いした。型のごとく挨拶をかわしたあとも、この人物は甚だ感じが鈍そうで、一向に話をしようとはせず、私もいささか持てあました。しかし、黒ダイヤのように光る大きな目玉をしているが、しゃべるときの微笑には何とも言い知れぬ親しみがあった」(坂田精一訳)。そうサトウは記しているわけです。

また、当時の外国人たちの中で、もっとも評判のよかったのは、後藤象二郎だったということも、サトウはいっています。後藤は土佐藩出身の大物政治家で、有名な大政奉還を実現させた人物ですが……。この後藤と比較して、より人間的に優れていたのが西郷だったと、サトウは語っているのです。その個所は、「私の見るところでは、ただ西郷だけが人物の点で、一枚後藤にまさっていたと思う」とあります。それに勝海舟が、西郷をたたえていることはいうまでもありません。

そんな具合いで、戦後になってからは、西郷さんの評判がよくないといっても、はたしてどんなものなのでしょうか。先ほどあげましたように、中江兆民から内村鑑三、あるいは福沢諭吉、あるいは北一輝といった、相当な人物と目されるものたちが、西郷さんには惚れこんでおります。そうした事実が、私には想い浮かばざるをえないわけです。

話がまた飛びますけれども、西郷さんということですぐに連想されるのは、作家の島尾敏雄さんなんです。島尾敏雄さんは、この間まで、西郷さんが流されたことのある奄美大島に住み、図書館の分館長をしておられた。実は昨年（一九七五年）の春に、私は奄美へ行き、島尾さんと語り合う機会を持ちました。ちょうど島尾さんは、二十年住んでいた奄美大島から、鹿児島へ引き揚げる直前でした。その時の私の狙いは、島尾さんが知っておられる、島における西郷さんの逸話、ないしは西郷伝説といったものを、教えてもらおうというつもりだった。そして、島尾さんが話してくれたことは、すべてにわたって、大変面白くて仕方がなかったのです。島尾さんの議論を簡単にいいますと、日本列島というものは、花のレイのように見えるということなんですね。彼は日本列島は一つの弧状を描いていると。ヤポネシア、琉球弧と呼ぶ観点が、島尾さんにはあるんです。なぜ島尾さんに、そういう観点が生まれてきたかというと、島尾さんの故郷である東北の相馬と、いまいる奄美大島との間には、ある種の一致、ある種の呼応関係がある。東北と西南諸島には、相通じるものがあるのだ、そうした島尾さん独特の考えが基本にあるからなんです。その島尾さんの観点に立ってみて、西郷論というのを始めたのですが、すると、われわれがいままで考えてきた西郷さんとは、著しく違ったイメージが湧いてくる。それは、どういうものかといいますと、もう記憶がこんがらがっちゃっているので、私なりに島尾さんの話をまとめてみるわけですが……。要するに、従来の西郷像からは、ずんずん離れていってしまうような感じなんです。奄美大島までは、鹿児島から船で、いまでもまる一夜はかかります。さらにもう少し南下すれば、琉球へとつらなっていく。ああ、こういう南の島で、西郷さんは何年間も暮らしておったのだな、といまさらながら、私は思ったわけなんです。

西郷さんの最初の島流しは、安政五年（一八五八）三十一歳の時で、まる三年間を奄美大島で送っている。竜郷《たつごう》というところに、いまでも住居が残っています。珊瑚礁のきれいな海が見える場所です。その後、一度赦されて薩摩に帰りますが、文久二年（一八六二）三十五歳の時に、また島流しにあいます。今度は奄美大島より南の徳之島に送られます。私は島尾さんに会ったあと、西郷さんの流された徳之島と沖永良部島へいってみたのです。徳之島にはなにもありませんね。記念碑が二つ建っているだけで……。それから、大きな石が二つおいてありました。西郷さんが村の若い連中と、力くらべをした石なのだそうです。村の人たちにたずねても、西郷さんのことはあまり知らない様子でした。西郷さんは徳之島に三カ月ぐらいいて、さらに南の沖永良部へ流されます。沖永良部というのは、もう本当に小さい島です。岡の中心に立ちますと、島全体が見渡せます。そして、文久四年三十七歳の時、やっと釈放の命令が出る。つまり、維新の四年前になって、西郷さんは本土へ帰っていき、誰もが知っているような活動をやったわけです。

私は沖永良部にいって、さまざまな想念に襲われたようでした。西郷さんの最後の流刑地となったこの島は、文字通り絶海の孤島なのです。こんな小さな島で暮らしていた西郷さんは、いったいなにを考えたのだろうかと……。沖永良部には、五百年ほども前になりましょうか、世之主《よのぬし》という領主が住んでいたのだそうです。世之主は大変な平和主義者だったという伝説が残っているのです。世之主の墓は島の真ん中にあって、私が訪れた時には、周囲をフリージアの花が咲き乱れていました。島の人たちがいうには、もうしばらくたつと、沖永良部特産の百合の花が、咲き始めるということでしたが……。伝説によれば、世之主というのは、ある種の理想的な平和主義者で、むしろ、ちょっと意外なといってよい平和主義者なんですね。沖永良部の隣りが与論島で、その隣りが沖縄本島になるわけです。世之主の奥さんは、沖縄本島の領主の娘でした。それで、二人は仲よく平和に暮らしていたのですが、ある時、義理のお父さんと世之主との間に誤解が生じます。不穏な空気が漂い始める。そのうち、義理のお父さんのほうは、自分の誤解に気づいたらしく、仲直りをしようということで、沖縄本島から平和使節の船を出帆させるわけです。永良部からは沖縄を見渡せます。海の彼方から、船がだんだん近づいてくるのが見える。そうしますと、世之主のほうでは、平和の使いだとは思わずにああいう大きな船がくる以上は、わが島を攻めるつもりだと信じてしまうのです。そして、あっさりと、夫婦して自殺してしまいます。この世之主伝説は、奄美大島出身のロシア文学者である昇曙夢《のぼりしょむ》が書いた『奄美大島と大西郷』という本に出てくるものです。

どうして、そんなにあっけなく世之主は死んでしまうのか。西郷さんは、この世之主の墓を、しょっちゅう眺めていたはずなんです。もう目と鼻の先に、それがあるのですから……。そんなとりとめもない連想が、私の沖永良部におけるある種の印象でした。永良部は住んでいる人も大変少ない。また、戦闘とかいう雰囲気は全然ありません。実に平穏な島です。西郷さんはこの島では、たくさんの弟子ができます。その弟子たちを教えながら、のったりと流人暮らしを続けていたわけです。そうした生活の流れにひたりながら、ついには西郷さんは、この島を引き揚げるという気持を忘れた。本土へ帰る気持がなくなってしまったのではなかろうか。そういう感じが、だんだんと私にはつのってきたわけです。だから、文久四年（一八六四）にこの小さな島へ、薩摩からの釈放の船がやってきた時、西郷さんは、あまり喜ばなかったのではないだろうかと……。その前の奄美大島の場合には、西郷さんは大変喜んでおります。そして、すぐにでも、内地の政治的混乱のただ中へ乗り出していく。一身を投じようという覚悟をもっていたと思います。けれども、沖永良部の場合は、どうも、そうではなかったらしい。それほど喜んでなどはいない。話を少し省略しますが、西郷さんは、弧状を描いている日本列島のはずれの小島で、いつしかある奇妙な想念に、つきまとわれ始めてしまっていた。いわゆる内地というもの、本土というものを、沖縄や奄美の人たちは、普通、ヤマトというふうに呼んでいるのですが……。ヤマトの政治というのは、どうにも嫌だなあと。あれは違う政治なのではあるまいか。いま、徳川幕府と勤皇派とが大変な争いをやっている。しかし、あんなのはおかしい、違っているのではないか、という感じ……。西郷さんは日本列島の南のはずれで、そうした感覚をつかんだように思われるのです。沖永良部のすぐ向こうは琉球であり、琉球は中国へとつながっていく。そして、世之主の平和主義というものを考えていた。西郷さんは、すでに三十七歳になっています。彼が学んでいた陽明学というものを、自分なりに読み抜くという姿勢で、西郷さんは、独自の心境に至っていたのではないでしょうか。

これは私の勝手な想像かもしれませんが、その後、ヤマトに復帰した西郷さんは、明治維新の最大殊勲者となる。しかし、明治十年には、もはや死んでしまわなければならない……。そういう運命を引き寄せる、いわば決定的な影響力というものが、島における体験だったのではなかろうか。いまだに漠然とした連想にすぎないのですが、私は沖永良部へいってみて、西郷さんの心境を、そんなふうに想像してみたくなりました。そして、私にそうした考えを抱かせた一つのきっかけが、先ほど申しあげた島尾敏雄さんなのです。島尾さんはいま、どういう西郷論を想い描いているのか。もう一度あらためて、聞いてみたいなあという気がいたします。

なんだか話が、島の西郷さんといったものになってしまいましたが、西郷評価、好き嫌いといったことは、ここらで打ち切りたいと思います。ただ一つだけ、付け加えておきたいことがあるんです。このことは、私の頭の隅にいつもひっかかっていて、気になっているのですが、よく確かめられない記憶なんです。それは実は、中国の本のことです。現在の中国ではなく、明治二十年頃の話です。たしか上海だったと記憶しておりますが、ある日本人が上海へ行って、新刊書の広告をみた。その本の題名は『西郷隆盛と福沢諭吉』というものだったそうです。広告ですから、謳い文句が付されていたわけです。西郷は武によって新日本を創り出し、福沢は文によって同じものを創り出した。この二人こそ、新日本の偉大なる指導者であると。そういうほめ言葉が添えてあったという。私は上海で発行されたとみられるこの書籍を、もちろん見たことはありません。しかも、書籍を紹介していた記述が、なにに書かれていたかも失念してしまっているのです。まことにあやふやな話で申し訳ないのですが、皆さんの中で、もしもご存じの方がおられましたら、教えてほしいなあと思っています。ともあれ、そうした本が出ているように、明治二十年頃の中国では、西郷さんは、マイナスのイメージではない姿で、中国人から目されていたようです。のちの日本でいわれるようになった、軍国主義とか侵略主義、あるいは超国家主義の典型といったものに、西郷さんは見られてはいなかったらしいんですね。

さて、肝心の朝鮮と西郷さんの問題なんですが、前にお断りしたように、朝鮮自体のことについて、私には充分な知識がありません。そこで、例の明治六年に、西郷さんが唱えたといわれている征韓論に焦点をしぼって、少し論じてみることにいたします。

あの時の征韓論には、ちょっと妙なところがあるんですね。田保橋潔が書いた『近代日鮮関係の研究』という、上下二冊の大きな本がありますが、その中でも、指摘されていることですが。つまり、普通の論争として、征韓論というものが政治上の問題となった場合、朝鮮を攻略しようとする実際の動き、軍事計画なり、軍事的動員といったものが、論争の背後になければならないわけです。これに対抗して、征韓論に反対する側は、そうした軍事計画なり、軍事的動員なりというものを、現実的に阻止する。そうなって始めて、征韓論というものは、いわゆる外交問題として成り立ちうるわけです。ところが、明治六年の征韓論の争いというのは、まるっきり、そうした性格ではないんです。廟堂においては、非常に深刻な激論が行なわれますが、論争の背後にあるべきはずの、軍事動員などをめぐる実際上の争い、そういうものがどうやら、なにもないようなんです。征韓を主張した西郷側の動きに応じて、当時の近衛兵や鎮台兵の動員といったものがあったかというと、ほとんどないわけです。というよりは、むしろ、そうした組織的な動向を欠いている点が、明治六年の征韓論の性格といってもよいでしょう。たとえば、当時、陸軍大臣の役割に就いていた、陸軍卿の山県有朋なども、ある段階までは、事態がどう進んでいるのか知らなかったという。ですから、あの時の征韓論をめぐる政争は、外政問題、外交問題だったのか、それとも内政問題だったのか、という疑問が生じてくるのです。

あれを外交問題だといいきることは、まずできません。西郷が直接朝鮮へ乗りこんで、非常に癪にさわったと。そこで征韓論を唱える。そんなことをされては大変だと、大久保利通や木戸孝允の側が、懸命になってその計画をつぶした。そういう事情ならば、外交問題として成立する可能性がありますが、事実は、そんなところまでもいっていません。それじゃあ、あれは内政問題だったのかと。これもまた、そういいきることはできないと思います。したがって、田保橋潔が記しているごとく、明治六年の征韓論は、純粋な意味での外交問題ではなかったと……。そういう性格の論争だったんですね。

このことを、なぜ私が強調するかといえば、西郷の征韓論が、まるで、その後の近代日本が行なった、さまざまな形での大陸侵略主義の一環としてしか、とらえられていないからです。明治六年のそれは、そんなふうなものじゃなかったんだということを、前もって断っておきたい感じが、私には強くいたします。事実、征韓論という事柄だけをとりあげれば、明治二年にすでに、木戸孝允、大村益次郎が征韓を唱えております。この征韓論には、対馬藩の家老だった大島友之允の影響があったと伝えられているものです。征韓論には、そのような系譜がある。ところが、そうしたものとはつながりを持たせずに、西郷の征韓論だけが、クローズ・アップされているきらいがあります。さらに征韓論をさかのぼらせますと、佐藤信淵や吉田松陰、あるいは橋本左内といった幕末の志士たちの、征韓ないしは大陸侵略の主張があるわけです。私の考え方は、あるいは間違っているかもしれませんが、幕末の志士たちからの征韓論の系譜、その流れの一つとして、西郷の征韓論というものを、位置付けておきたいのです。佐藤信淵や吉田松陰の征韓論ないしは大陸膨張論は、いわゆる外交問題とは関係のない、単なる抽象論にすぎなかったのだ。そういう側面があり、のちのそれとは性格が違うのだということを、やはり付け加えておきたい感じがします。

明治八年に江華島事件というものが起こり、日本は軍事力をバックに朝鮮を開国させてしまいます。あれ以降の近代日本が実際に行なった行動を征韓論というふうに呼ぶならば、これこそ、日本の対外政策としての征韓論の本来の姿だったといえましょう。西郷の征韓論は、そうした意味からいえば、なんらの形跡も残してはいないのです。だから、西郷の征韓論は、対外政策とはなりえなかった以前の征韓論、佐藤信淵や吉田松陰らのそれの、いわば最後の姿であった。多少あいまいな議論になりましたが、西郷以後、征韓論の性格が変わってしまう。そういうことを、私はいいたかったわけです。つまり、西郷の場合には、実際の行動をなんら起こしてはいない。そのことを、一つの事実として指摘しておきます。

それでは、明治六年における西郷さんが征韓論を主張した、あの激しい姿勢……。参議たちの会議では、西郷さんはものすごい勢いで征韓論を主張しています。あれはいったい、どういうことだったのか。そして、西郷に対抗した岩倉、大久保、木戸たちの議論……。この二つを較べてみると、どんなふうになるのか。西郷に対立して、もっとも強硬に反対したのは大久保利通でした。大久保がそこであげている、反対のいくつかの理由はすべてまっとうで筋道が通っています。とうてい否定することができない議論であったことは確かです。これに対して、西郷さんのほうは、征韓論を通す上においては、確かに間違いがあったように思われます。大久保の必死の征韓論ぶっつぶしの議論、あの必死の努力に比較すると、西郷さんは、あまりにも既定事実にこだわりすぎていたようです。すでにあの段階では、西郷の遣韓使節の一件は、明治天皇の許可を受けております。三条実美太政大臣のほうも承諾ずみである。ただ残っている手続きは、海外に出かけている岩倉たちが、帰ってくるのを待つだけだった。そこで、実行に移そうという手筈だったわけです。そこいらへんに、西郷さんとしては心のすきがあったようにみえます。征韓論の主張が、あれほど簡単に敗れ去ってしまうのは、そのせいだと思われます。

いま一つの仮定を立ててみましょう。それは西郷の主張が通って、彼が大使として朝鮮に派遣されたとする。その場合、どんなことが起こったろうか。さまざまな予測が立てられると思います。しかし、西郷を迎える朝鮮の側の問題については、準備不足もあって、私はいまは、それに触れることができません。西郷が語っているように、もし朝鮮の地で殺されたとしたら、それに引き続いて、日本国内ではいかなる変動が生じたろうか。これについては、ある程度の予想ができそうです。

その前に、西郷の征韓論については、よく論じられる議論がありますね。あの段階で、西郷は死ぬことを覚悟していたのだ。というよりは、彼は自分の死ぬ場所を求めていた。そのために征韓論を唱え、ああいう行動をとったにすぎないのだと……。この仮定に立つならば、それではなぜ、あの時に西郷は死なねばならなかったのかという問題になっていきます。この場合には、もう征韓論が第一義的な問題ではなくなって、西郷の死のうとする気持の忖度のほうへ、問題点が移っているわけです。つまり、西郷さんは、いずれにしても死んでしまうのですから、その後に生じる征韓の問題は、西郷さんにとって、一応あずかりしらぬ事柄にもなるからです。私はそこで、西郷さんを征韓の問題から切り離して、西郷さんは単に、死ぬ場所を求めていたにすぎないという限定をした上で、彼の死ぬ理由はなんだったのか、そのことを少し考えてみようと思います。西郷さんの死への憧憬を詮索しようとする研究の姿勢、このことは、西郷さんを論じる上で、確かに意味があるように思いますので……。

先ほど私は、沖永良部を去る時に、すでに西郷の運命は決まっていたのではないか、そういう仮説を申しあげました。その間のプロセスについては、充分に説明していませんが、要するに、西郷さんには、ヤマトの政治への絶望みたいなものがあった、とみるわけです。もし、そう考えられるならば、西郷さんの使命は、おそらく江戸開城のあたりで終わっていた。西郷さんとしてはもう、田舎へ引っこみたかった。ところが、いろいろな事件が生じて、けっきょくそうもいかず、ふたたび中央に引っぱり出されてしまう。となりますと、早く死ぬ場所を見つけたいという、西郷さんの心の動きが、そこにはやはりあったようにも思うのです。西郷さんは、その心の動きを、征韓論という形で行動に移そうとした。したがって、彼が大使として朝鮮へ赴く。そして殺される。そんなふうにして、仮定を積み重ねていくと、実際の朝鮮攻略、ないしは朝鮮出兵という形での征韓の具体的構想は、あの時の西郷さんには、あまりなかったということになります。つまり、西郷さんとしては、自分が死ぬことによって、もろもろの負担からは解放される。で、ほっとする。そういう感じだったのではなかろうかと……。

ちょうど区切りがよいので、私の話はここで終えることにします。そうしますと、当然、皆さんのほうからは、疑問や問題が、たくさん出てこざるをえないのではないでしょうか。それはあとの討論のほうで、一緒に考えてみたいと思います。(以降、略)

(初出「かちそり」一九七八年一〇月刊/『西郷隆盛紀行』文春学藝ライブラリー所収)

福沢諭吉と岡倉天心

橋川の「後期」の仕事を予告する重要な論考。橋川は日本近代史をいわば福沢的な脱亜論型進歩主義と天心的な多元的アジア主義の「楕円」として捉えようとした。竹内好とも異なる橋川の（非アジア主義的な）アジア思想の可能性は、未だ汲みつくされていない。

福沢諭吉と岡倉天心とはアジアに対して、対極的にこととなる姿勢を象徴する二人の思想家と考えられている。この場合、前者はその「脱亜論」によって代表され、後者はその「アジアは一つ」という標語によって代表されることになる。

諭吉はほとんど無情酷薄の印象を与えるほど、断固として「野蛮」なアジアとの絶縁を宣告し、西洋文明の世界に移行することを主張した人物の代表者であった。彼がここでいうアジアは具体的には清・韓二つの隣国であり、この両国との腐れ縁的な関係を脱却し、日本は独自の思想と行動の論理を樹立すべきことを強調したのがその「脱亜論」の趣旨にほかならなかった。独自の論理というのは「正に西洋人がこれに接するの風に従って処方すべきのみ」といわれたように、西洋文明国の流儀ということにほかならなかった。この両国（諭吉の場合にはそれがつまりアジアであった）は「アジア東方の悪友」であり、「悪友と親しむ者は共に悪名を免るるべからず」の理由によって、これらとの惰性的な方式による交際を「謝絶」することを主張したわけである。まさに「隣国なるが故にとて特別の会釈」を払うこともない冷酷ともいうべき態度の表明であった。

諭吉のこの「脱亜論」が発表されたのは明治十八年三

月のことであった。あたかも甲申事変の後で、朝鮮をめぐる日本と清国の勢力争いが危機段階に達し、日本からは伊藤博文が清国に派遣され、天津で李鴻章との交渉に入ったばかりの時期であった。

この時期に、諭吉がこうした強硬な姿勢をとったのにはそれだけの理由があった。近因としては、彼がほとんど自ら手を下して実行に移した甲申事変の結果が裏目に出て、その意図した韓国近代化のためのクーデターが挫折したことにあった。その失敗にはもとより清国勢力が介入していたために、諭吉は韓国はもとより清国に対しても猛烈な怨恨と攻撃的激情をいだいたわけである。この前後に諭吉が「時事新報」紙上に書いた論説は、対清強硬論の最右翼というべきものであり、その沈痛激越な文章は官僚政治家井上毅をして韓退之、蘇東坡を凌ぐといわしめたほどであったが、要するに彼は、清・韓両国はもはや亡国のほかはない「未開野蛮」の国家であるとし、彼らとのなんらかの提携を考えることは無意味であり、日本が独立国家としての面目を保つためには、対清開戦もまた辞すべきではないことを主張したのである。この前後の彼の論説——たとえば「日本は支那の為に蔽われざるを期すべし」「脈既に上れり」「輔車唇歯の古諺恃むに足らず」「支那風擯斥すべし」「東洋の波蘭《ポーランド》」「朝鮮事変」「支那兵士の事は遁辞を設るに由なし」「曲彼れに在り直我れに在り」など、その題名からしても、彼がいかに清・韓両国を嫌悪し、憎悪し、半面にはまた一種の恐れをいだいていたかが想像されるはずである。「脱亜論」は、いわばそれらの総決算というべき論説にほかならなかった。

しかし、「脱亜論」はたんに甲申事変の衝撃から生れたのではなく、その遠因として、かなり以前にさかのぼるもう一つの理由があった。それは、彼が、清・韓両国を支配する思想と文化に対して、根本的な批判をいだいていたことである。後に述べるように、諭吉の生涯を通じてかわらぬ儒教イデオロギーへの嫌悪がそれであった。いずれにせよ、諭吉の「アジア」への違和感と批判は極端にまで明確であった。彼にとって「文明」こそが唯一の価値であり、「アジア」は「文明」へのアンチテーゼとして、したがって反価値のシンボルであった。当時の彼の判断によれば、「文明」とは同時に「国家の独立」を達成しうる唯一の手段にほかならなかったから、「アジア」的なるものはそのまま「亡国」の同義語にほかならなかった。明治十八年前後において、彼はほとんど確信をもって清・韓両国の滅亡を信じていたのである。

「脱亜論」からほぼ二十年後、天心によって発表された英文著作 The Ideals of the East, with Special Reference to the Art of Japan, 1903, London. は、その冒頭に Asia is One. という一語を記している。「アジアは一つ」ということばは、西欧のはるかに及びえない高い価値において、アジアの諸民族が一つであることを主張したものであった。諭吉においては「野蛮」という反価値において一つとされたものが、ここではもっとも普遍的な価値において一つとされている。諭吉においてはアジアは一つであるがゆえに、そこから脱却すべしとされたものが、天心においては、その一なるアジアの魂にめざめることこそアジア自身にとって、また人類にとっての福音であることが高らかに歌われている。同じ「アジア」が一方では「闇」として、他方では「光」として描き出されているわけである。

この「アジアは一つ」という宣言もまた、それが生れるための一定の時代状況をもっていた。直接にはそれは、インドを訪れた天心が、イギリスの圧制下に苦悩し、苦悩のはてに無気力となっているインド青年を鼓舞するための激情から生れている。しかし、「脱亜論」の場合と同じように、それはたんに特定の情勢に刺激されて生れたものではなかった。天心の場合にもまた、このような宣言ないし予言を必然たらしめるような背景があった。それは天心が、その青年期からする深い東洋美術への造詣を通してアジアの美と宗教に内在する高貴な一体性の認識をきずきあげていたことである。

ともあれ、「脱亜」と「アジアは一つ」という二つの思想的言語は、その後さまざまな形で日本人の対アジア態度を規定するシンボルとなった。もっとも通俗的な形では、それは一方では単純な西欧崇拝の合言葉となり、他方ではこれまた素朴なアジア憧憬のスローガンとなった。一つは遠心的な西欧文明へのあこがれを、他の一つは求心的なアジアへの郷愁を表現する二つのパターンがここに生れることになった。この二つのパターンが、日本近代史上にさまざまなもつれを示しながら交代する光景は、すでに私たちにはなじみのものとなっている。ある意味では、日本近代史は、この二つの宣言というか、予言というべきものを二つの中心とする楕円運動のごときものであったということもできそうである。

この二つの標語は、このような形で近代日本におけるもっとも重要な「予言」の一種となった。それは「予言」であるがために幾分謎めいており、したがってまた、そのつどの気ままな解釈と追随者の発生を可能ならしめるような性質のものであった。日本をめぐるアジアもしくは世界情勢の変動に応じて、それぞれ機会主義的な解釈をほどこされて、いくたびも回想されるという結果になった。

（もっとも、この二つの言語がそのままに記憶されつづけたというのではない。「脱亜論」が、そのものとして、有名になったのはむしろ戦後のことである。「アジアは一つ」もひろく知られるようになったのは「大東亜戦争」の時代からである。ただ日本人の対世界態度における二つのパターンは、この二つの言葉によってもっともよく象徴されるというにすぎない。）

それはともかく、「脱亜」の主張も「アジアは一つ」のスローガンも、いずれも一つの予言というにふさわしいある画期的な洞察を含んでいたことはたしかである。気分としての西欧志向、気分としてのアジア連帯感はそれぞれの予言の以前から存在していた。しかし、この二つの予言は、それらの気分に一定の原理性を与え、一定の献身を要請するものとしてあらわれたという点では共通している。前者は、明治初年以来の軽躁な「開化先生」（諭吉の嘲笑語）を拒否しつつ、「文明」の原理を提唱したものであり、後者もまた、維新初期から実在した東洋豪傑ふうのアジア主義者たちが夢想もしえなかった位相において、アジアの原理を宣告したものであった。その本来の意味において、いずれも俗流化を許さない性格のものであり、それぞれが孤立的な運命にさらされることを免れなかったのもそのためであろうと思われる。以下においては、この二つの予言の生れてきた内在的な理由を簡単に見ておくことにしたい。

福沢が中国や朝鮮に対して否定的な態度を表明したのは、甲申事変前後における三国間関係にその「一片報国の精神」を刺激されただけの理由からではないことは前にふれた。福沢の中国と朝鮮に対する姿勢には若干ニュアンスの差異があるが（前者にはよりきびしく、後者には同情心の方がよりつよい）、いずれも開明進取の気象を欠如した国民とみなしていたことは同断である。そして、そうした判断の根底にあったものは、清・韓両国民を支配する文明そのものが劣悪であるという認識であった。この文明がはばをきかしている限り、この両国の滅亡は疑いなしというのが福沢の固い信念であった。

福沢が脱却すべき「亜」（アジア）とみなしたものはそのような亡国的文明のことであった。その場合、朝鮮の文明は独立のものではなく、中国文明に追随するものとみなされていたから、脱却すべき最大の対象は中国にほかならなかった。したがってここでは、福沢が中国の歴史と文明をどのように観察したかがまず問われねばならない。もし「脱亜論」が一個の予言的性格をもっていたとするなら、その背景にある彼の中国文明論もまた、ある画期的な意味をもっていたはずだからである。

福沢の中国認識は初め必ずしもユニークなものではなかった。一般に幕末の知識人がいだいたものとそれほど異るものではなかった。「とかく改革の下手なる国にて、千年も二千年も古の人の云いたることを一生懸命に守りて少しも臨機応変を知らず、（略）これ皆世間知らずにて己が国を上もなく貴きもののように心得てさらに他国の風に見習い改革することを知らざる己惚れの病より起りたる禍なり」（『唐人往来』）という程度の認識は、当時普通のものであったといってよい。阿片戦争以来の中国の敗亡を見聞した知識人たちは、なかば好意的な焦燥感をいだきながらこの中華帝国の動きに注目していた。彼らはなお多くは中国文明の原理的優秀性は疑わなかった。ただその「臨機応変」の動作に緩慢なることに疑念をいだいたにとどまる。佐久間象山、横井小楠のような先覚者もその例外ではなかった。中国文明の精髄をなす「先王之道」、それを祖述した儒教の権威はなお深くこの国の知識人の心をとらえていた。

諭吉もまたその知的教養を儒教＝漢学から始めている。そして、その素質は自ら「漢学者の前座くらい」と称しているように、普通書生の水準をはるかに越えていたと見てよい。しかしその諭吉が、明治期を通じて最大の儒教批判者となったことはあまりにも有名である。彼にとって「封建制度は親の仇」であったが、それと同じように、否それにもまさって、眼に見えぬ形で人間の心を腐敗させるものと彼がみなした儒教イデオロギーはその生涯の敵であった。

この儒教への敵視がどのようなプロセスで彼の中に生

じたかをたどる必要はここではない。ただ、諭吉の儒教批判がある明確な理論的形態をとるにいたったものとして、『学問のすゝめ』『文明論之概略』などを無視することはできない。とくに後者にあらわれた彼の中国文明批判は、日本の伝統的知識人が継承してきた文明に関するあらゆるカテゴリーを転倒せしめるものであった。さきに諭吉が中国文明を反価値としてとらえたといったが、そのことを可能ならしめたものがその新しい文明論の方法であった。

『文明論之概略』のうち、ここでとくに注目したいのはその巻一の第二章「西洋の文明を目的とする事」である。これは全体として日中文明比較論というべき内容をもっており、あわせて福沢が終生かえることのなかった対中国観の骨格を述べたものである。

もとより、『文明論之概略』はたんに中国文明を論じたものではない。しかし、文明を論ずる以上、その反対の「野蛮」の意味を明らかにせねばならない。そしてその比較を展開する過程で、福沢の前に、「野蛮」の象徴として浮び上がってきたのが中国文明であり、とくにその骨格をなす儒教の文明であったという関係になる。今、この章の論旨を要約的にいえば、およそ次のように考えられる。

諭吉の考えでは（それは多分ギゾーやバックルの影響をうけていた）、文明成立の根本は人間の「心事の繁多」なることにあった。それは、人間精神の活動を刺激する多元的な契機が存在し、それによって人間精神の内部に選択の優先を争う葛藤が生じることといいかえてもよいであろう。なによりも人間の選好能力が自由に活動しうるように、それを制約するなんらかの社会的圧力が強すぎてはならなかった。いわば伝統的タブーのごときものの支配力が強すぎてはならないということである。それは原始的・呪術的なタブーであろうと、政治的もしくは宗教的権威によって設定された一元的価値体系であろうと同様である。諭吉はほぼそのような観点から中国の文明と日本の文明とを比較考察し、次のように述べている。

> 「……君主の尊き由縁を一に天与に帰して、至尊の位と至強の力とを一に合して人間の交際を支配し、深く人心の内部を犯してその方向を定るものなれば、この政治の下に居る者は、思想の向うところ、必ず一方に

偏し、胸中に余地を遺さずしてその心事常に単一ならざるをえず。(略)或人の説に支那は独裁政府といえどもなお政府の変革あり、日本は一系万代の風なればその人民の心も自から固陋ならざるべからずという者あれども、この説はただ外形の名義に拘泥して事実を察せざるものなり。よく事実の在る所を詳にすれば、果して反対を見るべし。その次第は我日本にても古は(略)もとより支那人に異るべからず。しかるに中古武家の代に至り、ようやく交際の仕組を破て、至尊必ずしも至強ならず、至強必ずしも至尊ならざるの勢となり、民心に感ずる所にて、至尊の考と至強の考とは自から別にして、あたかも胸中に二物を容れてその運動を許したるが如し。すでに二物を容れてその運動を許すときは、その間にまた一片の道理を雑えざるべからず。故に神政尊崇の考と武力圧制の考と、これに雑るに道理の考とを以てして三者各強弱ありといえども、一としてその権力を専らにするをえず。これを専にするを得ざれば、その際に自から自由の気風を生ぜざるべからず。これをかの支那人が純然たる独裁の一君を仰ぎ、至尊至強の考を一にして一向の信心に惑溺するものに比すれば同日の論にあらず。この一事については支那人は思想に貧なるものにして日本人はこれに富めるものなり。支那人は無事にして日本人は多事なり、(略)かくの如く至尊の考と至強の考と互に相平均してその間に余地を遺し、いささかにても思想の運動を許して道理の働くべき端緒を開きたるものは、これを我日本偶然の僥倖といわざるをえず。」

ここでは中国の(政治)文明が主として批評されており、儒教そのものが論じられているのではない。しかし、彼の文明批評の方法がいかなるものであったかはほぼここから察知することはできる。要するに政治権力の原理がそのまま人間精神の規範として作用するような社会システムの典型を中国に見出し、そこに文明と相容れない停滞性＝野蛮性の根源を認めているわけである。それは、モンテスキューが『法の精神』で説き、ヘーゲルが『歴史哲学』で述べたような中国論とどこか相通じるような方法でさえあった。少なくともそこには、漢学の知識は別として、その権威になんらとらわれることのない、自由な文明批評の立場があらわれていることはまちがいない。そして諭吉にとって、儒教の権威を撃つことは、中国への伝統的な崇拝心の根拠を断ち、日本人の精神面と政治面における独立の気概を啓発する第一歩だったわけである。「脱亜」の主張はそうした戦略的ヴィジョンを後景にそなえていた。

ただし、さきの文章にポレミークとしての鋭さは認められるとしても、それが果して中国文明論として、どれほど学問的といいうるかは問題であろう。まずそれは、具体的な清朝政治の批判としては当らなくはない。また一般に「文明」を政治的表現の側面からのみとりあげるならば、その所論に概して問題はないであろう。また、その政治に携わる士大夫階層のイデオロギー批判として見てもそれほど不当とはいえないはずである。それらはすべてメリットとして認めてかまわないだろうが、やはりここには多大の疑問が残されているというほかはない。

その疑問を簡潔に述べることはむずかしいが、要するに諭吉の文明批評の方法は、その啓蒙の効果を求めるに急であったため、一つの文明に内在する生命力というべきものに対しほとんど感受性を欠いていたということである。アジア文明の全体を彼は考えたわけではないから問題は中国文明に限られているが、その中国文明をまた彼は儒教文明に限定し、しかもその文明を特殊な清朝政治の形態に局限している。

これはイデオロギー暴露のためには有効な方法であるが、そのために一切の内在的理解の道が切断されることになる。

彼が故老の反論に答えて「儒の道を喜ばざるにあらず、当時儒者流の人を喜ばざりしなり」と答えているあたりに、啓蒙家としての福沢の機略なり、決断なりがうかがえるともいえよう。

諭吉のアジア文明論は結局中国文明論に限られており、しかもそれが儒教だけに限定さていたことはすでにふれた。（道教さえその視野には入らない。）彼の論旨の明快さは、むしろ対象と方法に関するそうした単純化と限定にもとづくところが少なくない。そして諭吉は、アジア文明に関して、たとえば天心のように一種敬虔な心情をもって接近するようなこともなかった。漠としたおどろきやロマンティクな神秘感のごときものは諭吉にとって無縁のものであった。そしてそのことは、諭吉が主として教典化した漢籍をとおして中国文明（＝アジア文明）を考察したということによるばかりでなく、諭吉その人の資質的な感受性にもとづくところが少なくない。

たとえば、天心が文明というとき、それはたんに政治・社会の制度や機構をさすのではなく、必ず宗教と芸術を含ませたものであったことはいうまでもない。ところが諭吉の場合、宗教や芸術に対する関心は概して二義的なものにとどまっていた。その『自伝』にいうように「幼少の時から神様がこわいだの仏様が難有いだのいうことは一寸もない。卜筮呪詛《ぼくぜいじゅそ》一切不信仰で、狐狸がつくというようなことは初めから馬鹿にして少しも信じない。子供ながらも精神はまことにカラリとしたものでした」というのがその素質であり、しいて宗教に関心があったとすれば「世間多数の人心を緩和して世安を維持するためには宗教ほど大切なものはない」というその実際家的関心からにほかならなかった。しかし天心は、二十代の初めに天台宗の三帰戒を受けたということは別としても、資質的に宗教的なるものへの感受性をゆたかにそなえていた。『東洋の理想』にしろ『茶の本』にしろ、そうした感受性なしには考えられない著作であり、その英文創作のあるもの、たとえばオペラ作品『白狐（The White Fox）』などにたたえられた詩情もまた素朴なアジア的信仰の気分に通じている。

そればかりでなく、天心にとって、その専攻領域である芸術美の世界がそもそも宗教と深いかかわりをもつことは自明であった。「芸術はいつも宗教と結ばれている。そのもっとも偉大な作品はつねに宗教思想の衣裳に包まれている。……かくて宗教は美術史において何よりも重要な要素である」（「東アジア美術における宗教」）という視点から日本、中国、インド、西欧のあらゆる芸術作品の美を探求したことは、彼のどんな美術論を見ても歴然としている。ところが、その美術に関しても、諭吉の場合はまことにサバサバとしたものであった。たとえば「帝室論」の中に古美術保存論というべき趣旨が述べられており、これは天心の領域とも関係がありそうにみえるが、それとても「人の好尚の変化は決して計るべきものにあらざれば、物の存すべきはこれを存し、術の伝うべきはこれを伝えて、我文明の富を損するなきこと緊要なるのみ」というまでのことであり、古美術保存というのも、主としてその海外への流出が国威の失墜につながるのを恐れるという懸念からのことであった。

一般に諭吉が風流韻事のたぐいを軽視し、もっぱら文明の実用を推進することに専心したことは周知のことであるが、その漢詩作品などを見ても、天心の本格的な創作に比べるならばどこか悪戯に似たところが感じられる。ともかく、詩心という点からいって、諭吉と天心とはまるでその素質を異にしていたことはたしかである。この二人の思想家のアジア文明論のちがいが、一つにはそうした両者の資質・感受性の差にもとづくことは容易に想像されるところである。

ところで、天心のアジア文明論をもっとも原理的に展開した著作として、私はその「日本美術史」（明治二十四年）もしくは「支那の美術」（明治二十七年、講演）をあげたいと思う。前者は天心の東京美術学校における講義筆記で、「恐らく邦人の講述せる最初の美術史」（日本美術院版『天心全集』の解題）といわれたものであり、後者は明治二十六年七月から十二月にかけて、宮内省の命をうけて古美術調査のため中国大陸を旅行したのちの報告講演の記録である。もとより『東洋の覚醒』『東洋の理想』『茶の本』などは天心の主著であるが、それらの著作はむしろ高水準のプロパガンダというべきもので、天心のもっとも純粋なアジア文明論は、原理的には今あげた著述もしくは講演の中にもっともみごとに展開されていると思う。「アジアは一つ」というスローガンに到達する以前に、天心が何を考え、何を追求したかはそれらのものによくあらわれている。

まず「日本美術史」の講義録を見て意外の感じを与えるのは、それが題名を逸脱するかと思われるほどに、中国の美術史、あるいはインドの宗教史に関して多くのページをさいていることである。たとえば推古朝美術を論じてその仏教文化の影響を説明するとき、「仏教かくのごとく美術に関係を有せば、ここにその起源を述ぶるの必要あり」としてインド宗教史を概説し、それが結局「支那に影響をうけたる仏教的美術」であることから、数十ページにわたって古代中国美術・文学史の詳細な議論を展開するというぐあいである。推古時代の美術史を知るためには、殷周時代から六朝、唐代にかけての芸術史の知識がいかに必須のものであるかが、おのずから納得されるように展開されている。

しかもここでは「美」がなんら神秘的な空想のヴィジョンではなく、確実に認識しうるもののようにして扱われているという印象がある。それはちょうど、諭吉の場合、「文明」の象徴が各国普遍のものとしてとらえられているのと似ている。その美は普遍的な文化価値であるがために、必ずやその比較を可能とし、そこから個別的な特性を抽象することもまた可能であるような原理としてあらわれる。

要するに「日本美術史」の不思議な魅力は、それがたんなる教科書風の美術史ではなく、その美の創造のために共同した人間そのもの（それが普遍的なものである）の活動の姿までが浮んでくるようなところにある。

かんたんにいえば、私たちはアジア文明がたんに「儒教」によって形成されたものではないどころか、そのアジア文明の形成をささえた無数の人間の生理と心理の多様な歴史までを教えられるのである。諭吉の著作によってむしろ軽快にアジア文明の「停滞性」に眼を開かれたつもりになっても、たとえば「日本美術史」一篇によって、その自信は容易に失われるかもしれない。アジアは諭吉のいうように単純・明快なものではなさそうだという思いにさそわれざるをえない。

この「日本美術史」以前に、天心がすでにヨーロッパの芸術品にふれていたことは経歴の示すとおりである。明治十九年、フェノロサ、ビゲローなどとともにアメリカ、ヨーロッパの美術視察に当っているが、この時の天心の感想がどのようなものであったかは正確にわかりにくいところがある。ただその時期のことだがベートーベンのシンフォニーを聞いたのち「西洋が東洋をこえた芸術といえば多分これだけのようですね」と語ったというエピソードが示しているように、天心は恐らく美において西欧に多く学ぶべきものはないと思ったようである。このことは天心の美術鑑賞能力ということにからんでいくらか問題とされるところであるが、ともあれ天心の「日本美術史」は、早くもアジアに固有の美の伝統に関し驚くべき深さの洞察に達しようとしていた。天心が夢殿の秘仏を開いて「一生の最快事」を味わったのはすでに外遊よりも前の明治十七年のことであった。

しかし、天心がアジア文明の神髄に直接にふれ、その「アジアは一つ」の直観により実証的なうらづけを与えられたのは、その後、明治二十六年の中国旅行であったといえよう。その中国旅行を述べた前記講演の中には、のちの『東洋の理想』の骨格となるような知見がすでにほぼあらわれているばかりか、文明史家としての天心の天賦が鮮やかにそこには展開されている。

この講演はまず中国大陸の広大さと歴史の悠久さを説き中国美術史の研究にまだ十分の見とおしをいだくものではないことをことわったのち、その紀行中の見聞を述べたものである。あらかじめ全体の印象をいえば、それは詩人と歴史家の感受性と知識のみごとな集成というべきものである。どこかゲーテの『イタリア紀行』を思わせるような、古代の美の理念の探求史というものである。たんなる紀行ではなく、多様複雑な形象の観察をこえて、その造形にたずさわった無数の人間たちの理念までがまざまざと浮んでくるようなものである。たとえばその紀行の出発は次のような詩心にあふれたものであった。

「北京を出でて西の方長安に向う者は、まず広寧門を出ず、乃《すなわ》ち天寧寺古塔を望み、白雲観を過ぎ蘆溝橋を渡る。涿州に至れば則ち燕京の風塵すでに遠ざかり、四顧始めて支那内地の風趣を具え、この身は恍として第十九世紀の外にあり、古アジア州の客となれり。これより到る処、満眼平原、一望千里、大行の山脈遥かに行人を送り来る。翠黛《すいたい》天に際し、茫漠として遠く低《た》るるを見るのみ。時まさに八月、四面陸田、蜀黍と高粱とともに暢茂して人より高し。行人は朝に高粱を出でて、夕に高粱に宿す、連日の行程、ただこれ一様光景にして毫も他の変化なし。（略）然れども、かくのごとく平凡連日一様光景の道路といえども、吾人探古の客に在りては、則ちまた自から無量の雅趣を感ずるものあり。その故他なし、この間過る所の地は、一水一丘、物として古代の遺跡ならざるものなければなり。墳墓あらんか、則ちこれ往昔英雄豪傑の骨を埋めし処、荒原あらんか、則ちこれ誰氏の古戦場、蕭々たる晨風吹く処、渡る者は則ち易水の流れなり、徐家橋畔、楊柳数株、その中に一青石標あり、蒼苔を掃てこれを読めば、則ちこれ劉伶伯倫の墓にてありし……」

こうした詩人的心境は、次のような詩作にもよくあらわれているので、ついでに引用しておこう。

登滋雲寺塔偶感
斜陽寒蝶野花風。蟋蟀相呼乱塚中。一塔空臨六朝影。

碧苔無処不英雄。

中　原

黄泥千里馬蹄痩。楊柳一村水一村。除却英雄美人墓。
中原必竟是荒原。

しかし、もちろん天心は、たんなる風流の遊子として旅行したのではなかった。目前に見えるものへのそうした詩人的共感とは別に、彼の中国旅行がもたらしたいくつかの発見は、ほとんど古典的な自然科学者――博物学者のそれを思わせるようなところがあった。

彼の中国旅行（それはこの時を含めて前後三回に及んでいる）が、文明史的な意味で注目されるのは、それが大陸中国の多様性ということ――とくにその南方的性格と北方的性格の区別を明らかにしたことであった。一言でいえば「一貫せる支那なるものなし」という中国の多様性の認識がその一つの結論であり、さらにその多様性を文化地理学的に整理した南・北中国の特質の強調がもう一つの結論であった。この後者の見解は、たとえばのちの和辻哲郎の『風土』を思わせるようなところもあるが、ともかく観念上の中国（諭吉が問題としたのはそれである）ではなく、具体的な中国の直観をとおしてとらえられたその実像というべきものであった。当時、こうした知見を打出した中国研究者は世界的にも珍しかったのではないかと思われるほど、それは新鮮な中国認識の視角であった。この講演中、もっとも生彩にとむ部分は風土で歴史の関連をとおして南・北中国の比較を述べたところであろうが、かなり長文なのでその引用は省略する（『東洋の理想』のうち、「儒教――北方中国」「老荘思想と道教――南方中国」を参照）。

しかし、さらにおどろくべきもう一つの認識がそこには述べられている。それは、中国は日本よりもむしろ西欧に近いという判断である。これは諭吉のそれとまさに対極的な立場を示している。

「……これよりさき、従来日本に居てこれを考察するところによれば、支那と欧州とは著大に殊異なるものといえる感覚を吾人ともに抱持せざるはなし。しかるにその内地に入りて審《つまびら》かにこれを按察《あんさつ》すれば、支那はむしろ日本よりも欧州に近きところのもの多きが如し。

例えば洛陽城畔暮色蒼然、夕陽満地、幾百の羊群もしくは山羊群を駆りて長鞭をふるう牧夫が馬に跨りて帰り来るところを望み、たまたま頭を回らして古城残壊し甎瓦《せんが》地に委ぬる光景を目撃する時は、この身は恍としてローマ城辺にあるの思想あり。その思想たる、ローマ城外に佇立《ちょりつ》して、カムパニア地方の雲を望める時の思想とあたかも相同じ。この時に当りて洛陽城外、洛水の流れに対する懐古感時の情は、ローマ城頭、チベル河流に臨むの情と異るなきなり。」

当時、このような直観はもちろん、それに似た感触をいだいた日本知識人は皆無に近かったはずである。天心はその直観の背景を追求して、古代世界における西方世界と中国の文明交流の事実にゆたかな歴史的連想をはせ、むしろ中国ないしアジア文明の西漸という仮説によってその印象を説明しようとしている。（インドに旅行したときも、彼はその仮説に一層の信念を与えられたようである。）

ともあれ、この大旅行によって、諭吉のような一元的中国観とは逆に、天心はその多元性、多様性を明らかに直観し、さらにその中国と日本とのちがいをまざまざとつかんだ。要するにアジア文明の無限の広さと多様性の認識がその成果であった。しかし、その多様なるアジアの直観がなぜ「一つ」であるという判断につながるのであろうか。

『東洋の理想』の冒頭は次のような周知の文章に始っている。

「アジアは一つである。ヒマラヤ山脈は二つの偉大な文明――孔子の共産主義《コミュニズム》をもつ中国文明と『ヴェーダ』の個人主義をもつインド文明を、ただきわだたせるためにのみ、分かっている。しかし雪をいただくこの障壁でさえも、究極と普遍を求めるその愛のひろがりを瞬時といえどもさえぎることはできない。この愛こそは、アジアのすべての民族の共通の思想的遺産であり、彼らに世界のすべての大宗教をうみだすことを可能にさせ、また彼らを、地中海やバルト海の沿海諸民族――特殊的なものに執着し、人生の目的でなく手段をさがしもとめることを好む民族――から区別しているものである。」

ここでいわれているのはヒマラヤの障壁によってその多様性をきわだたされながらも、アジアは「愛」または「宗教」において「一つ」であるという判断である。同じように長江によって多様化され東海によってさらに特殊化されながらも、日本、中国、インドを含めたアジア世界は一つであるという判断である。もちろんそれは、アジアがなんらかの意味で現実的に一つであると述べたものではないはずである。諭吉によってあのように一元化され、単純化された中国についてさえ、ほとんどその一体性を認めなかった天心が、そのような主張をすることはありえない。それなら、「一つ」という命題は何を意味しているか？　「愛」または「宗教」によって何が考えられているのか？

この点については、記述の簡約化のために、竹内好氏の解釈を引用しておこう。

「……一つという判断は、事実でなくて要請である。一つで〈あらねばならぬ〉、もっと正確にいうと〈にもかかわらず……あらねばならぬ〉ということなのだ。……アジア諸国は相互に文化がちがい、しかも相互に孤立している、というのが天心の現実認識である。にもかかわらず、アジアが一つでなければならぬのは、彼の信ずる普遍的価値のためである。」（「岡倉天心」）

ここにいわれる普遍的価値は前述の「愛」と「宗教」をさしている。そして天心がその「愛」と「宗教」の実在を感じとった主要な源泉が「美」であったことも確かである。しかし、くりかえしていえば、アジアにおける「美」は決して一様ではなかった。そしてさらに、アジアにおける宗教の多様性についても、天心は恐らくM・ウェーバーなどよりもいっそう深い内在的な理解に到達していた。したがってどこからも「アジアは一つ」という命題は出てきそうにない。しかも空疎なアジアの同一性と連帯性を説くには、天心の直覚と知識とはあまりにも博大であり、また科学的でもあった。現実のアジアの多元性、というよりもむしろ分裂の事実をこえて、その一体性を高唱せしめたものは何であったかはいぜんとして問題であり、ほとんどなぞめいてさえみえる。

このなぞは、恐らく天心その人の生活と思想に立入ることなしには十分に解くことはできない。そのためには一個の天心伝がほとんど必要となるが、いま私にはその用意がない。したがって問題をやや一般化した形で推論をすすめるほかはない。そしてそのための手がかりとして、再び諭吉にかえって、その「脱亜論」の運命というべきものをふりかえっておきたい。

「脱亜論」は日清戦争の基本的テーゼであったと述べたのは故服部之総氏であった。つまり、在野の大評論家として、明治十八年に早くも日清開戦論を唱えた福沢の先見は、その十年後にようやく実現したというわけであるが、ほぼ同じ意味になる主張は、小泉信三氏の『支那事変と日清戦争』（昭和十二年）の中にも示されている。「日清開戦に会って、先生は恐らく自分がその責任者だという位に感じていたであろう」というのはその間の消息を示している。

このような見方が決して間違っていないことにはいろいろ証拠をあげることができるが、ここでの問題はそのようにして「福沢綱領」（服部氏のことば。「脱亜論」のこと）の正しさが立証されたのち、日本においては「脱亜」の主張がどうなったかということである。

中国において「脱亜論」＝日清戦争が新しい政治思想形成のための衝撃となったことは一つの事実である。敗戦後における変法運動は、いわば「脱亜論」のもたらした逆作用というべきものであった。伝統的儒教に対する新しい批評の波も次々と生起してきた。「脱亜論」はこうしてアジアの広大な地域においても、その正しさを実証したかにみえた。

しかし、事実はすでにこの時、「脱亜」の主張はその使命を終え、思想的有効性を失っていたというのが私の考えである。それは同時に、諭吉の思想家としての生命も終ったということでもあった。

「脱亜論」がめざしたものが日本の「独立」であったことはすでに述べた。その「独立」が達成され、その必然的結果として「文明」の目標もまた到達されたのち、そのために構想された「脱亜」の戦略はおのずから崩壊せざるをえないはずであった。そしてそれにともなって、日本国家の目標にも大きな変化が生じなければならなかった。大げさでなく、私は日清戦後における日本政治の歩みを回顧するとき、今も一種手に汗をにぎるような思いにとらえられずにはいない。なにも最近中国の政治指導者が「一八九四年以来、半世紀にわたる日本軍国主義者の侵略」ということばを用いたがためではない。それは日本の政治史、日本の思想史における大転換であったことはたしかである。

にもかかわらず、「脱亜論」は、その有効性のめざましさの記憶によって、その後もながく政治指導者と国民の多くの信条として継承された。「脱亜論」にこめられた一定の自覚的な問題の限定は忘れ去られ、その形骸としての中国―アジア侮蔑の自然感情だけが残されることになった。端的にいうならば、日清戦争後、日本人は何か別の人間になってしまったという印象である。本来の日本人というより、文明種日本人という変型人種のようなものになったかのようである。天心の「アジアは一つ」という声は、そうした日本人の魂が失われようとする時期の孤独な叫びにほかならなかった。（天心の個人生活に即していえば、それはもっと悲痛な「告白」のようにも聞えるところがある。）

こうした大まかな歴史的スケッチによって私のいいたかったのは、本質的に無効となった「脱亜」の目標のかわりに、天心が新しい理想を告知した人間であったということである。巨大な歴史の転換点にそうした人物があらわれることは珍しくはないが、あたかも世紀の転換点のはじまりにのぞんで、日本にも雑多な予言者は少なくなかった。あるものは二十世紀の帝国主義の予言者となり、あるものは愛と平等の社会主義を告知し、またあるものは人間官能の解放を謳歌した。天心はそのいずれの型でもなく、人間における「究極と普遍をもとめる愛」の源泉がアジアにあることを告知し、そこに人々の自覚をよびさまそうとした。あの戦闘的な『東洋の覚醒』の中に「西欧の光栄はアジアの屈辱」という有名なことばがあるが、天心はその屈辱を屈辱ともしない魂を目ざますために、何人の眼をもあざむかない「美」のアジア的普遍性を人々に気づかせようとした。多様なアジアの美は、そうした天心の献身を通して、はじめて一つなるものとして統一されたわけである。

（初出『朝日ジャーナル』一九七二年一〇月二〇日／『橋川文三著作集7』筑摩書房所収）

主要著作解題

橋川文三は、書籍の書下ろしを苦手とした。正確に言えば、まとまった結論を出すことを、積極的に拒絶した。連載は時に尻切れトンボで終わり、書籍にまとめることが出来ないまま、放置された。彼の代表作とみなされている『昭和維新試論』などは、結論が書かれぬまま、没後に出版されている。

一方、橋川は『歴史と体験』、『現代知識人の条件』、『政治と文学の辺境』、『順逆の思想』、『標的周辺』など、論文集を多く出版している。これらには代表的な論文が収録されているが、まとまったテーマを探究した書籍ではない。

以下では、論文集以外の単著について、紹介したい。［中島岳志］

『日本浪曼派批判序説』

（未來社、一九六〇年刊）

本書は橋川文三の代表作として広く知られている。同人雑誌「同時代」に掲載されたものがベースとなっており、戦前・戦中期の文学的体験を政治学者としての視角から批判的に再検討することによって、日本浪曼派に関する諸問題が提起されている。発表当時の論壇において、日本浪曼派は体制に協力した否定すべき存在であるとして、最早取り上げられないか、取り上げられるにしても弾劾されるのみであった。こうした事情を背景にして、日本浪曼派を初めて本格的に検証したこの著作は橋川の名を世に知らしめた。

橋川にとっては、「日本ロマン派とは保田与重郎以外のものではな」く、その保田に「いかれた」彼は、自身のそうした体験が何であったかを自問し、その精神史的探求の過程において、浪曼派を戦争や政治というコンテクストと合わせて批判的に考察する。保田を関心の中心として、一九三〇年代の日本が通過してきた問題を、過去の問題として清算するのではなく、現在の政治と関連させて橋川は考え続ける。保田の言葉である「青年のデスパレートな気持」や「一等若い青年のあるデスパレートな心情」を、橋川は「戦争、敗戦、戦後の時期を通じて、つねに再生産されたなつかしい昭和精神史の基音《トニカ》」であるとし、これが現代を生きる読者に対して、新たな問題を提起する所以となるのだろう。

橋川は「ひそかな仮設」として、日本ロマン派を前期共産主義に初めから随伴した革命的なレゾナンツであり、結果として一種の倒錯的な革命方式に収斂したものにすぎないのではないかと言い、急激な大衆的疎外現象に対応するための応急な「過激ロマン主義」へ帰結したと見る。

政治とイロニイが論及をすすめる上で関心の中心となっており、時代の閉塞感と中間層の拡大という背景において、より過激になった「イロニイ」による現状否定は、保田を無責任極まる戦争論に赴かしめたと分析する。そして、橋川は保田に「粗暴な右翼ゴロッキ的な性情」も「洗練された新官僚的ファシストの面貌」も認めにくいと述べ、「全くといってよいほど、勇気がなかったと考える」と批判する。

戦争期の保田や小林秀雄に見られた扇情的な歴史への視座を取り上げ、本来異質なはずの美意識と政治が日本においては密接であり、彼らにおいて、政治が「伝統」や「歴史」のうちに解消され、「美」と同一化したと分析する。戦争期の悲惨な状況に対して、日本の伝統思想のうち唯一「美意識」が耐え忍んだと言う。そして、本論はその「美」が、現在もなお「隠された原理」として作用していることは否定できないと指摘し、問題を提起しながら終わりを告げる。

本書には他に補論や同時代に書かれた論評が収録されている。［大西将誉］

『ナショナリズム』
（紀伊國屋書店、一九六八年）

本書はかつて存在した紀伊國屋新書の一冊として、一九六八年に出版された。当時、紀伊國屋書店の嘱宅をしていた村上一郎が、橋川文三に依頼して執筆が進められた。村上一郎は、吉本隆明や谷川雁らと雑誌『試行』を刊行した作家・文芸評論家で、『北一輝論』や『草莽論』など一連の右翼・ナショナリズム批評でも知られる。

橋川は、幕末期の封建的支配層がナショナリズムに対して、極めて冷淡であったことを明らかにする。支配層は、「カスト的身分制によって自らの地位を一般民衆から区別しているために、出生による差別の否定を要求するナショナルな平準化には安易に応じえない」とし、支配層と一般民衆を同等の「ネーション」と見なす思想に警戒感を強めていたという。「攘夷」を主張する彼らは、外国勢力への敵意と共に、一般民衆への警戒心を強めていた。彼らは一般民衆こそが西洋邪教にだまされやすいという愚民観を共有し、伝統的な封建教学の枠を超えようとはしなかった。そのため「水戸学を中心とする攘夷思想の中からは、それ以上のヴィジョンが生れてくる可能性はなかった」と橋川は主張する。

しかし一方で、この幕末期にこそ日本人にとって新しい人間観が誕生し、それがナショナリズムへとつながっていった。橋川はここで吉田松陰に注目する。彼の見るところ、松陰は女性や部落民に対しても差別感を抱いておらず、「封建社会をこえた新たな人間の忠誠対象」を発見したという。

その際に大きな役割を果したのが、天皇の存在であった。松陰は具体的な天皇の人格への忠誠を重要視し、藩体制を超えた一般的な忠誠心を見出した。「日本人によって形成される政治社会の主権が天皇の一身に集中されるとき、他の一切の人間は無差別の『億兆』として一般化される。論理的には、もはや諸侯・士大夫・庶民の身分差はその先天的妥当性を失うこととなる。」

このような非封建的な人間観こそが、松陰門下の伊藤博文などに引き継がれ、天皇制的「国民」制度が確立されたと、橋川は論じる。

また、このような構想は、国学者たちにも共有されたものであった。国学者が理想化した「かんながらの道」は、治者と被治者の一体性が神意に従って自然に存在する世界であった。このような世界観・ユートピア観は、歌学から発展した国学の非政治性にかかわらず、幕政や封建社会へのラディカルな批判へとつながっていった。「かんながら」の素直な心情によって支配者と被支配者の権力構造を超克し、人間の幸福と平等が実現する社会を志向した国学者たちは、まさに幕僚たちの封建思想こそが人間の幸福を阻害する作為的イデオロギーであると見なしたのである。

国学的ナショナリズムは、どのような政治体制がよいかという区別や判断を一切、伴わない。なぜならば、政体の是非を論じること自体が私意をたてる「から心」に他ならないからである。そのため、どのような政体であろうと、それが神意の計らいであるかぎり、批判も抵抗も起こすべきではないという論理が導き出される。それがファシズム的強権政治であっても、である。

これは、ルソーが議論した国民の「一般意思」とは大きく異なる。ここには人間的な「一般意思」など存在せず、天皇の「自然意思」のみが存在し、それに純粋に一体化する人間集団たることこそが求められる。このような人間の作為を超越した意志に服従することと近代ナショナリズムの論理が一体化したところに、近代日本のナショナリズムの特徴があると結論付ける。

［中島岳志］

『黄禍物語』

（筑摩書房、一九七六年）

本書は雑誌『中国』（中国の会編集）に計15回連載されたものがベースとなっており、単行本化に際して、大幅な編集が行われた。

黄禍論とはなにか。橋川は、「黄色人種に対する恐怖、嫌悪、不信、蔑視の感情を表現したもの」であり、「人類社会に伝承、形成されてきたさまざまな人間差別の心理的複合体のうち、もっともながい歴史をかけて作り出された厖大な『神話』」であるという。

日本における黄禍論は明治期と大正・昭和期では異なるものである。清沢洌の言葉を引用して、特に後者を「新黄禍論」とし、旧来の黄禍論は「売られたけんか」であるのに対して、「新黄禍論」とは日本が「けんかを売る」立場へとなったことにより生じたという見解に橋川は同意する。旧来の黄禍論は近代日本の日露戦争における勝利といった事態と「人種的神話」が結び付けられ、「空想的未来物語」として形成されたものだが、「新黄禍論」は満州事変をきっかけとして拡大を続けた日本が、欧米を中心とした国際社会にとって、目前の現実的問題として認識され始めたものである。

黄禍の対義語は白禍である。橋川は近代日本が西洋から抑圧されてきたことを認める。しかし、常に被害者であったことには同意しない。西洋への劣等感を無自覚に近隣のアジア諸国へ「転化」したことを指摘する。日本から国際連盟へ提出されたいわゆる、「人種差別待遇撤廃」に関して言えば、この時日本政府が真剣に人種差別の撤廃を考慮したかということに関しては、「大きな疑問」であると言う。台湾や朝鮮への国民及び政府の姿勢、二十一ヵ条要求などを踏まえると「何か奇妙な印象を与えないではない」からだ。

こうした二重構造、被害者であると同時に加害者であることは、『『大東亜戦争』の奇怪な構造」と通じる。橋川はこの自己矛盾とも言える近代日本を捉えようと試み続けた。本書は黄禍を一つのテーマとしながらも、決してその他の橋川の仕事から独立したものではないと言える。

今日においても黄禍をテーマとした類書は少ない。ましてや、黄禍と白禍という二元論を前に近代日本の自己矛盾を直視した書籍は輪をかけて少ないと言えるだろう。国際化や情報化が進み、世界はますます狭くなり、多文化共生社会が望まれる現在において、人種的偏見や差別の構造について論じた『黄禍物語』が広く読まれることが望まれると言えるのではないだろうか。［大西将誉］

『柳田国男——その人間と思想』

（講談社学術文庫、一九七七年）

本書は、『近代日本政治思想の諸相』（未來社、一九六八年）所収の「柳田国男——その人間と思想」および「付　柳田国男拾遺」を底本として構成された、橋川による民俗学者・柳田国男の伝記である。柳田の、生い立ち、詩作や文体、農政学への傾斜、官僚生活、民俗学の創立とその推移などを辿りながら、世界史における柳田の位相を明らかにすることが試みられている。

橋川の柳田観は、下記の柳田の言葉を引用するところに、端的に示されていよう。

国家の生命は永遠でありますならば、予め未だ生まれて来ぬ数千億万人の利益をも考えねばなりませぬ。況んや我々は既に土に帰したる数千億万の同胞を持って居りまして、其精霊も亦国運発展の事業の上に無限の利害の感を抱いて居るのであります。（六四頁）

「常民」の日常生活の中の、無意識的な習慣や地名や伝承の背後に、長い伝統、死者をも子孫をも含んだ時空が広がっていることを観取した柳田。「うかとすると臨機応変策の連続を以て即ちこれ政治と誤解」（64頁）する近代国家に対して問いを抱き、その枠の外に長く息づく、真に継承すべきものを観続けた柳田は、橋川にとって「保守」の体現者であった。橋川は「日本保守主義の体験と思想」（一九六八年）の中で、柳田をエドマンド・バークの理念に符合する「稀有の近代的保守思想家」と評し、「柳田が見ている世界が、過去と現在と未来を含んだ人間の意味の世界であること、その意味でそれが『保守』の世界である」と喝破している。

同時に、橋川にとって柳田は、位置づけきることの叶わない、ひたすらに「わからない」存在でもあり続けた。様々な史料を結集して構成される本書だが、その間隙には絶えず柳田の「沈黙」（一五〇頁）が存在し、「柳田の政治理念のわからなさ」（六四頁）はどこまでも解決が付かず、柳田の足跡と思想の輪郭は最後まで明瞭にはならない。「果して柳田が私の描いたような人間であるのか、私はいぜんとしてその最後の答えには自信がない」（六頁）と著者が吐露するところから始まる本書は、そのもどかしさを含んだままに完結する。「常民」の営みを重んじることは当然、近代的な理性や制度におさまらない、大いなる「わからなさ」を重んじることでもあり、橋川の観た柳田は、それ自身割り切れない存在でもあった。柳田は、「わからなさ」がどこまでも残るゆえに「稀有の近代的保守思想家」であった、そう捉えることもできるだろう。柳田に対する「アジアの暗黒星雲」（五頁）との形容は、橋川なりの讃辞とも読める。

「結局彼は何を答えることができたのか？」（二〇一頁）。本書は豊穣な「わからなさ」へ、保守思想の輪郭なき輪郭へ、読者を導く。

［佐々風太］

『西郷隆盛紀行』

（朝日新聞社、一九八一年）

本書は、橋川文三が西郷隆盛評伝を著すために下準備として行った対談、講演、論文の記録を一冊にまとめた晩年の著作である。

西郷隆盛は、明治新政府を打ちたて、またそれを倒そうとした人物であり、矛盾をはらんだ存在と評されることが多い。本書の冒頭でも、橋川は西郷への歴史的評価は二つに分かれていると指摘する。一方は内村鑑三に代表される讃美派で、内村は著書『代表的日本人』に所収された西郷論で、「日本人の内にて、もっとも幅広きもっとも進歩的なる人」と西郷を称揚する。しかし、また一方で多くを占めるのは否定的な評価で、その根拠には西郷がとなえたとする「征韓論」が論われる。西郷こそが「のちの日本の大陸侵略思想をインスパイアした最大の源流」であるというわけである。

このように評価が分かれ、矛盾してうつる西郷の像をむすぶ場所を、橋川は西郷が二度流刑された離島の地に見出そうとしていく。一度目の流刑先は奄美大島であった。ここで西郷は土地の有力者の末家筋の娘愛加那と暮らすようになる。約三年後、再び召還を受け鹿児島に戻るも、島津久光の勘気をこうむり、さらに南の徳之島、沖永良部島へと流される。橋川はこれらの地を訪ね、さらに奄美大島に二十年以上住む小説家島尾敏雄との対談を経て、歴史の評価からもれた西郷像へのインスピレーションを得ていく。島尾との話は縦横無尽に駆け巡り、話題は奄美大島が薩摩から受けていた砂糖行政による植民地的扱いや、琉球文化圏の影響をもつ離島の言葉、宗教、習俗などに及んでいく。橋川は、本土とは違うこれらの離島ならではの地勢が、西郷の政治感覚を次第に変えていったのではないかという感触をつかむ。あくまで仮説だとしながらも、離島から戻った後の西郷というのは、「ヤマトの政治というのは、どうにも嫌だなあと。あれは違う政治なのではあるまいか」(「西郷隆盛と征韓論」一一九頁)、「生ぐさい政治的活動を続けていく上での、肝心のものが、全部脱落していくというか、なくなってしまった」(同一四一頁)のではないかと推測するのである。

また、西郷をめぐる征韓論についても、橋川は独自の読みを展開していく。そもそも西郷の征韓論は、佐藤信淵や吉田松陰、橋本左内といった幕末の志士たちの大陸侵略の主張の系譜上にあり実際の軍事的性質をもたない抽象的なもので、その後の近代日本が行った帝国主義的な大陸侵略行為とは性質が違う。征韓論はむしろ国内政治のためのレトリックであり、西郷は勝海舟と同じように、むしろ中国と朝鮮と日本が三国の政治的共同体を作っていかねば駄目だというアジア観をもっていたのではないかというのである。

橋川は、西郷がこうしたアジア観を離島での経験において深めたと踏んでおり、「彼が学んでいた陽明学というものを、自分なりに読み抜くという姿勢で、西郷さんは、独自の心境に至っていたのではないでしょうか」(同一一九〜一二〇頁)と、自論を展開する。

橋川の直感は歴史の評価からこぼれた西郷像をすくいあげようとする示唆に溢れている。しかし、その読み筋は断片的なままに終わり、西郷論はついに完成には至らなかった。本書のタイトルにつく「紀行」とは、西郷の足取りと心情をたどる橋川の離島の旅の記録であり、また西郷という描ききれぬ像を追う旅の途上という意味合いも含まれるのだろうか。

［高木良子］

『昭和維新試論』

（一九八四年、朝日新聞社）

本書は、『辺境』第1号（一九七〇年六月）から第11号（一九七三年一〇月）まで連載された原稿をまとめ、一九八四年に朝日新聞社から出版されたものである。

橋川は、連載終了後、未完の部分を書き足して出版することを試みたものの、その作業は遅々として進まず、連載終了から約一〇年の時を経て、編集を担当編集者に委ねた。未完部分の補筆や「あとがき」の執筆に取り組もうとしていた一九八三年一二月一七日、彼は脳梗塞のため死去。そのため、本書は未完のまま刊行されることになり、本人の書き込みによる訂正を加えた上で出版された。

橋川は、日清戦争から日露戦争の間の転換期に形成された「新しい精神」に注目する。橋川の見るところ、この時期の日本では「自我という新しい欲望」と「帝国主義という未知のヴィジョン」が浸透し、個々の日本人は断絶状態におかれた。一方で、世の中では露骨な快楽主義が横行し、出世の手引書なども書店の店頭にあふれた。しかし、青年たちの心は、急速に信仰の探求へと傾斜し、内観的煩悶こそが最大の問題となっていった。

橋川は、このような一九世紀末から二〇世紀初頭の転換期における日本人の心性に、現代に生きるわれわれと同じ構造を持った煩悶の萌芽を見出す。そして、「現代人の孤独」というべき心理状況が青年の中に見られはじめたのは、この時期だったのではないかと提起する。

社会では急速な都市化と、それに伴う新しい格差社会が形成されていた。一八九九年に横山源之助が『日本之下層社会』を書いたように、文明の合理化の中で多くの下層民が排除され、新しい差別が生まれた。日本人が郷愁によって描く麗しい人間生活は急速に喪われ、「殺伐で孤独な都会的生存競争と新しい差別化」が進行した。橋川が注目した朝日平吾や渥美勝は、このような境遇からの離脱こそが生涯のテーマであり、煩悶する精神が「昭和維新」の予兆であった。

一方で、若きエリート官僚たちも、社会の急速な変化や国民道徳の荒廃の中で、自らの統治上の自信を見失いつつあった。社会の上層部や支配層の間には「なにものかに怯えるような風潮」が満ち溢れ、「病的な恐怖感」が支配的になった。このような支配エリートの心性こそが、のちの国本社に見られるような軍部官僚の国家改造運動・国家社会主義につながる、と橋川は見た。

民間右翼の昭和維新と軍部官僚の昭和維新。この二つの潮流の根底には、激しい社会変化が進行し、極端な格差社会が誕生した世紀末の不安があった。そこで形成された内観的煩悶や疎外感が、「帝国主義という未知のヴィジョン」と絡まりあい、昭和維新の原型を構築していった。

朝日平吾が起こしたテロ事件（安田善次郎殺害事件）は、明治期のテロリズムとは大きく性質を異にしていた。明治期の暗殺が、自ら支配権力の資格を主張しうるものたちの義憤に基づいていたのに対し、朝日の場合は、支配されるものたちの平等化を訴え、「人間らしい生き方」を追求する心性に基づいていた。朝日の主張には、「何故に本来平等に幸福を享受すべき人間（もしくは日本人）の間に、歴然たる差別があるのかというナイーヴな思想」を見て取ることが出来る。このような「一種不幸な悲哀感」に基づく煩悶を、橋川は「未知というべき感受性」と定位し、昭和維新ナショナリズムや社会主義運動、アナーキズム運動を支えた青年たちに共通する心性と捉えた。

しかし、橋川は本書の結論を書くことが出来ずに、亡くなった。橋川が積み残した課題は、21世紀の現代日本においてこそ問われるべき問題であろう。

［中島岳志］

『昭和ナショナリズムの諸相』

（筒井清忠編・解説、名古屋大学出版会、一九九四年）

本書は、橋川の死後、単行本未収録の昭和思想研究の論文を編集し、一冊にまとめたものである。

昭和思想――。その語を構成する昭和、思想、の二つの単語の「明瞭さ」のわりには案外聞きなれない言葉であるが、我々はその語を聞いて何を想起するであろうか。

本書所収の論文で橋川が問題とし

たのは、昭和のナショナリズムについてであった。特に昭和超国家主義のことである。橋川がその思想を、「なんらかの形で、現実の国家を超越した価値を追及するという形態が含まれている」と定義し、そこに宗教・信仰を背景とした求道的精神を見たことはあまりにも有名であるが、本書はその「結論」に到る橋川の格闘の足跡を見ていくものといってよいだろう。

本書において貫かれているのは、日本浪曼派に傾倒した彼自身の昭和戦前期における精神的体験を踏まえながら、戦後日本では「異常現象として切り捨てられた」昭和超国家主義の精神史を丹念に見ていくという姿勢である。明治から昭和の近代日本史を一貫した連続的・固定的なものとは捉えず、いくつかの変調、亀裂が発見される。

そのことを踏まえて、ここでは本書における橋川の議論で重要な歴史的出来事を挙げておきたい。第一に一八九四（明治二七）年の日清戦争および一九〇四（明治三七）年の日露戦争、第二に一九一八（大正七）年の米騒動である。橋川はそれぞれに昭和超国家主義へとつながる契機を見た。前者では、日清・日露戦争の勝利後に青年らが抱えた「人生とは何ぞ」と「帝国主義世界への不安」との間での煩悶と、それがやがて「一君万民」という普遍的原理に接続されていったことに焦点があてられる。後者では、シベリヤ出兵という日本の軍事行動に対し、民衆が生活上の憤懣を直接行動で示したことが、それまでの明治以降の日本ではあり得なかったこととして、のちの昭和維新の推進者らに、「深刻なる暗示」と「日本国家はこのままでは不可」という衝撃を与えたとされる。そしてこのあたりから従来の伝統的右翼とは異なる国家改造運動を目指す団体が勃興してくることが指摘される。

すなわち橋川は、人生や国家への煩悶から生まれた「一君万民」のユートピア的世界観と、それに背反する現実の日本国家に対する問題意識とが接続され、そして直接行動へと向かっていく、という昭和超国家主義の実像を、これらの出来事に遡及することによって見出したのである。したがって本書は昭和思想に関する論文を収録したものとはいえ、それはまた、明治、大正の思想についてのものでもあるのだ。

その論文の具体的内容と意義については、編集・解説を務めた筒井清忠が丁寧に説明しているが、橋川の思想研究は執筆当時、既存のナショナリズム研究、さらにいえば近代国家それ自体を疑ってかかるものであったからこそ、我々にはそれが今なお鮮烈な視点と感ぜられるのではないだろうか。

［玉置文弥］

『三島由紀夫論集成』

（深夜叢書社、一九九八年）

本書は橋川文三の三島由紀夫に関する文章をまとめたものである。橋川没後一五年たった一九九八年に出版された。

橋川の三島に対する注目は早かった。橋川の処女作『日本浪曼派批判序説』は一九六〇年に出版されたが、それ以前の一九五九年に書かれた「若い世代と戦後精神」で、三島の『鏡子の家』について言及している。『鏡子の家』は三島にとって重要な作品であったが、世評は芳しくなく、批評家の多くは低い評価を与えた。これに対して、橋川は三島作品に「あの血なまぐさい「戦争」のイメージと、その変質過程に生じるさまざまな精神的発光現象のごときものを感じとり」、『鏡子の家』を「戦中＝戦後精神史のドキュメント」として高く評価した。

この批評を読んだ三島は、橋川に強い関心を抱き、『三島由紀夫自選集』の解説を依頼し、橋川は「夭折者の禁欲」を書いた。これに満足した三島は、自らの伝記執筆を橋川に依頼し、「三島由紀夫伝」が書かれた。本書には、この一連の論考が収められている。

三島は一九六八年に「文化防衛論」を執筆した。これに対して、橋川は「美の論理と政治の論理―三島由紀夫「文化防衛論」に触れて―」を発表する。橋川は、三島のロマン主義的天皇論を実現不可能な空想だと批判し、最終的に政治に飲み込まれることで「天皇の政治化」を進めるだけに終わると論じた。ここには三島の構想が近代国家の論理によって排斥される必然性が提示されていると同時に、三島の「天皇と美」についての論考へのシンパシーがうかがえる。

「中間者の眼」や「ネオ・ロマン派の精神と志向」においては、敗戦を経た日本社会を経験した三島が、いかにして敗戦前後に現れた日本社会の論理的破綻に追い詰められていったかが論じられている。また「狂い死の思想」では、三島の死を「狂」の次元に属するとして、突如として現れる体制の論理を超えた存在を、朝日平吾や中岡艮一の異常性と比較した。その考察の深さ、細やかさは三島を底まで理解したいという橋川の欲求を示していると同時に、三島の苦悩と共振する橋川自身の苦悩が表現されている。

三島の主要な作品の解説においては、橋川は三島に極限に寄り添った鋭敏な感性によって、三島作品に現れた精神風景を読解し、やがて日本の天皇制と美への執着が三島を死へと追いやった構造を論じた。

同様に松岡英夫との対談「三島由紀夫の死」においては、三島の社会へ対する鋭い洞察力と戦争期の自身への強い郷愁のために戦後を生きていくことができなくなる「脆さ」を指摘した。

本書に収められた文章では、日本の政治が人々の精神をどう捉えていたか、ひいては政治は人々の精神を包括することができるかが戦後の状況における三島を通して考察されている。時として三島への共感の形で、そして時として批判の形で、三島を真に理解しようとした橋川の試みがまとめられている。

［高橋優香］

橋川文三略年譜

一九二二（大正一一）年
一月一日、長崎県上県郡峰村（現対馬市）に生まれる。姉二人、弟一人、妹三人の七人兄弟。

一九二六（大正一五）年　四歳
橋川家の本籍地・広島県安芸郡仁保村（現広島市）に戻る。

一九二九（昭和四）年　七歳
四月、青崎尋常小学校に入学。

一九三四（昭和九）年　一二歳
四月、広島高等師範学校附属中学校に入学。翌年夏に急性肺炎にかかり、死地をさまよう。

一九三九（昭和一四）年　一七歳
三月、中学校卒業後、上京し、第一高等学校に入学。在学中には校内紙『向陵時報』に詩やエッセイを寄稿。

一九四一（昭和一六）年　一九歳
四月、一高文芸部委員になり、『護国会雑誌』を編集。

一九四二（昭和一七）年　二〇歳
三月、一高を卒業。四月、東京帝国大学法学部政治学科に入学。

一九四三（昭和一八）年　二一歳
九月、徴兵検査を受けるも胸部疾患のため徴兵されず。

一九四五（昭和二〇）年　二三歳
一月、勤労動員で貴族院事務局委員課の後、農林省に配属。六月に広島食糧事務所へ長期出張。八月四日に上京して原爆から免れた。九月、東京帝国大学卒業。就職先は決まらず、赤貧の生活が続く。

一九四六（昭和二一）年　二四歳
二月、『文化新聞』の編集部に入る。丸山眞男、大塚久雄らと会う。瓜生忠夫の誘いで『週刊文化タイムズ』に移る。

一九四七（昭和二二）年　二五歳
一〇月、再び瓜生忠夫の誘いで潮流社に移る。

一九四八（昭和二三）年　二六歳
日本共産党に入党。党活動を行う（～五〇年）。

一九五〇（昭和二五）年　二八歳
四月、法政大学の時間講師になる。五月、丸山眞男の計らいで弘文堂に入社。

一九五一（昭和二六）年　二九歳
四月、前年の母の死去を受け、妹二人を東京に呼び寄せるも、六月に自らが胸部疾患再発。以後三年余の療養生活に入る。

一九五三（昭和二八）年　三一歳
徐々に仕事を再開。英語・フランス語・ロシア語などの翻訳のアルバイトを行う。

一九五七（昭和三二）年　三五歳
一月、W・Z・フォスター『世界労働組合運動史』上巻第一部を翻訳。三月より同人誌「同時代」にて「日本浪曼派批判序説」の連載を開始。

一九五八（昭和三三）年　三六歳
四月、明治大学政治経済学講師（非専任）に。近代日本政治思想史を講義。井上光晴、島尾敏雄、吉本隆明らとの同人誌『現代批評』に参加。

一九五九（昭和三四）年　三七歳
一一月、『わだつみのこえ』の初代編集長になる。

一九六〇（昭和三五）年　三八歳
二月、初の著書『日本浪曼派批判序説』刊。三月、古茂田純子と結婚。目黒区駒場に住む。
筑摩書房の「日本の百年」全一〇巻を鶴見俊輔・神島二郎らと共同編集、三巻分を執筆。

一九六一（昭和三六）年　三九歳
三月、「テロリズム信仰の精神史」を『思想の科学』三・四月号に発表。

一九六二（昭和三七）年　四〇歳
四月、明治大学政治経済学部専任講師となる。

一九六三（昭和三八）年　四一歳
二月、竹内好らの「中国の会」に参加。「中国」を共同編集。

一九六四（昭和三九）年　四二歳
六月、『歴史と体験』刊。

一九六五（昭和四〇）年　四三歳
四月、明治大学政治経済学部助教授になる。公団住宅の抽選にあたり、世田谷区桜上水に転居。同じ団地に住む井上光晴と親しくなる。

一九六七（昭和四二）年　四五歳

八月、「対馬幻想行」の取材で、生まれた地である対馬へ旅行。一一月、『現代知識人の条件』刊。

一九六八（昭和四三）年　四六歳

二月、『近代日本政治思想の諸相』刊。四月、東京教育大学農学部兼任講師になる。八月、『ナショナリズム』刊。九月、三島由紀夫「文化防衛論」への批判として「美の論理と政治の論理」を発表。

一九六九（昭和四四）年　四七歳

一〇月、竹内好を講師に、中国語講習会を開き鶴見和子、市井三郎らと中国語を学び始める。

一九七〇（昭和四五）年　四八歳

四月、明治大学政治経済学部教授、学習院大学法学部兼任講師となる。一〇月、『政治と文学の辺境』刊。

一九七三（昭和四八）年　五一歳

四月、『順逆の思想』刊。八月、『歴史と感情』刊。一〇月、『歴史と思想』刊。

一九七四（昭和四九）年　五二歳

一〇月、立教大学法学部兼任講師となる。

一九七五（昭和五〇）年　五三歳

一月、対談・講演集『時代と予見』刊。三月、『西郷隆盛』の取材のため、沖永良部島、奄美大島へ旅行。島尾敏雄を訪ねる。

一九七六（昭和五一）年　五四歳

八月、『黄禍物語』刊。

一九七七（昭和五二）年　五五歳

一月、『柳田国男』刊。一〇月、『標的周辺』刊。前年頃から、パーキンソン病を患い、体調のすぐれない日々が続く。

一九七八（昭和五三）年　五六歳

三月、対談集『歴史と精神』刊。四月から七月まで西ドイツ・マールブルクに滞在。八月にイギリスに滞在後、アメリカに移り、九月からプリンストン大学で講義。翌年二月帰国。

一九八一（昭和五六）年　五九歳

二月、横浜市・青葉台の一戸建てに転居。一一月、『西郷隆盛紀行』刊。

一九八二（昭和五七）年　六〇歳

一一月、カール・シュミット『政治的ロマン主義』（翻訳書）刊。

一九八三（昭和五八）年　六一歳

四月、『歴史と人間』刊。一二月一七日、脳梗塞で死去。

一九八四（昭和五九）年

六月、『思想の科学』臨時増刊号「橋川文三研究」刊。同月、『昭和維新試論』刊。

一九八五（昭和六〇）年

八月、『橋川文三著作集』（全八巻）、筑摩書房より刊行開始。

一九九四（平成六）年

六月、『昭和ナショナリズムの諸相』刊。

一九九八（平成一〇）年

一二月、『三島由紀夫論集成』刊。

二〇〇〇（平成一二）年

一〇月、『増補版　橋川文三著作集』（全一〇巻）刊行。

＊この略年譜は、宮嶋繁明『橋川文三　野戦攻城の思想』（弦書房）収録の年譜を参考に編集部が作成した。

中島岳志（なかじま・たけし）

一九七五年、大阪府生まれ。東京工業大学教授。専門は政治思想。著書に『中村屋のボース』『パール判事』『朝日平吾の鬱屈』『秋葉原事件』『超国家主義』『保守と大東亜戦争』など。編著に『橋川文三セレクション』など。

杉田俊介（すぎた・しゅんすけ）

一九七五年、神奈川県生まれ。批評家。著書に『戦争と虚構』『安彦良和の戦争と平和』『ドラえもん論』『人志とたけし』『ジャパニメーションの成熟と喪失』『マジョリティ男性にとってまっとうさとは何か』『橋川文三とその浪曼』など。

橋川文三《はしかわぶんそう》

社会《しゃかい》の矛盾《むじゅん》を撃《う》つ思想《しそう》

いま日本《にほん》を考《かんが》える

二〇二二年五月二〇日　初版印刷

二〇二二年五月三〇日　初版発行

責任編集＝中島岳志

杉田俊介

発行者＝小野寺優

発行所＝株式会社河出書房新社

〒一五一－〇〇五一

東京都渋谷区千駄ヶ谷二－三二－二

電　話＝〇三－三四〇四－一二〇一（営業）

〇三－三四〇四－八六一一（編集）

https://www.kawade.co.jp/

装　丁＝市川衣梨

組　版＝株式会社キャップス

印刷・製本＝株式会社暁印刷

Printed in Japan

ISBN978-4-309-23114-3